Klaus Candussi · Walburga Fröhlich

LEICHT LESEN

Der Schlüssel zur Welt

2015

BÖHLAU VERLAG WIEN KÖLN WEIMAR

Bibliografische Information der Deutschen Nationalbibliothek:
Die Deutsche Nationalbibliothek verzeichnet diese Publikation in der
Deutschen Nationalbibliografie; detaillierte bibliografische Daten sind
im Internet über http://dnb.d-nb.de abrufbar.

Umschlagabbildung: Faksimile, LL-Erklärung für barrierefrei

© 2015 by Böhlau Verlag GmbH & Co. KG, Wien Köln Weimar
Wiesingerstraße 1, A-1010 Wien, www.boehlau-verlag.com

Umschlaggestaltung: Michael Haderer, Wien
Satz: Michael Rauscher, Wien
Druck und Bindung: Balto print, Vilnius
Gedruckt auf chlor- und säurefreiem Papier
Printed in the EU

ISBN 978-3-205-20211-0

Inhalt

Vorwort

Die enorme Dynamik, die das Thema »leicht lesen – leicht verstehen« im deutschen Sprachraum aktuell erfährt, wirft Fragen auf. Spannend dabei scheint weniger jene nach dem Warum? oder dem Warum jetzt? – schließlich beziehen sich fast alle Autorinnen und Autoren in ihren Beiträgen zu diesem Buch auf die UN-Konvention über die Rechte von Menschen mit Behinderungen.

Fragen kann man sich aber durchaus, warum ein Thema, das im angloamerikanischen Raum unter der Bezeichnung »easy to read« oder in Skandinavien als »lättläst« längst als abgehandelt galt, plötzlich in den deutschsprachigen Ländern derart ›Konjunktur‹ erlebt. Oder nochmal anders: wie kommt es, dass ein ›diplomatisches Papier‹ wie eben eine UN-Konvention plötzlich so ungeheure praktische Relevanz erlangt?

Bei genauerem Hinsehen relativiert sich zunächst das adjektivische ›plötzlich‹. Schließlich arbeiteten unter der Federführung von Inclusion Europe neben vielen Expertinnen und Experten auch solche von atempo schon bald nach der Jahrtausendwende an europäischen Regeln für »Leichte Sprache«[1], die 2004 publiziert wurden. Die UN-Konvention wirkte – wie in anderen Bereichen auch – als Katalysator, geschicktes Lobbying der Selbstvertretungsbewegung von Menschen mit Lernschwierigkeiten und Behinderungen verlieh dem Thema zusätzlichen Schub. Eine andere Erklärung wiederum verweist auf die exzeptionell klare Sprache der Konvention selbst als einen Faktor für deren so erfolgreiche Rezeption. Eine Klarheit, die – so berichten es Beteiligte – nicht zuletzt dem Faktum geschuldet ist, dass die Teilnahme von Menschen mit Lernschwierigkeiten an den langen Verhandlungen um die Konvention schon im Entstehungsprozess den konsequenten Einsatz leicht verständlicher Sprache erforderte.

Sei es wie auch immer, als erlebbares Faktum kann man konstatieren, dass die früher oft gestellte Frage, was »Leicht Lesen«, »Leichte Sprache« oder »barrierefreie Kommunikation« denn nun eigentlich sei, in jüngster Zeit den Fragen danach, *wie* diese neue sprachliche Form herstellbar sei, *wie sie wirke* und *welche Bedeutung* ihr im gesamtgesellschaftlichen Kontext zukomme, gewichen ist.

Diesen Fragen widmen sich die Autorinnen und Autoren dieses »Diskursbuches«. Gab es bislang auch einzelne Veröffentlichungen zu Regelwerken für »Leichte Spra-

---

1 *Inclusion Europe (2008): Project Pathways I, Informationen für alle – Europäische Regeln, wie man Informationen leicht lesbar und leicht verständlich macht,* http://www.inclusion-europe.org

che« und Fachartikel zu einzelnen Aspekten des neuen Themas, so versucht der vorliegende Band eine erste umfassende Standortbestimmung. Die Verfasserinnen und Verfasser nähern sich dabei dem Thema von vielen Seiten, erkunden die sprachwissenschaftliche Einordnung dieses neuen (?) Phänomens, stellen die Frage nach der Brauchbarkeit im juridischen Zusammenhang, loten das Veränderungspotenzial in soziologischer Hinsicht aus und widmen sich der Frage der Vorbilder in anderen Sprachräumen.

Sie beleuchten das Thema aus der Perspektive der Menschenrechtsagenda ebenso wie aus dem praktischen Umgang damit, sei es beim Verfassen oder beim Rezipieren von leicht lesbarer und leicht verständlicher Information; sie explorieren, was »Leicht Lesen« oder »Leichte Sprache« in den neuen Medien bedeuten kann, welche Auswirkungen das Bestreben, leicht decodierbar zu sein, auf die Gestaltung von Orientierungssystemen hat und welche Folgen jüngste Entwicklungen im Bereich von Übersetzungs-Software auf die Produktion leicht lesbarer und leicht verständlicher Texte haben könnten.

Keiner dieser Beiträge beansprucht auch nur im Entferntesten, letztgültige Wahrheiten zu verkünden, vielmehr sind sich alle Beteiligten bewusst, an einem ›jungen‹ Thema zu arbeiten, das noch jeder Menge an praktischer Erfahrung und wissenschaftlicher Forschung bedarf. Gemeinsames Ziel aller, die sich zum Projekt dieses Buches zusammengefunden haben, ist es vielmehr, eine erste umfassende Standortbestimmung zur Thematik zu versuchen und einen offenen Diskurs dazu anzustoßen. Für den Mut dazu und die Mühe bedanken wir uns bei allen Verfasserinnen und Verfassern ebenso wie beim Verlag, der mit diesem Buch die Plattform für die weitere Arbeit am Thema zur Verfügung stellt.

Walburga Fröhlich, Klaus Candussi

PS

Die Zusammenfassungen zu den einzelnen Beiträgen in leichter bzw. leicht verständlicher Sprache wurden teilweise von den Autorinnen selbst verfasst oder, wenn mit dem LL-Gütesiegel versehen, von capito auf dem Sprachniveau B1 gestaltet. Sie sollen jenen Leserinnen und Lesern, die derartige Texte nicht kennen, einen ersten Eindruck von dieser Art der Textgestaltung vermitteln. Im Idealfall erfüllen sie auch eine zweite Funktion derartiger Textsorten, indem sie eine Möglichkeit bieten, die Kernaussagen der Beiträge besonders leicht und rasch zu erkunden.

Walburga Fröhlich · Klaus Candussi

Informationsbarrieren und Wege zu ihrer Überwindung

Das Konzept »Barrierefreie Information«, seine Herleitung und seine Funktionen

Gelungene Kommunikation ist ein rares Gut. Jede Menge an potenziellen Störfaktoren lauert an allen Ecken und Enden von Kommunikationsprozessen. Hinter deren so einfach aussehenden Fassaden aus sendenden Stellen, Medien und empfangenden Stellen entfaltet ein hochkomplexes Geschehen aus Sprechen und Hören, Schreiben und Lesen, aus wechselseitigen Interaktionen und unterschiedlichsten Intentionen seine Wirkungen und Nebenwirkungen.

Im aktuellen Bestreben der Inklusion von Randgruppen in unserer Gesellschaft wird einerseits die Wichtigkeit von gelungener Kommunikation richtig erkannt, zugleich aber der Lösungsansatz dazu bisweilen auf eine ganz bestimmte Veränderung des Mediums Sprache reduziert.

In diesem Beitrag wird der Versuch unternommen, darzustellen, wie das Leicht Lesen-Konzept von capito danach strebt, der Komplexität des Kommunikationsgeschehens besser gerecht zu werden.

Der Umstand, dass das Leicht Lesen-Konzept im Zusammenhang mit der Empowerment-Bewegung von Menschen mit Lernschwierigkeiten und Behinderung entstand, mag dabei als Erklärung dienen, warum neben dem Blick auf das Medium Sprache auch die individuelle Ausstattung der Beteiligten, die Intentionen und Funktionen von Kommunikation und die Beziehungen zwischen den Akteuren betrachtet werden.

Kommunikation entsteht im Zusammenwirken der Beteiligten, wobei der Empfängerin und dem Empfänger eine ganz wesentliche Rolle am Akt des Verstehens zukommt. Ähnlich wie, gemäß dem Ansatz von Andreas Schaarschuch, Sozialarbeit nicht auf ein von Fachkräften ›verabreichtes‹ Maßnahmenpaket reduziert werden kann, sondern es vielmehr die Nutzerinnen und Nutzer von sozialarbeiterischen Maßnahmen seien, die sich quasi mit deren Hilfe aktiv ›neu produzierten‹[1], meint das Leicht

---

1   Vgl. Schaarschuch, Andreas (2003): Die Privilegierung des Nutzers. Zur theoretischen Begründung sozialer Dienstleistung. In Thomas Olk & Hans-Uwe Otto (Hg.), Soziale Arbeit als Dienstleistung. Grundlegungen, Entwürfe und Modelle (S. 150–169). Neuwied: Luchterhand Verlag.

Lesen-Konzept, dass eine Verkürzung auf das ›Maßnahmenpaket‹ Sprache beim Versuch, Kommunikation gelingend zu gestalten, zu kurz greift.

Kommunikation und Medien

Menschliche Kommunikation ist ein komplexes Prozessgeschehen, dem eine Vielzahl von Kommunikationsmedien zugrunde liegt. Alleine mit der eigenen Stimme, Mimik, Gestik, Körperhaltung, aber auch persönlichen Merkmalen wie Körpergeruch, Größe, Geschlecht oder Aussehen steht dem Menschen eine Vielzahl von Kommunikationsmedien für das Senden von Botschaften zur Verfügung. Sie alle werden mehr oder weniger willentlich in der Kommunikation mit anderen Menschen eingesetzt und können sehr unterschiedlich interpretiert werden. Watzlawicks Erkenntnis, wonach Menschen nicht kommunizieren können, wird vor diesem Hintergrund eindrücklich bestätigt.[2]

Eines der bedeutendsten menschlichen Kommunikationsmedien, wenn nicht das bedeutendste überhaupt, ist die menschliche Sprache. Es existieren unterschiedliche Theorierichtungen zu der Frage, wann und wie diese im Entwicklungsverlauf der Menschheitsgeschichte entstanden ist. Gehen die einen davon aus, dass sich an mehreren Orten verschiedene Ursprachen entwickelten, wird von anderen angenommen, dass allen Sprachen der heutigen Zeit ein einziger Prototyp zugrunde liegt.[3]

Wie auch immer: Aus Lauten, Zurufen, Gesten und intensivem Körpereinsatz als Kommunikationsmittel der ersten Menschen wurden irgendwann einmal Wörter und Buchstaben, deren sinnvolle Aneinanderreihung effiziente Kommunikation ermöglicht. Die Sprache, wie wir sie heute kennen, besteht aus flexibel einsetzbaren Symbolen, die – verschiedenartig miteinander kombiniert – geeignet sind, komplexe und differenzierte Informationen eindeutig zu codieren, zu erfassen und auszutauschen. Es liegt auf der Hand, dass die Fähigkeit zur Verwendung einer systematischen, differenzierten Sprache einen entscheidenden Vorteil für die Weitergabe von wesentlichen Informationen zur Sicherung des eigenen Überlebens darstellen kann.

---

2   Watzlawick, Paul; Janet H. Beavin, Don D. Jackson. Menschliche Kommunikation. Huber Bern Stuttgart Wien 1969, 2.24 S. 53 Menschliche Kommunikation, Huber Verlag, Bern, Stuttgart, Wien, 2.24, S. 53,

3   Glück, Helmut (2010), Hg. Metzler,-Lexikon Sprache, 4., aktualisierte und überarb. Aufl. Stuttgart; Weimar: Metzler

Die Bedeutung der Schriftsprache

Mindestens so bedeutend für die Menschheitsgeschichte wie die menschliche Sprache ist die Schrift. Denn bis zur Entwicklung der Schrift konnten Menschen einander ihr Wissen nur mündlich weitergeben. Das bedeutet, es konnte nur weitergegeben werden, was man sich aus den Erzählungen merkte. Abänderungen konnten oft nicht überprüft werden, denn möglicherweise war der Ursprungserzähler schon lange tot, während seine Geschichten immer noch erzählt wurden. Sehr viel Wissen wurde so angesammelt. Einerseits war der Zugang zu diesem Wissen sehr niederschwellig, man brauchte nur zuzuhören oder zu fragen, andererseits war aus diesem Wissen ausgeschlossen, wer eben gerade keinen Kontakt mit einem wissenden Menschen hatte oder wer nicht hören konnte.

Das Wissen war immer im Kopf der wissenden Menschen gefangen. Mit der Schrift konnte Information erstmals unverändert festgehalten und losgelöst vom ursprünglich wissenden Menschen und der ursprünglichen Zeit der Informationsweitergabe abgerufen werden. Selbst wir können jetzt Informationen abrufen, die von den Ägyptern vor mehr als 5.000 Jahren in Stein gemeißelt wurden.

Für die kulturelle Entwicklung in der Menschheitsgeschichte bedeutete die Schrift, dass man sich Informationen nicht mehr merken musste, wichtige Details konnten schriftlich festgehalten werden. Die Menschen konnten in großem Stil beginnen, über längere Zeiträume hinweg zu tauschen, zu handeln, in die Zukunft zu planen und auch Schulden zu machen. Weil man jetzt aufschreiben und damit festhalten konnte, was man einander verborgt hatte und es sich nicht mehr merken musste.

Barrieren der Schriftsprache

Aber wer des Schreibens und Lesens nicht mächtig war, erlebte diese Art der Informationsweitergabe als Barriere. Dies gilt auch für sehbehinderte und blinde Menschen, und von diesen gab es zu Zeiten vor der Erfindung der Brille sehr viele. Denn circa ab dem 40. Lebensjahr konnten Menschen die feinen Zeichen, Buchstaben und Hieroglyphen nicht mehr entziffern. Die größte Barriere war aber, dass es nur sehr wenige Hilfsmittel für die Informationsweitergabe gab. Denn die verfügbaren Medien wie Steine, Schiefer, später Papyrus mit Tinte beanspruchten einige Kunstfertigkeit und Aufwand für die Informationserstellung.

So war lange Zeit das Aufschreiben und Weitergeben von Informationen eine Angelegenheit von wenigen sehr gebildeten Leuten. Das gemeine Volk informierte sich weiterhin auf dem Wege der mündlichen Erzählungen. Das hatte aber einen großen

Nachteil, denn damit blieb die Menge der Informationen auf das beschränkt, was man mündlich weitergeben konnte. Außerdem bestand immer die Gefahr, dass eine Information im Laufe der Zeit falsch weitergegeben wurde.

Was man sich nicht leicht merken konnte, ging wieder verloren. Selbst wenn vielleicht jemand aus dieser Zeit in irgendeiner Hinterstube bei Kerzenschein es geschafft hätte, die Relativitätstheorie im Kopf zu entwickeln, er oder sie hätte sie jedenfalls nicht wirkungsvoll verbreiten können.

Der moderne Buchdruck als Informationsmotor

Nahezu explosiv entwickelte sich der Fundus an Informationen, die verfügbar wurden, mit der Erfindung des modernen Buchdrucks durch Gutenberg im 15. Jahrhundert. Seitdem verfügt die Menschheit mit dem maschinell hergestellten Buch über ein Informationsmedium, das in großen Mengen produziert werden kann und im Vergleich zu den bis dahin verfügbaren Medien sehr niederschwellig zugänglich ist. Das Einholen von Informationen, Nachschauen, Weitergeben ist nun kein Unterfangen mehr für wenige Menschen. Lesen und Schreiben wurde damit zum Kulturgut, das für uns als selbstverständlich gilt.

Jahrhundert der Medienvielfalt

Im Laufe der Menschheitsgeschichte kamen einige weitere Kommunikationsmedien hinzu, deren Ursprung in der Entwicklung der Sprache zu finden ist. Wobei ein einfacher Blick auf die zeitlichen Dimensionen dieser Entwicklung deutlich macht, wie sehr sich die verfügbaren Informationsquellen und -medien erst in den letzten 115 Jahren vervielfacht haben.

Sie alle tragen dazu bei, dass immer mehr Informationen immer leichter zugänglich werden. Die Kehrseite dieser Entwicklung ist, dass es angesichts der Komplexität und Fülle von Informationsangeboten für viele immer schwieriger wird, eine bestimmte Information zu finden, beziehungsweise die angebotenen Informationen hinsichtlich ihrer Richtigkeit und Relevanz zu bewerten. Immer lauter wird der Ruf nach besserer Verständlichkeit und Orientierungshilfen im Informations- und Mediendschungel.

War jahrhundertelang die Ausdifferenzierung und Weiterentwicklung von Wissen und Informationszugängen die große Herausforderung für unsere Gesellschaft, so ist es jetzt die Reduktion von Komplexität. Gemeint ist hier nicht die Vereinfachung, um individuelles Verstehen zu erreichen; diese Aufgabe bestand klarerweise zu allen

Zeiten. Bei der hier gemeinten heutigen Herausforderung geht es darum, Komplexität situations- und zielgruppengerecht zu reduzieren. Will man dieser Herausforderung gerecht werden, kann es keinesfalls das Ziel von Verständlichkeitsbemühungen sein, die vielfältigen Funktionen und Möglichkeiten unserer Sprache aus ideologischen Gründen einzuschränken und nur eine bestimmte Erscheinungsform anzuerkennen, sei es »Leichte Sprache«, einfache Sprache, schwere Sprache oder welche auch immer. Davon auszugehen, man müsse nur ein paar Regeln für sprachliche Formulierung befolgen und schon könnten alle Menschen alles verstehen, ist ebenso kurzschlüssig gedacht, als würde man in Zukunft den ethisch und ergonomisch korrekten Gesundheitsschuh als einzig verfügbares Schuhwerk für alle Menschen und alle Gelegenheiten einführen.

Schuhe haben wie Sprache verschiedene Funktionen, sie werden in verschiedenen Situationen getragen und daher ist es durchaus sinnvoll, eine Vielfalt unterschiedlicher Modelle und Arten anzubieten. Üblicherweise haben Menschen in wirtschaftlich gut entwickelten Ländern auch mehrere und verschiedene Schuhe zuhause. Sogar Damen mit ausgeprägtem Gesundheitsbewusstsein tragen zu bestimmten Anlässen Schuhe mit hohen Absätzen.

In Analogie zum Schuhbeispiel geht es also beim Thema Verständlichkeit von Informationen weder darum, bestimmten Menschen eine bestimmte Sprache, also einen bestimmten Schuh zuzuteilen, sondern vielmehr um die Bereitstellung eines vielfältigen Informationsangebots, das situations- und zielgruppengerecht gestaltet ist und nebenbei Freude macht, wie es ein schöner Schuh auch kann. Dazu ist es sinnvoll, sich dem Thema Sprache und ihren Funktionen aus verschiedenen Richtungen zu nähern.

Sprachen und ihre Funktionen

Wenn wir von Sprache sprechen, dann muss uns bewusst sein, dass Sprache verschiedene Funktionen hat. Dementsprechend werden mit sprachlicher Kommunikation unterschiedliche Ziele verfolgt. Je nach Funktion und Zielsetzung unterscheiden sich Wortschatz, Grammatik und Sprachstil.

So ist das Ziel der *literarischen* Sprache nicht unbedingt die Informationsvermittlung, sondern der künstlerische Ausdruck. Das Spiel mit Sprache, die Suche nach dem *einen* Wort, das die ganze Dichte der Atmosphäre hervorzuzaubern vermag, oder die Freude, wenn eine kreative Schöpfung den Weg auf das Papier gefunden hat, sind Erfahrungen von tiefster, beinahe schon körperlicher Eindrücklichkeit.

Während die *Hochsprache* den Genuss an der geistreichen Auseinandersetzung mit sprachlichen Stilmitteln vermittelt, geht es den Benutzerinnen und Benutzern von speziellen *Sondersprachen* darum, dass andere sie nicht verstehen. Die Sprache ist Ausdruck einer Zugehörigkeit zu einer bestimmten Gruppe und soll nach außen abgrenzen. Als Beispiele hierfür seien die Jugendsprache oder Geheimdienstsprache genannt.

Fachsprachen hingegen haben das Ziel einer eindeutigen und effizienten Verständigung unter Fachleuten. Zu den Fachsprachen gehören die Amtssprache, die Juristensprache, aber auch die Fachsprache unter Köchen oder anderen Professionen. Im Gegensatz zu Sondersprachen haben Fachsprachen nicht die Ausgrenzung anderer zum Ziel. Aber aufgrund ihrer Durchdringung mit spezifischen Wörtern und Bedeutungen, die man nur versteht, wenn man »vom Fach ist«, stecken sie voller Barrieren gegenüber den Nicht-Fachleuten. Besonders beschäftigt dieses Problem unsere Gesellschaft im Zusammenhang mit Gesetzen oder anderen Texten mit großer rechtlicher Relevanz.

Informationsvermittlung als eine Funktion von Sprache

Im Anwendungsbereich von capito für barrierefreie Information geht es sehr oft um eine ganz spezifische Funktion von Sprache, nämlich um Information, beziehungsweise um die Weitergabe von Wissen jeglicher Art. Üblicherweise wird hierfür die Umgangssprache genutzt, oft auch synonym als *Alltagssprache* bezeichnet. Sie ist jene Sprache, die die meisten Menschen verstehen, und dient daher der Informationsvermittlung und der Kommunikation im Alltag. Informationsvermittlung ist der Transport einer Information von einem wissenden Sender zu einem noch nicht wissenden Empfänger.

Um Wissen oder Informationen weiterzugeben, braucht es einen Absender, einen Informationsträger und einen Empfänger. Dieser Informationsträger kann beispielsweise der Körper der absendenden Person selbst sein, ein Papier, ein Video, ein Lautsprecher, eine CD, das Internet, aber auch ein Stein am Wegrand, in den ein Zeichen geritzt wird.

Die sendende Person codiert ihre Informationen mittels Sprache und Gestik oder Symbolen wie Schrift, Piktogrammen und Bildern und macht sie unter Zuhilfenahme des Informationsträgers für die empfangende Person zugänglich. Die empfangende Person decodiert die erhaltene Information wieder und verleibt sie sich ein. Dieser Prozess kann aber nur gelingen, wenn sowohl die absendende als auch die empfangende Person sich über die Bedeutung des Codes einig sind, also beide Seiten den gleichen Sinn darin sehen.

Ziel von Informationsweitergabe

Ziel dieser Handlung ist eine Veränderung des Bewusstseinszustands der empfangenden Person. Diese weiß am Ende des Übertragungsprozesses etwas, was sie zuvor noch nicht wusste. Möglicherweise wusste sie es schon einmal, hatte es aber inzwischen vergessen. Das neu erworbene oder aufgefrischte Wissen bedingt eine Erweiterung des Handlungspotenzials und damit einhergehend eine persönliche Weiterentwicklung.

Beispielsweise kann ein Restaurantgast erst aufgrund von Informationen über das Speisenangebot entscheiden, ob und was er zu essen bestellen wird. Daher ist es nicht unerheblich für den Entscheidungsvorgang des Gastes, welches Medium das Restaurant für die Informationsweitergabe nutzt.

Die Speisekarte etwa bietet dem Gast die Möglichkeit, das Angebot in Ruhe zu studieren und zu entscheiden. Wird das Speisenangebot mündlich vorgetragen, bedingt dieses schon allein durch die Merkfähigkeit des Personals eine Eingrenzung des Angebots. Aber auch der Gast muss sich in diesem Fall innerhalb kürzester Zeit verschiedene Angebote merken und entscheiden. Der Blick in die Kochtöpfe zur Information über das aktuelle Angebot wirft dann schon andere Fragen auf, zum Beispiel die nach der gesicherten Hygiene in der Küche. Aber selbst diese Form der Information ist noch immer besser, als keine Information zu erhalten.

Ohne eine – vorab zur Verfügung gestellte – Information über das Speisenangebot des Restaurants ist der Gast orientierungslos und kann keine effiziente, zielgerichtete Handlung setzen. Er hat nur mehr die Möglichkeit, das Personal aufs Geratewohl zu fragen, ob es vielleicht dieses oder jenes gäbe. Sein Wissensstand vergrößert sich nicht. Er wird in diesem Fall nur nach Speisen fragen, die er schon kennt. Sein Handlungsspielraum wird nicht erweitert, denn es werden ihm keine anderen, möglicherweise bisher unbekannten Speisen angeboten.

Der Gast des Restaurants ohne Vorabinformation wird zwar nicht verhungern, aber es wird zu keiner persönlichen Weiterentwicklung kommen, weder auf der Ebene der persönlichen Fähigkeit, Informationen zu verstehen, zu verwerten und auf deren Basis kompetente Entscheidungen zu treffen, noch auf der inhaltlichen Ebene des erweiterten Wissens um die vielfältigen Möglichkeiten, sich zu ernähren.

Information, die keine ist

An diesem einfachen, im Grunde noch nicht wirklich schlimmen Beispiel für die Entwicklung und Gestaltung des Lebens eines Menschen lässt sich die unmittelbare Wirkung vorenthaltener Information leicht erkennen. Man wird auch mit der Forderung, dass Restaurants ihre Gäste vorab und verständlich über ihr Speisenangebot informieren sollen, relativ schnell Zustimmung finden. Zu absurd scheint die Vorstellung einer Wirtshausinformationskultur, die hauptsächlich mit fachsprachlichen Begriffen aus Küche und Gastronomie operiert.

So wird aus dem »Petit Gâteau« der Küchenhochkultur zumindest in unserem Sprachraum doch meist ein »warmes Schokotörtchen mit flüssigem Kern«. Wir erwarten nicht, dass jeder Mensch, der im Restaurant essen möchte, Fachfrau oder Fachmann für Küche und Service sein muss. Es ist völlig selbstverständlich, den Wortschatz und die sprachlichen Formulierungen aus der Küchenfachsprache in eine den Zielgruppen verständliche Alltagssprache zu übersetzen.

Ganz anders verhält es sich in anderen, oft weit wichtigeren Lebensbereichen, beispielsweise bei Gesundheit, sozialer Sicherheit, bei den persönlichen Finanzen oder dem Konsum von Gebrauchsgütern. Vieles, was sich in diesen Bereichen als Information tarnt, dient viel mehr der rechtlichen Absicherung des Absenders seinen Adressaten gegenüber.

Als ein Beispiel für den exzessiven Gebrauch der Fachsprache im Alltagsleben der Menschen seien die Allgemeinen Geschäftsbedingungen genannt, deren Gültigkeit man als Konsumentin oder Konsument nahezu bei jedem Kauf zu bestätigen hat, ohne diese aufgrund ihrer Fülle und Komplexität erfassen und verstehen zu können. Indem man sich für solche Geschäftsbeziehungen auf Verkaufsseite auf die fachsprachliche juristische Formulierung zurückzieht, vermeint man, den Interpretationsspielraum der Richterin oder des Richters im Ernstfall möglichst klein und damit überraschungsfrei halten zu können.

Auch Propaganda oder Werbung tarnen sich häufig als Information. Was Propaganda und Werbung mit Information gemeinsam haben, ist ihre Absicht, auf den Bewusstseinsstand der Menschen einwirken zu wollen. Werden Menschen lange und oft genug mit Propaganda oder Werbung konfrontiert, führen diese zu Persönlichkeitsveränderungen und beeinflussen deren Handlungen. Ein Ziel, das letztlich auch mit der Weitergabe von Wissen und Informationen verbunden ist; jedoch im Unterschied zu Propaganda und Werbung unter Verzicht auf unbewusst wirkende Manipulationsmechanismen.

Der Sachinhalt und die implizierte Handlungsaufforderung einer Botschaft werden um so deutlicher, je einfacher und klarer eine Aussage formuliert wird. So würden die Wahlslogans mancher Parteien in einer Leicht Lesen-Fassung ungefähr so klingen: »Frauen mit Kopftuch sind nicht gut für unser Land. Wählen Sie unsere Partei. Wir sorgen dafür, dass in unserem Land keine solchen Frauen leben dürfen.«

Auch der Sachinhalt diverser Werbebotschaften lässt sich schnell erfassen, er könnte beispielsweise folgend lauten: »Kaufe das neueste xy-Handy. Wenn du dieses Handy hast, finden dich alle cool.«

Propaganda und Werbung sind häufig von vornherein leicht verständlich gestaltet. Ein wesentlicher Grund für diesen Umstand scheint die unmittelbar negative wirtschaftliche oder machtpolitische Wirkung unverständlicher Werbung oder Propaganda zu sein. Wer unverständlich wirbt, wird sein Produkt nicht verkaufen, wer unverständliche Propaganda betreibt, wird seine Ansichten nicht durchsetzen können.

Es ist also nicht schwer, Propaganda oder Werbung in eine leicht verständliche Fassung zu übertragen. Andersherum wird aber auch sehr schnell der manipulative oder propagandistische Charakter einer Information deutlich, wenn diese im Leicht Lesen-Format angeboten wird. Dies ist besonders gut bei Wahlprogrammen ersichtlich, betrifft aber auch viele andere Informationen mit einem gewissen Aufklärungs- und Erziehungsaspekt, beispielsweise im Gesundheitsbereich, wie an späterer Stelle dieses Artikels noch ersichtlich sein wird.

Texte, in denen der »nackte« Aufforderungskern einer Botschaft freigelegt ist, erscheinen uns oft hart, fremd und unseriös. Fast scheint es, als würde leichte Verständlichkeit unter dem schlechten Ruf der beiden Kommunikationsgattungen Propaganda und Werbung leiden. So als wäre leichte Verständlichkeit untrennbar mit diesen verbunden.

Seriöse Informationen, seien es Informationen aus Zeitungen, Ämtern, öffentlichen Institutionen oder sozialen Einrichtungen werden größtenteils auf einer Sprachkompetenzstufe geschrieben, die auch für Menschen ohne manifeste Lernschwierigkeiten nicht verständlich ist. Die solcherart verbreiteten Botschaften heben sich in Stil und Wortschatz deutlich vom Boulevardsprachniveau ab, und zwar unabhängig vom inhaltlichen Gehalt des Textes. Wir alle kennen die humorvollen Beispiele banaler Aussagen, wie dieses, welche aufzeigen, dass ein elaborierter Sprachstil nicht zwingend komplexe Inhalte in sich birgt: »Ballistische Experimente mit kristallinem H_2O auf dem Areal der Pädagogischen Institutionen unterliegen striktester Prohibition! – Das Werfen von Schneebällen auf dem Schulhof ist verboten.«

Wie könnte nun eine Information mit Aufklärungs- und Erziehungsaspekt aussehen, die sich nicht eines elaborierten Sprachstils bedient? Die folgende Textpassage stammt aus der capito Praxis, es handelt sich um eine Broschüre zum Thema »Vermeidung von Herzinfarkt«. Der folgende Absatz in der Leicht Lesen-Fassung auf der einfachsten Stufe des capito Stufenmodells für Leicht Lesen, A1[4] liest sich so: »Nehmen Sie die Anti-Baby-Pille? Dann sollen Sie nicht rauchen. Sie können dadurch sterben.«

Demgegenüber lautete der »seriös« formulierte Originaltext: »Gerade die Kombination von oralen Kontrazeptiva und Rauchen kann das Risiko bei jungen Frauen für Beinvenenthrombosen, Schlaganfall und Herzinfarkt drastisch steigern.«

---

4   Am leichtesten verständliche Lesestufe nach dem Leicht Lesen-Stufenmodell von capito.

Solcherart informiert weiß die Empfängerin oder der Empfänger Bescheid. Und zwar über den sozialen Status und die fachliche Identität der absendenden Person. Durch Benutzung von der Alltagssprache fremden Fachbegriffen und komplizierter Grammatik zeigt sie an, dass sie der Gruppe der Gesundheitsfachleute auf akademischem Niveau zugehörig ist. Doch wie wirken nun diese beiden unterschiedlichen Informationsstile auf die Empfängerinnen und Empfänger, und was kommt denn eigentlich bei diesen an?

Kommunikation ist mehr als Sachinformation

Wenn Menschen miteinander kommunizieren, tauschen sie mitnichten nur einfach Informationen aus. Das 4-Seiten-Modell von Friedemann Schulz von Thun, ein Klassiker der Kommunikationswissenschaften, bietet einen sehr hilfreichen Rahmen für die Analyse von Kommunikationsbotschaften. Denn diese transportieren neben einem *Sachinhalt* auch noch Inhalte auf drei anderen Ebenen an die empfangende Person mit. Nämlich auf der *Beziehungsebene*, der *Selbstoffenbarungsebene* und der *Appellebene*.

Beim Beispiel der »seriös« formulierten Information zu den gesundheitlichen Folgen von Rauchen in Kombination mit der Anti-Baby-Pille bleibend, könnte die Botschaft auf der Selbstoffenbarungsebene sein: »Mir ist meine fachliche Kompetenz sehr wichtig.«

Die Botschaft auf der Beziehungsebene, also dem Verhältnis der absendenden Person zu ihrer Zielgruppe, könnte heißen: »Ich bin nur an einer Kommunikation mit Ihnen interessiert, wenn sie auch vom Fach sind.«

Die bewusst intendierte Botschaft auf der Appellebene wäre wohl »Rauchen Sie nicht, wenn Sie die Anti-Baby-Pille nehmen!«

In Entsprechung der vier Seiten einer gesendeten Information »hören« die Empfängerinnen und Empfänger ebenso auf diesen vier verschiedenen Ebenen. So könnte die empfangende Person die Information als Selbstoffenbarungsbotschaft der sendenden Person verstehen: »Die sendende Person will ihre fachliche Kompetenz zeigen.«

Welche Botschaft kommt aber auf der Beziehungsebene an? Empfängerinnen und Empfänger mit gleicher oder ähnlicher Fachkompetenz fühlen sich möglicherweise angenehm wohl und angenommen. Schließlich sind sie ja Teil dieser Sprachgruppe. Aber was ist mit jenen Empfängerinnen und Empfängern, welche die verwendeten Begriffe nicht verstehen? Im besten Fall empfinden diese ein neutrales »Ich bin hier nicht angesprochen«, häufiger noch ein diffuses »Das-ist-zu-hoch-für-mich-Gefühl«.

Wie können Menschen aus dieser unangenehmen Emotion des »nicht genügen« entkommen? Ein gängiges Muster hierfür ist es, auf der Beziehungsebene Distanz zu schaffen. Damit erreicht der Appell aber nicht seine intendierte Wirkung. Wer sich auf der Beziehungsebene einer Botschaft nicht angesprochen fühlt, der folgt im Allgemeinen auch nicht dem innewohnenden Appell. Eher noch wird in einem solchen Fall Widerstand geweckt, beispielsweise in der Art »Diese ›gescheiten‹ Leute haben ja keine Ahnung vom wirklichen Leben. Jetzt rauch ich aus lauter Ärger erst recht eine Zigarette.«

Wie könnte sich das Botschaften-Gemenge vor dem Hintergrund des 4-Seiten-Modells nun darstellen, wenn die sendende Person die Leicht Lesen-Fassung auf Stufe A1, wie oben formuliert, wählt?

Die Selbstoffenbarungsbotschaft könnte hier heißen »Verständlich zu sein ist mir wichtiger, als meine Fachlichkeit zu zeigen.« Auf der Beziehungsebene könnte sie sein »Ich möchte Sie mit meiner Botschaft auch dann erreichen, wenn Sie nicht mein Fachwissen haben.« Und auf der Appellebene – nun ja –, diese ist klar und direkt, ohne relativierende Formulierungen oder Verpackungen, erkennbar.

Und was könnten die Empfängerinnen und Empfänger einer solchen Botschaft neben dem Sachinhalt »hören«?

Als Empfängerin oder Empfänger dieser Botschaft kann ich deutlich wahrnehmen, wie die sendende Person ihre Beziehung zu mir interpretiert. Nämlich derart, dass es ihr zusteht, mich zu einem bestimmten Verhalten aufzufordern, beziehungsweise mir einen Rat zu geben. Dies tut sie implizit auch im »seriös« formulierten Beispiel, dort wird es nur nicht so klar sichtbar. Wenn dies aber klar sichtbar wird, hat jede Empfängerin und jeder Empfänger viel eher die Chance, für sich zu entscheiden, ob sie oder er die Autorität der sendenden Stelle im Informationszusammenhang anerkennen will oder nicht.

Auch die klar und leicht verständliche Formulierung ist also keine Garantie für störungsfreie Kommunikation. Vor allem nicht für ein widerspruchsloses Annehmen und Umsetzen des Appells. Die einfach formulierte Botschaft legt den Kern der Aussage auf den einzelnen Ebenen völlig bloß. Der Aufforderungscharakter des Appells wird durch die direkte Anrede auf der Beziehungsebene noch verstärkt. Hier gibt es keine Schnörkel, die für emotionale und soziale Distanz sorgen.

»Das klingt ganz schön hart« ist daher eine oft gehörte Rückmeldung zu Leicht Lesen-Texten, gemeint sind damit genau jene Fokussierung einer Botschaft auf die Appellebene und ihre Direktheit auf der Beziehungsebene. Beides ist man so nicht gewöhnt und führt daher leicht zu Irritationen.

Sprache drückt Zugehörigkeit aus

Was im Fall der Geheimsprachen am stärksten deutlich wird, ist die soziale Funktion von Sprache. Schrift und Sprache sind nicht nur ein Werkzeug für die Weitergabe von

Informationen, sondern sie sind auch Ausdruck der Zugehörigkeit zu einer bestimmten Gruppe mit einem bestimmten Status. Dies betrifft aber nicht nur diverse Geheim- oder Fachsprachen, welche ausdrücken, dass man zu einer bestimmten Fachgruppe gehört. Der Zuschreibungsmechanismus hat längst auch das Konzept der sogenannten »Leichten Sprache« erreicht.

Obwohl »Leichte Sprache« dank erfolgreichen Lobbyings Ausdruck von Political Correctness ist, begibt sich, wer in »Leichter Sprache« schreibt oder spricht, in Gefahr, als ungebildet lächerlich gemacht zu werden. Selbst die Gruppe der Menschen mit Lernschwierigkeiten[5] bewertet nicht alle Informationsprodukte in »Leichter Sprache« positiv. So wird beispielsweise der »Bilderbucheffekt« mancher Texte in »Leichter Sprache« kritisiert. Die Empfängerinnen und Empfänger fühlen sich auf der Beziehungsebene nicht angesprochen, sondern eher abgestoßen. Sie interpretieren solche Texte aufgrund ihres Aussehens als kindlich und ihrer erwachsenen Identität nicht angemessen.

Auch eine leicht verständlich formulierte Information kann also dazu führen, dass sie nicht angenommen wird, und zwar nicht aufgrund Nichtverstehens, sondern aufgrund einer Ablehnung auf der Beziehungsebene. Dies ist ein Aspekt, der beim Verfassen und Gestalten von leicht verständlichen Informationen mit zu bedenken und methodisch abzusichern ist.

Die theoretische Annahme, dass man mit Informationen in »Leichter Sprache« alle Menschen erreichen kann, muss in der Praxis differenzierter hinterfragt werden, da Sprache immer auch »Ansprache« ist. Menschen werden durch Texte nicht nur informiert, sondern auch als Person angesprochen. Und sie fühlen sich nur dann gut angesprochen, wenn sie mit ihren Vorerfahrungen, ihren Fähigkeiten und ihren Sprachkompetenzen eine passende Andockstelle zum Text vorfinden. Das gilt für Menschen mit Lernschwierigkeiten oder Leseproblemen genauso wie für alle anderen. Ein Text, der etwas erzählt, was man schon weiß, wird langweilen. Ein Text, den man nicht versteht, weil er auf einem zu schwierigen Sprachlevel geschrieben ist, überfordert. In beiden Fällen wird er recht schnell beiseite gelegt, die Information kommt nicht an.

Information und ihre Wirkung

Texte beziehungsweise Informationen »laufen leer, wenn sie nicht so auf einen Kommunikationspartner (Adressaten, Hörer, Leser) bezogen sind, dass dieser die intendierte Textfunktion versteht und aus diesem Verständnis eine entspre-

---

5   Zu dieser Gruppe gehören alle Menschen mit kognitiven Behinderungen.

chende Veränderung seiner Einstellung, seines Wissens und seines Handelns folgt«, schreibt Bernd Ulrich Biere in seiner Habilitationsschrift zum Thema Verständlichkeit.[6]

Was hier so wissenschaftlich distanziert klingt, bedeutet in der Praxis nichts anderes, als dass eine leer laufende Information nicht nur *keine* Wirkung hat, sondern eine *andere* Wirkung, als jene, die man mit dem Absenden beabsichtigte. So wie Menschen nicht *nicht* kommunizieren können, können sie auch nicht *nicht* handeln. Wenn eine neue Mitarbeiterin oder ein Mitarbeiter eines Facility-Unternehmens die Einschulung für die Unterhaltsreinigung nicht richtig verstanden hat, wird sie oder er trotzdem als Repräsentantin oder Repräsentant des Unternehmens agieren. Nur nicht so, wie sie oder er es im Sinne der Qualitätsvorgaben sollte, sondern so, wie sie oder er glaubt, dass es passt und umsetzbar ist. Solcherart »leer gelaufene« Information schadet oft genug nicht nur den betroffenen Mitarbeiterinnen und Mitarbeitern selbst, sondern dem gesamten Unternehmen.

Wirtschaftliche Auswirkungen nicht verständlicher Informationen

Schwer verständliche, unklare Informationen haben auch betriebswirtschaftliche und volkswirtschaftliche Auswirkungen, welche nicht unterschätzt werden sollten. So zeigt eine Studie der Fachhochschule für Marketing und Sales in Graz zur Wirkung barrierefreier Information, dass unklare Preis-Leistungs-Angaben zu Nichtkauf führen können.[7]

Besonders Seniorinnen und Senioren verzichten laut dieser Studie eher auf die Nutzung von »Lock-Angeboten«, wenn nicht klar hervorgeht, welcher Teil des Angebots gratis ist und welcher nicht. Dabei geht es ihnen gar nicht darum, nichts bezahlen zu wollen, sondern sie befürchten, als »dumm« dazustehen, wenn sie nicht sicher sind, das Angebot richtig verstanden zu haben.

Treffen hier die negativen Auswirkungen schwer verständlicher Informationen »nur« den Betriebserfolg privatwirtschaftlicher Unternehmen, muss in gesellschaftlichen Zusammenhängen von nicht unbeträchtlichen volkswirtschaftlichen Kosten ausgegangen werden.

---

6   Bernd Ulrich Biere (1989). Verständlich-Machen. Hermeneutische Tradition – Historische Praxis – Sprachtheoretische Begründung. Reihe Germanistische Linguistik. Hg. Henne Helmut, Sitta Horst & Wiegand Herbert Ernst, Max Niemeyer Verlag, Tübingen.

7   Pani, Katharina, Leitner, Anita, Trummer, Christina & Welser, Sigrid (2010). Barrierefreie Information. Bedarf und Nutzen aus der Sicht von VerbraucherInnen und Unternehmen. Hg. Consulting, Franchise & Sales GmbH. Eigenverlag capito. Graz

Dies lässt sich sehr drastisch im Gesundheitsbereich, einem der größten Budgetposten europäischer Sozialstaaten, zeigen. Eine europäische Studie zur Gesundheitskompetenz der Menschen kommt zum Ergebnis, dass in nahezu allen teilnehmenden Ländern weniger als die Hälfte der befragten Personen über eine gute Gesundheitskompetenz verfügen.[8] An dieser Studie nahmen acht Staaten, unter anderem Österreich und Deutschland, teil. In jedem teilnehmenden Staat wurden 1.000 Personen ab dem 15. Lebensjahr interviewt.

Eine wesentliche Ebene zum Erwerb und Erhalt von Gesundheitskompetenz stellt das Wissen um Gesundheitsförderung dar, also das Wissen darum, wie man sich gesund hält, beziehungsweise die eigene Gesundheit fördern kann. Genau dieser Teilbereich ist bei allen Teilnehmenden am schlechtesten ausgeprägt. Zwar wird die Gesundheitskompetenz der Menschen generell mit höherem Bildungsgrad größer, im Teilbereich der Gesundheitsförderung erreichen aber auch höher Gebildete nur äußerst bescheidene Werte.[9]

Ein wesentlicher Grund hierfür ist der Umstand, dass Informationen zur Gesundheitsförderung in hohem Ausmaß als nicht leicht verständlich empfunden werden. Zu den schlechten Werten im Teilbereich Gesundheitsförderung führt beispielsweise die Auswertung der Antworten auf Fragen wie die folgende: »Wie einfach ist es Ihrer Meinung nach, Informationen in den Medien darüber, wie Sie Ihren Gesundheitszustand verbessern können, zu verstehen?« Hier zeigt sich, dass es nur einem kleinen Teil der Bevölkerung, vor allem nur jenem mit hohem Bildungsgrad, gelingt, das öffentlich zugängliche Informationsangebot zu verstehen.

Niedrige Gesundheitskompetenz hat nicht nur negative Auswirkungen auf die betroffenen Menschen, sondern auf den gesamten Staatshaushalt. Das Schweizer Büro für sozialpolitische Studien errechnete im Auftrag des Schweizerischen Gesundheitsamtes ein Kostenvolumen von drei Prozent des Gesundheitsbudgets, das jährlich bloß aufgrund fehlender Gesundheitskompetenzen schlagend wird.[10] Umgekehrt könnte man dieses Volumen durchaus auch als Einsparungspotenzial für den Fall einer Förderung und Erhöhung der Gesundheitskompetenz der Bevölkerung ansehen. In absoluten Zahlen ergibt das für Deutschland circa neun Milliarden Euro, immerhin noch eine Milliarde ist es in Österreich.

8   Pelikan, Jürgen; Röthlin, Florian, Ganahl, Kirstin: European Health Literacy Survey Project – Erste Ergebnisse für Österreich. Präsentation im Workshop zur Entwicklung von Gesundheitszielen in Österreich; Wien 2012; http://www. gesundheitsziele-oesterreich.at/wp-content/uploads/2014/10/Optimiert_Gesundheitsziele_19_1_inclusive_Gender.pdf

9   Ebd.

10   Spicher, Stefan; Künzi, Kilian; Stutz, Heidi: Ökonomische Aspekte der Gesundheitskompetenzen.

Handlungswirkung von verständlicher Information

Grundsätzlich ist es das Ziel von Informationen, Menschen dazu zu befähigen, selbstbestimmte Handlungen aufgrund einer informierten Entscheidung zu treffen. Wir wissen, dass unverständliche Informationen zu falschen Handlungen oder Informationen, welche auf der Beziehungsebene nicht den »richtigen Ton« treffen, zu Widerstand führen können. Aber welche Aussagen können zur Wirkung von Informationen gemacht werden, die verständlich und zielgruppengerecht aufbereitet sind?

Solange es um sehr geradlinige Informations- und Handlungsabläufe geht, lässt sich die Wirkung verständlicher Information leicht empirisch prüfen. Ein leicht verständliches Informationssystem am Bahnhof führt dazu, dass die Reisenden mit weitaus höherer Wahrscheinlichkeit den richtigen Zug erreichen und das mit geringerem Zeitaufwand, als wenn es kein oder nur ein schlecht verständliches Informationssystem gibt.

Aber wie ist das in anderen Zusammenhängen, wenn beispielsweise alte Gewohnheiten oder widerstrebende Motivationslagen das Verhalten mitbeeinflussen? Zeigt die leichte Verständlichkeit einer Information auch in einem solchen Fall Wirkung oder wird sie von psychologischen Faktoren absorbiert?

Hier zeigt eine empirische Untersuchung zur Wirkung einer Leicht Lesen-Wahlbroschüre, dass leichte Verständlichkeit durchaus handlungsverändernd wirken kann. Gegenstand der Untersuchung war die Berliner Leicht Lesen-Wahlbroschüre »Klar geh ich wählen«, welche durch Multiplikatorinnen und Multiplikatoren in Berliner Einrichtungen für Menschen mit Lernschwierigkeiten und Behinderungen insgesamt 3.650 Menschen mit Lernschwierigkeiten und Behinderungen erreichte. Ziel der Broschüre war es, über das Wahlrecht in Demokratien aufzuklären und die Empfängerinnen und Empfänger zur Ausübung desselben zu motivieren.

Im Nachgang zur Wahl wurden die Multiplikatorinnen und Multiplikatoren telefonisch zur Wirkung der Broschüre auf die Motivation, wählen zu gehen, interviewt. 93 % der Interviewpartnerinnen und -partner gaben an, dass die Broschüre Wirkung in Bezug auf mehr Motivation zeigte (73 % trifft zu, 14 % trifft eher zu). In einem Fall gab es die Möglichkeit, die Wahlbeteiligung der mithilfe der Leicht Lesen-Wahlbroschüre informierten Gruppe mit einer Vergleichsgruppe ohne Zugang zu dieser Broschüre zu beobachten. Die betreffende Multiplikatorin stellte eine signifikant höhere Wahlbeteiligung gegenüber der Vergleichsgruppe ohne Zugang zur Broschüre fest.[11]

---

11 Wirkungsbericht für capito 2013: http://www.capito.eu/de/Presse/Download-Bereich/Wirkungsbericht-2013/, S. 19.

Emotionale Wirkung von verständlicher Information

Unverständliche Information ruft negative Emotionen hervor. Doch führt verständliche Information automatisch zu positiven Emotionen? Wie verhält sich dies beispielsweise mit Informationen, die an sich nicht positiv sind? Beispielsweise über chemische Zusatzstoffe in Lebensmitteln oder Nebenwirkungen von Heilmitteln? Es ist ein weit verbreiteter Irrtum, dass man die Konsumentinnen und Konsumenten in der Produktkommunikation über solche unangenehme Wahrheiten besser im Dunkeln lässt. Werbebotschaften, die sich hart an der Grenze zur Unwahrheit, zumindest aber im Bereich des – nur für Fachleute erkennbaren – fachlichen Nonsens bewegen, sind die Folge.

Die schon vorhin besprochene empirische Untersuchung zu Bedarf und Nutzen barrierefreier Information zeigt, dass die Menschen sich »ehrliche« Information wünschen.[12] Als Probandinnen und Probanden der Untersuchung fungierten Erwachsene im Alter von 50 bis 74 Jahren. In der Studienanordnung wurden ihnen die Originalinformation sowie eine leicht verständliche Übersetzung des Originals zu einem sehr belastenden Thema vorgelegt, nämlich zu den Auswirkungen von Demenzerscheinungen auf die rechtliche Selbstbestimmung, im Volksmund bekannt als »Entmündigung«.

Der Unterschied in der emotionalen Befindlichkeit ist deutlich. Fühlten sich nach dem Lesen des Originals 67 % der 50- bis 64-Jährigen schlecht und nur 17 % sehr gut, so wandelte sich dieser Wert nach dem Lesen der verständlichen Version in sein Gegenteil. 66 % fühlten sich sehr gut oder gut und nur mehr 17 % schlecht.

Allein der Umstand, verstanden zu haben und sich orientieren zu können, bewirkt eine positive Emotion. Menschen fühlen sich, verständlich und ehrlich informiert, nicht nur gut orientiert, sondern auch emotional besser, selbst wenn es sich um unangenehme Informationen handelt.

Auch Schulz von Thun kann in einer Versuchsanordnung belegen, dass verständliche Information bei allen Menschen in allen Bildungsstufen zu besseren Ergebnissen führt. In seiner Untersuchung wird die Auswirkung verständlicher Texte auf Menschen mit verschiedenen Bildungsabschlüssen (Abitur, Mittlere Reife, Volksschulbildung) untersucht. Hier verblüfft, dass alle drei Gruppen mit dem leichter verständlichen Text bessere Ergebnisse erzielen, nicht nur jene mit niedrigen Bildungsabschlüssen,

---

12   Pani, Katharina, Leitner, Anita, Trummer, Christina & Welser, Sigrid (2010). Barrierefreie Information. Bedarf und Nutzen aus der Sicht von VerbraucherInnen und Unternehmen. Hg. Consulting, Franchise & Sales GmbH. Eigenverlag capito. Graz.

und auch hier verständliche Informationen zu einer positiven emotionalen Reaktion führen. Sie werden einfach lieber gelesen.[13]

Obschon also viele gute Gründe dafür sprechen, Informationen leicht verständlich zu gestalten, ist es Faktum, dass viele Informationen in unserer Gesellschaft für viele Menschen nicht verständlich sind, und zwar unabhängig von einer Behinderung. Jeder Mensch macht in seinem Leben die Erfahrung, Informationen nicht zu verstehen und diese folglich auch nicht nützen zu können. Seien es die viel zitierten Gebrauchsanleitungen, Behördenschreiben, Versicherungsbestimmungen, Kulturberichte, Wirtschaftsnachrichten und so weiter und so fort. Doch was für die einen schlimmstenfalls lästig ist, bedeutet für die anderen Ausschluss und Abhängigkeit. Für Menschen mit Lese- und Lernschwierigkeiten, aus welchem Grund auch immer, wirken schwer lesbare und schwer verständliche Informationen im selben Maß als Barrieren wie Stufen für Rollstuhlfahrende.

Unternehmen und Behörden überschätzen in ihrer Kommunikationspolitik die Lesekompetenz und das Fachverständnis ihrer Zielgruppen meist deutlich. Vielen fehlt auch das Wissen um Zugänglichkeitsbarrieren, die schon von vornherein für eine nicht geringe Zahl von Menschen verhindern, dass eine angebotene Information überhaupt wahrgenommen werden kann. Um Lösungen für eine bessere Zugänglichkeit und Verständlichkeit von Informationen zu finden, ist es daher von Bedeutung, genauer zu durchleuchten, wie eigentlich Informationsbarrieren entstehen.

Informationsbarrieren und ihre Entstehung

Informationsbarrieren sind Merkmale einer Information, die es Menschen mit einer bestimmten persönlichen Ausstattung und in einem bestimmten sozialen Umfeld erschweren oder es ihnen unmöglich macht, eine Information wahrzunehmen oder zu verstehen. Informationsbarrieren entstehen auf den vier verschiedenen Ebenen »Wahrnehmung«, »Erfassung«, »Vorerfahrung «, »Vorwissen«.[14]

---

13   Friedemann Schulz von Thun (Auflage 1996). Miteinander reden 1 – Störungen und Klärungen. Allgemeine Psychologie der Kommunikation. Rowohlt, Reinbek.

14   Pani, Katharina, Leitner, Anita, Trummer, Christina & Welser, Sigrid (2010). Barrierefreie Information. Bedarf und Nutzen aus der Sicht von VerbraucherInnen und Unternehmen. Hg. Consulting, Franchise & Sales GmbH. Eigenverlag. capito, Graz.

Barrieren auf der Wahrnehmungsebene

Auf dieser Ebene geht es darum, ob ein Mensch mit den ihm zur Verfügung stehenden Sinnesfunktionen eine angebotene Information aufnehmen kann. Blinde Menschen können gedruckte Texte nicht sehen, gehörlose Menschen eine Lautsprecherdurchsage nicht hören. Sehbehinderte Menschen können Kleingedrucktes nicht entziffern und für rot-grün-blinde Menschen sind beide Farben einfach nur grau.

Solche Wahrnehmungsbarrieren betreffen nicht wenige Menschen, 3,9 % der Erwachsenen sind sehbehindert, 8 % der Männer können rot und grün nicht voneinander unterscheiden und 2,5 % hören schlecht. Wer also die Farben rot und grün verwendet, um für diverse Handlungsanleitung »richtig und falsch« anzuzeigen, hat gute Chancen, jeden zwölften Leser bei der korrekten Informationsaufnahme zu behindern.

Moderne Unternehmen setzen gerne auch Videos für ihre Schulungen ein, weil man davon ausgeht, dass viele Informationen mit diesem Medium besser verstanden werden können. Sehbehinderte oder hörbehinderte Menschen können Videos ohne Audiobildbeschreibung aber nicht nützen, immerhin betrifft das eine halbe Million Menschen in Österreich, beziehungsweise fünf Millionen in Deutschland.

Aber auch ganz banale Faktoren wie zu leises Sprechen, zartweiße Schrift auf hellgrauem Hintergrund oder knochentrocken und monoton gestaltete Informationen wirken sehr schnell als Wahrnehmungsblocker, unabhängig von einer körperlichen oder Sinneseinschränkung. Wird das Decodieren einer Information zu anstrengend für die Empfängerinnen und Empfänger, nehmen sie diese nicht mehr wahr. Sie wenden sich ab oder driften innerlich weg.

Erfolgreiches Informieren setzt also voraus, mögliche Wahrnehmungsbarrieren von vornherein nicht entstehen zu lassen oder Informationen nach dem Prinzip der »Zwei-Sinne-Kommunikation« anzubieten. Beispielsweise eine Broschüre nicht nur zu drucken, sondern zusätzlich als barrierefrei gestaltetes, digital verfügbares Dokument zur Verfügung zu stellen. Ein solches Dokument kann von sehbehinderten oder blinden Menschen individuell vergrößert, verändert oder mittels Screenreader gelesen werden. Barrierefreiheit auf der Wahrnehmungsebene setzt vor allem voraus, dass man sich der großen Zahl jener bewusst ist, die von Wahrnehmungsbarrieren betroffen sind und daher schon rein statistisch betrachtet nahezu in jeder Zielgruppe präsent sein werden.

Barrieren auf der Erfassungsebene

Auch wenn eine Information wahrgenommen werden kann, bedeutet dies noch nicht, dass der Inhalt erfassbar ist. Die beim Senden codierte Information muss ja erst mit

Sinn versehen, also decodiert werden.[15] Wer beispielsweise der kyrillischen Schreibweise nicht mächtig ist, wird die Informationen in der Moskauer Metro zwar sehen, aber nicht verstehen können. Zum Erfassen gehört, dass die Empfängerinnen und Empfänger grundsätzlich der Sprache mächtig sind, die für das Senden der Information verwendet wird.

Gerade in multikulturellen Gesellschaften ist davon auszugehen, dass Sprachkompetenz in der vorherrschenden Landessprache bei einem großen Teil jener Menschen mit anderer Erstsprache nicht höher als auf der Sprachkompetenzstufe B1 liegen wird.[16] B1 ist die Kompetenzstufe aus dem Gemeinsamen Europäischen Rahmen für Sprachen (GERS), welche man beherrschen sollte, wenn man die Pflichtschule in Österreich oder Deutschland verlässt. Es ist auch jene Sprachkompetenzstufe, welche Menschen aus anderen Ländern beherrschen müssen, wenn sie die österreichische oder die deutsche Staatsbürgerschaft erlangen wollen.

Aus mehreren Studien zu den Lesekompetenzen in Europa wissen wir, dass etwa 40 % der erwachsenen Menschen im erwerbsfähigen Alter mehr oder weniger ausgeprägte Leseschwierigkeiten haben.[17] Leseschwierigkeiten zu haben bedeutet, keine Qualitätszeitungen und literarische Bücher lesen, keine Formulare ohne Hilfe ausfüllen, keine Aufklärungsbroschüren zu Gesundheit, Ernährung, Bewegung verstehen und keine anspruchsvollen Kulturangebote genießen zu können. Es bedeutet aber auch, Unternehmensleitbilder nicht zu verstehen, an Briefen von Gewerbebehörden, Versicherungen und Finanzinstituten zu scheitern und Produktbeschreibungen nicht lesen, geschweige denn jemand anderem erklären zu können. Denn während sich die Empfängerinnen und Empfänger der Informationen und Behörden zum größten Teil auf den Lesekompetenzstufen A2 bis B1 bewegen, beginnen die Informationen von Unternehmen und Behörden meist ab der Stufe B2 bis C1.[18]

Ein weiterer wichtiger Faktor für die Erfassungsfähigkeit des Menschen ist das Tempo. Hoher zeitlicher Stress beeinträchtigt die Aufnahmefähigkeit, daher gilt hier der Grundsatz: Je schneller eine Information erfasst werden muss, umso knapper und

15   Walburga Fröhlich (Dezember 2014) Leichte Sprache – ein Konzept für alle? In: Mitsprache, Hg. Österreichische Gesellschaft für Sprachheilpädagogik, 46. Jahrgang, 4. Heft, Wien.

16   Siehe: *Gemeinsamer europäischer Referenzrahmen für Sprachen: lernen, lehren, beurteilen*. Europarat, Rat für kulturelle Zusammenarbeit, Straßburg 2001.

17   Grotlüschen, Anke, Riekmann, Wibke. (2012). Funktionaler Analphabetismus in Deutschland. Ergebnisse der leo. – Level-One Studie. (Hg.) Münster: Waxmann Verlag. OECD, (2012). PIAAC Programme for the International Assessment of Adult Competencies, durchgeführt von der Statistik Austria. http://www.statistik.at/web_de/statistiken/bildung_und_kultur/piaac/index.html 01.07.2014

18   Beekveldt, Ralf, (2012) Vortrag Stuttgart. zitiert in: atempo Wirkungsbericht 2013; http://www. atempo.at/de/Presse/atempo-Wirkungsbericht/.

präziser sowie eindeutiger muss diese sein. Eine Anforderung, die besonders für Orientierungssysteme gilt, die üblicherweise bei temporeicher Mobilität in Anspruch genommen werden. Beispielsweise am Bahnhof, Flughafen oder in der Parkgarage.

Nicht zu unterschätzen ist die Auswirkung mächtiger Emotionen auf die Auffassungsfähigkeit von Menschen, und zwar unabhängig davon, ob diese Emotionen positiv oder negativ sind. Wer sich selbst noch an Phasen großer Verliebtheit erinnert oder diese bei den pubertierenden Kindern miterleben darf, kann aus der eigenen Erfahrung bestätigen, dass neben großen Gefühlen wenig Platz für das Aufnehmen von Sachinhalten bleibt.

Auch Angst oder großer emotionaler Stress wirken als Informationsbarriere; Emotionen, die Menschen fast immer heimsuchen, wenn sie beispielsweise einen großen Kredit abschließen oder im Krankenhaus auf ihre Untersuchungsergebnisse warten. Die häufig gehörte Annahme, man müsse Informationen für solche Situationen nicht leicht verständlich gestalten, da ja sowieso ein beratendes Gespräch stattfände, ist vor diesem Wissenshintergrund nicht haltbar. Denn ein Großteil der Inhalte in einem emotional belasteten Gespräch kann von den Empfängerinnen und Empfängern in dieser Situation gar nicht erfasst und verarbeitet werden. Schriftliche oder in anderer Form konservierte Informationen, die es ermöglichen, das Gesagte später nachzuvollziehen, sind gerade in solchen Fällen unumgänglich.

Barrieren auf der Erfahrungsebene

Hier geht es um die Vorerfahrungen der Empfängerinnen und Empfänger einer Botschaft. Denn erst diese Vorerfahrungen bestimmen, ob man die angebotene Information auch richtig versteht. Man kann beispielsweise kein Problem mit dem Lesen und sinnerfassenden Verstehen der drei Wörter »Rose«, »Auge«, »schneiden« haben, aber was zu tun ist, wenn man »die Rose am dritten Auge schneiden soll«, weiß nur, wer sich schon mit dem Thema der Rosenpflege auseinandergesetzt hat. Auf dieser Ebene geht es auch um die Vorerfahrungen mit dem Kommunikationsstil und dem Insider-Wortschatz des Informationsanbieters. Jedes gesellschaftliche System, sei es ein Unternehmen, eine Behörde, eine politische Partei oder eine wissenschaftliche Community, entwickelt seinen eigenen Kommunikations- und Informationsstil und seine eigene »Fachsprache«. Nur wer die entsprechenden Vorerfahrungen mit diesem System hat, wird den Gehalt der Botschaft richtig verstehen.

Außerdem geht es auf dieser Ebene um die Vorerfahrungen der Empfängerinnen und Empfänger mit der sendenden Stelle auf der Beziehungsebene. Denn diese haben große Auswirkungen darauf, wie die angebotene Information angenommen wird. Beispielsweise bemühen sich mittlerweile manche Banken und Versicherungen, besonders leicht verständlich über ihre Produkte zu informieren. Sie wissen, dass die Vorerfahrungen der meisten Menschen mit ihren Produkten und ihrer Informationspolitik dazu führen, dass bei jedem schwer verständlichen Wort Absichtlichkeit und Unlauterkeit unterstellt wird. Indem man es den Kundinnen und Kunden mit leicht verständlicher Information ermöglicht, die Inhalte ohne großen Aufwand zu erfassen, begegnet man den »Störungen« auf der Beziehungsebene.

Auf dieser Ebene wird deutlich, dass die leichte Verständlichkeit einer Information nicht nur mit der kognitiven Leistungsfähigkeit zu tun hat, sondern vielmehr mit den Vorerfahrungen zum Thema und zur Beziehungsebene sowie dem Grad der Integration im informierenden System.

Informationsbarrieren auf dieser Ebene lassen sich nur mittels Zielgruppenprüfung identifizieren. Selbst bei sorgfältigster Erarbeitung und gutem Einfühlungsvermögen in die Welt des anderen bleibt ein Absender Teil seines eigenen Kommunikationssystems. Ohne Rückmeldung aus der Zielgruppe kann nicht zweifelsfrei festgestellt werden, ob und, wenn ja, welche intern entwickelten Codes von diesen nicht richtig decodiert werden und welche eventuellen Störfaktoren auf der Beziehungsebene wirken können.

Barrieren auf der Wissensebene

Eine vierte Ebene für Informationsbarrieren ist jene des Vorwissens. Erinnern wir uns noch einmal an das Beispiel der Rose und ihr drittes Auge. Um die Aufforderung, die Rose am dritten Auge zu schneiden, richtig zu verstehen, ist Erfahrung in der Pflege von Rosengärten sehr hilfreich. Menschen können aber fehlende Vorerfahrungen zu einem Thema mit angelerntem Wissen wettmachen und so auch Texte und Informationen verstehen, deren Erfahrungswelt ihnen fremd ist.

Das bedeutet, leicht verständliche Informationen müssen nicht nur der Sprachkompetenzstufe ihrer Empfängerinnen und Empfänger entsprechen, sondern auch der inhaltlichen Kompetenzstufe zu einem bestimmten Thema. Es ergibt wenig Sinn, fachlich unbedarften Leserinnen und Lesern in einfacher Wortwahl, Grammatik und Sprachstil zu sagen »Schneiden Sie die Rose am dritten Auge«, ohne im Vorhinein zu erklären, was die Bezeichnung »Auge« im Zusammenhang mit Rosen zu bedeuten hat.

Andererseits ist es nicht notwendig, Schülerinnen und Schülern mit Lernschwierigkeiten nach der 8. Schulstufe in Österreich zu erklären, was ein ›Clearer‹ ist, denn einen solchen haben alle bis zu diesem Zeitpunkt kennengelernt und dessen Arbeit selbst erlebt. Auch werden Fußballinteressierte mit Lernschwierigkeiten aufgrund ihres Vorwissens einen Vorteil gegenüber akademisch gebildeten Uninteressierten haben, wenn es um spezifische Fachbegriffe aus der Fußballwelt geht. Nicht immer brauchen also alle Menschen mit Lernschwierigkeiten von vornherein den einfachsten Text, ohne Fremdwörter, ohne Fachbegriffe und mit Zeichnungen versehen. Sondern sie brauchen, wie alle anderen auch, einen zielgruppengerecht gestalteten Text, der auf ihr Vorwissen und ihre Vorerfahrungen aufbaut. Dieses Vorwissen lässt sich ebenso wie die Vorerfahrungen nur in der direkten Kommunikation mit den Zielgruppen der gesendeten Information identifizieren.

Wesentliche Aspekte für Verständlichkeit nach der capito Methode

Ausgangspunkt der capito Methode ist die Grundannahme, dass die Verständlichkeit von Texten und Informationen das Ergebnis eines Kommunikationsprozesses ist. Die dabei angewandte Sprache und die eingesetzten Medien bestimmen den sendenden Teil dieses Prozesses, die persönliche Kompetenzausstattung, die Vorerfahrungen und das Vorwissen der Empfängerinnen und Empfänger den empfangenden Teil. Kontextuale Bedingungen wie Tempo, Emotionen oder Beziehungsaspekte wirken zusätzlich blockierend oder verstärkend. Auf Basis dieser Grundannahme baut capito für die Erstellung barrierefreier, leicht verständlicher Informationen auf drei Schritten auf. Der erste und möglicherweise wichtigste Schritt ist eine genaue und umfassende Bestimmung der Zielgruppe beziehungsweise Zielgruppen einer bestimmten Information sowie ihrer Zielsetzung.

Definition der Zielgruppe

Zielgruppengerechte Information bedeutet, dass man sich als absendende Stelle im Klaren darüber ist, wen man eigentlich informieren möchte und welche Ziele mit der Information verbunden sind.

Zielgruppen sind keine anonymen Massen, sie bestehen aus vielen einzelnen Menschen mit spezifischen Vorerfahrungen, sowohl auf der Beziehungs- als auch der Inhaltsebene, zu einem bestimmten Absender und Thema.

Bevor capito Übersetzungen beginnen, wird versucht, möglichst konkrete Aussagen von Vertreterinnen und Vertretern der Zielgruppe dazu zu erhalten und mit der beauftragenden Stelle abzuklären. Beispielsweise mittels Fokusgruppen oder anderen qualitativen Methoden zur Exploration einer Fragestellung. Nur wenn die Zielgruppe konkret identifiziert und definiert wird, lässt sich im Nachhinein evaluieren, ob eine Information tatsächlich gelesen, verstanden und – im Idealfall – auch genutzt wurde.

Gemeinsam mit der Auftraggeberin oder dem Auftraggeber ist zu klären, welche Gruppen man erreichen möchte. Beispielsweise besteht die Zielgruppe der Website-Information einer Stadt zur Erteilung von Parkgenehmigungen aus Menschen, die in der betreffenden Stadt wohnen, ein Auto besitzen und dieses für Fahrten in der Stadt nutzen, während auf der gleichen Website die Zielgruppe für Informationen zur Kindergartenanmeldung aus Eltern von Kindern im Vorschulalter besteht, unabhängig davon, ob diese ein Auto besitzen oder nicht. Dennoch kann man davon ausgehen, dass es für die beiden Zielgruppen eine große Schnittmenge gibt beziehungsweise in beiden Zielgruppen Menschen vertreten sein können, die von Informationsbarrieren betroffen sind.

Um die Bedeutung verschiedener Informationsbarrieren gewichten zu können, ist es daher zusätzlich notwendig, den Inhalt und die Handlungsaufforderung der betreffenden Informationen oder Botschaften im Hinblick auf die Zielgruppen zu analysieren. Während beispielsweise in beiden Zielgruppen Menschen mit nicht deutscher Erstsprache vertreten sein können, ist es von weit größerer Bedeutung für den Informationsfall Nummer zwei, dass diese auf möglichst wenig Informationsbarrieren stoßen und ihre Kinder rechtzeitig für den Kindergarten anmelden können. Andererseits werden Informationsbarrieren, die ältere Menschen betreffen, eher im Informationsfall Nummer eins zu bedenken sein als in Nummer zwei.

Die differenzierte Sicht auf die Zielgruppen einer Information trägt dem Umstand Rechnung, dass auch Menschen, die zu einer bestimmten Gruppe gehören, grundsätzlich verschieden sind. Beispielsweise unterscheiden sich Menschen mit einer sogenannten »geistigen Behinderung« beziehungsweise – der Definition von People First folgend – »Menschen mit Lernschwierigkeiten« untereinander hinsichtlich Alter, Interessen, Sprachkompetenz und Informationsbedarf mehr, als sie einander ähneln.

Es kann nicht davon ausgegangen werden, dass bestimmte körperliche, kognitive oder Sinnesbeeinträchtigungen solche an sich normale Unterschiede zwischen Menschen aufheben würden. Es kann daher auch nicht davon ausgegangen werden, dass es »*eine* Sprache« gäbe, die für alle Menschen mit Lernschwierigkeiten die richtige sei. Zielgruppengerechte Information muss sowohl auf die vorhandenen Sprachkompetenzen als auch auf das Vorwissen zu einem bestimmten Thema abstellen.

Nur im Fall einer konkreten Definition der Zielgruppen lässt sich festlegen, welche Kriterien für die Ebenen der Wahrnehmungs- und Erfassungsbarrieren sinnvoll anzuwenden sind. Befinden sich beispielsweise alte Menschen in der Zielgruppe, so gehören jedenfalls alle Kriterien des capito Kriterienkatalogs für Barrierefreiheit von sehbehinderten Menschen dazu. Wendet sich die beauftragende Stelle mit ihrer Information an Menschen mit geringen Sprachkompetenzen oder mit wenig Vorwissen zu einem bestimmten Thema, so sind die Kriterien des capito Kriterienkatalogs für leichte Verständlichkeit anzuwenden.

Geht es beispielsweise um die Informationen eines Mobilfunkanbieters, so macht es einen großen Unterschied, ob die Zielgruppe dieser Information junge Menschen mit Lernschwierigkeiten und Erfahrung mit Smartphones sind oder ältere ohne solche Erfahrungen. Während den einen die Bedienungslogik eines Touchscreens völlig geläufig ist und man sie mit Erklärungen dazu langweilen würde, brauchen die anderen eine Basiseinführung zu dessen Funktionsweise.

Erst recht nicht kann die theoretische Annahme funktionieren, dass alle anderen Gruppen mit niedriger Sprachkompetenz, beispielsweise Asylwerbende mit nicht deutscher Erstsprache, ebenso glücklich mit einer Information sind, die bei der Erläuterung der Funktion des Touchscreens, also an der Basis, beginnt. Schließlich ist die Durchdringung dieser Gruppe mit Smartphones besonders hoch. Mit diesem kleinen Beispiel soll gezeigt werden, warum für die Festlegung der Zielgruppe nicht nur Merkmale einer körperlichen, kognitiven oder Sinneseinschränkung von Bedeutung sind, sondern noch viel mehr das Vorwissen und die Vorerfahrungen der Zielgruppen zum Thema.

Mindestens ebenso wichtig wie die Definition der Zielgruppen selbst ist die Festlegung der *Ziele* einer Botschaft. Je nachdem, ob eine Botschaft unterhalten, bilden, ein bestimmtes Verhalten einfordern oder eine Entscheidungsgrundlage bieten soll, wird diese unterschiedlich zu gestalten sein. Dies betrifft nicht nur den grafisch-ästhetischen Aspekt, sondern auch die Wahl der geeigneten Sprachkompetenzstufe. Hier gilt als Faustregel: Wichtige konkrete Anweisungen und Kerninformationen sollten auf der einfachsten Sprachkompetenzstufe angeboten werden, damit sie für möglichst alle Menschen verständlich sind. Weitere Informationen können gemäß dem capito Stufenmodell[19] darauf aufbauend gestaltet sein.

Nicht zuletzt ist die Auswahl der Medien abhängig von der definierten Zielgruppe und dem festgelegten Ziel. Befinden sich beispielsweise sehbehinderte Menschen in der Zielgruppe, ist eine barrierefreie digitale Aufbereitung sinnvoll, welche im Internet, mittels USB-Stick oder anderen Medien zur Verfügung gestellt werden kann. Videos brauchen zusätzlich Gebärdensprache, wenn gehörlose Menschen zur Zielgruppe gehören, oder Audiobeschreibungen für blinde Menschen. Selbstverständlich gehört zur Definition von Zielgruppen und Zielen eine ausführliche Beratung der beauftragenden Stellen über die Vor- und Nachteile der verschiedenen Medien in Bezug auf Barrierefreiheit für die anzusprechenden Zielgruppen dazu.

Der capito Kriterienkatalog

Sind die Zielgruppe und das Ziel sowie Medien definiert, übersetzen beziehungsweise übertragen capito Fachkräfte eine Information unter Berücksichtigung des capito Kri-

---

19   Siehe Moser, Marion: Lesen verlernt – können Leicht Lesen-Texte ein Weg zurück sein? S. 119.

terienkatalogs. Dieser enthält etwa 160 Kriterien, die aus Forschung und 15 Jahren Erfahrungswissen im capito Netzwerk entstanden sind. Der Kriterienkatalog ist kein abgeschlossenes Werk, sondern wird laufend weiterentwickelt. Die Kriterien beziehen sich auf die Lesbarkeit, Verständlichkeit und Zugänglichkeit einer Botschaft. Sie dienen den Fachkräften als unterstützendes Tool zur Vermeidung von Informationsbarrieren auf den beiden Ebenen »Wahrnehmung« und »Erfassung«, wie sie im Kapitel »Informationsbarrieren und ihre Entstehung« beschrieben sind.

In den capito Lehrgängen für Leicht Lesen und den Know-how-Transfers für Partner werden die Inhalte des capito Kriterienkatalogs im Detail vermittelt und der Umgang mit diesem Tool geübt. Sind die Ebenen »Wahrnehmung« und »Erfassung« auf Basis des Kriterienkatalogs zielgruppengerecht barrierefrei gestaltet, ist die Verständlichkeit und Nutzbarkeit für die jeweilige Zielgruppe zu prüfen.

Prüfung durch Zielgruppen

Die Prüfung durch Vertreterinnen und Vertreter der Zielgruppen einer Botschaft soll sicherstellen, dass diese nicht nur barrierefrei zugänglich und leicht lesbar ist, sondern tatsächlich von jenen verstanden werden kann, für die sie gedacht ist. Die Zielgruppenprüfung fokussiert ganz besonders auf die Vermeidung von Informationsbarrieren auf den Ebenen »Vorwissen« und »Vorerfahrung«. Die Prüferinnen und Prüfer werden daher zielgruppenspezifisch akquiriert und in Auftrag genommen. Voraussetzung für die Tätigkeit als Prüferin oder Prüfer ist, potenziell zur Zielgruppe einer Botschaft oder eines Auftraggebers zu gehören.

So werden für die Usability-Analyse der Website eines Telekommunikationsunternehmens nicht nur potenzielle Konsumentinnen und Konsumenten mit verschiedenen Behinderungen, sondern auch mit Migrationshintergrund für die Prüfgruppentätigkeit akquiriert. Dem gegenüber besteht die Prüfgruppe für einen ähnlichen Auftrag, aber für eine ganz andere Auftraggeberin, nämlich eine Gesellschaft zur Förderung von Forschungsprojekten, aus Mitarbeiterinnen und Mitarbeitern von Universitäten und Unternehmen, welche für die Entwicklung und Organisation von Forschungsprojekten zuständig sind.

Es liegt auf der Hand, dass die Verständlichkeit von Informationsprodukten vor diesem Hintergrund mit mehreren verschiedenen Personen geprüft werden muss. Im capito Prüfprozess wird dies mittels moderierter Prüfgruppen bewerkstelligt. Die Moderatorin oder der Moderator dokumentiert auftretende Schwierigkeiten in Bezug auf die Wahrnehmungsebene oder Erfassungsebene, beispielsweise Kontrastprobleme oder schwer lesbare Wörter und Wortkonstellationen, unpassendes Sprechtempo in Audio- oder Videodateien oder ähnliches. Den Prüfgruppenteilnehmerinnen

und -teilnehmern werden verschiedene Fragen hinsichtlich des Verständnisses und
der Nutzbarkeit der Information gestellt. So kann überprüft werden, ob die Information tatsächlich geeignet ist, so umgesetzt zu werden, wie von der absendenden
Stelle gewünscht. Dabei sichtbar werdende Verständnisbarrieren oder Missverständnisse werden ebenfalls dokumentiert und es wird – wenn möglich – gemeinsam mit
den Prüferinnen und Prüfern nach einer alternativen Formulierung gesucht, die dem
Wortschatz der Zielgruppe besser entspricht. Wesentliche Voraussetzung für das Gelingen des Prüfprozesses ist die Herstellung des richtigen Verständnisses der Prüferinnen und Prüfer zu ihrer Aufgabe. Weder werden deren Lesekompetenzen geprüft,
noch prüfen sie, ob die vorgelegte Information ihnen inhaltlich gefällt. Ihre Aufgabe
ist es, gemeinsam mit der Moderatorin oder dem Moderator zu prüfen, ob und was sie
erfassen und verstehen können.

Menschen mit Lernschwierigkeiten und Behinderung als Prüferinnen und Prüfer

Menschen mit Lernschwierigkeiten und Behinderung sind in einer inklusiv organisierten Gesellschaft Bürgerinnen und Bürger mit Rechten und Pflichten und Konsumentinnen und Konsumenten verschiedener Konsumgüter und Dienstleistungen.
Sie gehören aber zu jenen gesellschaftlichen Gruppen, die besonders häufig von Informationsbarrieren betroffen sind. Es ist daher allein aus Gründen der Zielgruppenorientierung notwendig, dass Menschen mit Lernschwierigkeiten und Behinderungen für die Prüfung von Informationsprodukten eingesetzt werden, selbst wenn
es sich nicht um ein Informationsprodukt handelt, das speziell für sie als Zielgruppe
erstellt wird.

Ein zweiter wesentlicher Vorteil des Einbezugs von Menschen mit Lernschwierigkeiten in die Prüfgruppenarbeit kann darin liegen, dass die Lesekompetenzen vieler
von ihnen auf einem niedrigen Niveau liegen. Will man also garantieren, dass ein Informationsprodukt in breiten Gesellschaftsschichten verstanden werden kann, bilden
Menschen mit Lernschwierigkeiten sozusagen den »Härtetest« im Prüfungsprozess.
Dabei sind jedoch mehrere methodisch wesentliche Punkte zu bedenken.

Erstens ist die Gruppe der Menschen mit Lernschwierigkeiten beziehungsweise
kognitiven Behinderungen nicht homogen, was bedingt, dass auch die Sprach- und
Lesekompetenzen all jener, die zu dieser Gruppe gezählt werden, stark variieren. Selbst
jene, die nicht verbal kommunizieren, verfügen über unterschiedlichste Sprach- und
Lesekompetenzen. Das Spektrum reicht von basal kommunizierenden Menschen über
den Einsatz verschiedenster Kommunikationsmittel aus dem Feld der unterstützten
Kommunikation bis zu einer uneingeschränkten Lese- und Sprachkompetenz oder
sogar ausgeprägten Inselbegabung für Sprachen.

Zweitens ist der Wortschatz eines Menschen wesentlich für seine Fähigkeit, Texte und Informationen lesen und verstehen zu können. Dieser wiederum wird sehr stark von Vorwissen und Vorerfahrungen beeinflusst. Es ist daher für die Auswahl der Prüferinnen und Prüfer wesentlich, dass nicht nur deren Kommunikationskompetenzen, sondern auch deren Wortschatz repräsentativ für die Zielgruppe einer Information ist.

Nicht zuletzt ist zu bedenken, dass Lesen eine Kompetenz ist, die man bei Nichtanwendung verlernt, aber im Gegenzug mittels ständiger Anwendung immer weiter verbessern kann. Setzt man also immer die gleichen Menschen mit Lern- und Leseschwierigkeiten als Prüferinnen und Prüfer ein, so werden diese im Laufe der Zeit ihre Lesekompetenzen alleine durch die Prüftätigkeit verbessern. Ein Umstand, der dazu führt, dass sie sich mit der Zeit von ihrer Peer-Group ohne Zugang zu dieser Leseübungsmöglichkeit unterscheiden und sie nicht mehr repräsentieren.

Das bedeutet, der Einsatz von Menschen mit Lernschwierigkeiten als Prüferinnen und Prüfer ist besonders wertvoll, wenn diese die Zielgruppe nicht nur aufgrund des Merkmals »Behinderung« oder »Lernschwierigkeiten« repräsentieren, sondern darüber hinaus ihre Lesekompetenzen und ihr Vorwissen beziehungsweise ihre Vorerfahrungen auch repräsentativ für die Zielgruppe sind.

Häufig wird im Zusammenhang mit barrierefreier Information oder Leicht Lesen-Information von Prüferinnen und Prüfern als Expertinnen und Experten gesprochen. Doch worin besteht in diesem Verständnis von Prüfgruppenarbeit die Experteneigenschaft der Prüferinnen und Prüfer? Der Expertenstatus im Prüfprozess nach der capito Methode bezieht sich auf den Experten beziehungsweise die Expertin »in eigener Sache«. Es ist dies ein Begriff aus der Empowerment-Bewegung von Menschen mit Behinderungen, der meint, dass sich aus eigener Betroffenheit ebenso Fachexpertise ableiten lässt wie aus erlerntem Fachwissen nicht Betroffener. Diese Fachexpertise berechtigt jedenfalls zur qualifizierten Beurteilung und selbstbestimmten Gestaltung der eigenen Situation, ist aber auch eine wertvolle Ressource zur Erbringung diverser Dienstleistungen für die eigene Peer-Group. Expertinnen und Experten in eigener Sache verfügen über ein Wissen zur Situation ihrer Peer-Group, welches nicht Betroffenen fehlt und von diesen auch nicht mittels Studium ersetzt werden kann.

Diese Sicht von Expertentum kann für jede Peer-Group angewandt werden, so gesehen ist jeder Mensch für sich und seine Peer-Group Experte in eigener Sache. Genau auf diese Experteneigenschaft von Menschen zielt der capito Prüfprozess ab. Das bedeutet, die Prüferinnen und Prüfer sind Expertinnen und Experten aufgrund ihrer eigenen Erfahrungen und jener ihrer Peer-Group mit Informations- und Verständnisbarrieren. Sie sind *nicht* Expertinnen und Experten für Sprache oder Kommunikation, außer genau diese Expertise würde zu den spezifischen Merkmalen einer Zielgruppe gehören, die sie im Prüfprozess repräsentieren sollen. Aber sie sind natürlich auch Expertinnen und Experten im Hinblick auf die bei Schulz von Thun genannten vier Seiten einer Botschaft, und zwar ganz besonders auf der Beziehungsebene ihrer Peer-Group zur sendenden Stelle einer Botschaft. Dieser Aspekt ist für die Absenderinnen und Absender einer Botschaft vor allem dann wesentlich, wenn sie »ausgetretene« Kommunikationspfade verlassen und erste Versuche in Richtung leicht verständlicher Information machen. Denn hier besteht häufig Unsicherheit, ob und wie die Zielgruppe es aufnehmen wird, wenn sie plötzlich nicht mehr im gewohnten Stil informiert wird. Der Prüfprozess mit Vertreterinnen und Vertretern der Zielgruppe ist dann nicht nur ein methodisch wichtiger Schritt zur Absicherung der Verständlichkeit einer Information, sondern auch der Akzeptanz durch die Zielgruppe.

Fazit

Gesellschaftliche Teilhabe setzt die Begegnung zur Kommunikation, Zugang zu Information und die Möglichkeit, selbige auch zu verstehen, voraus. Diese Erkenntnis der Selbstvertretungsbewegung von Menschen mit Lernschwierigkeiten und Behinderungen führte – gut lobbyiert – zu verstärktem Bemühen, bürgerrechtlich relevante Informationen möglichst breit verständlich zu gestalten. Während im engeren Kontext der Empowerment-Bewegung der Fokus fast ausschließlich auf das Medium Sprache und dessen möglichst einfache Gestaltung gerichtet wurde, greift die capito Methode für ›barrierefreie Information‹ weiter. So wird die Kernzielgruppe der Menschen mit Lernschwierigkeiten selbst als heterogene Gruppe gesehen. Für diese gilt, wie auch für alle anderen Gruppen von Adressatinnen und Adressaten, dass eine bestmögliche Anpassung von Information an ihr Sprach- und Leseniveau, an ihr Vorwissen und ihre Vorerfahrung angestrebt werden soll. Dies kann ohne die Einbeziehung von Vertreterinnen und Vertretern der jeweiligen Zielgruppe bestenfalls näherungsweise erreicht werden. Bei der Gestaltung von barrierefreier Kommunikation empfiehlt es sich darüber hinaus aber auch, die unterschiedlichen Funktionen von Sprache sowie die intendierte Wirkung von Informationen zu berücksichtigen.

Vor dem Hintergrund, dass nahezu jeder Mensch in irgendwelchen Bereichen nicht über ausreichendes Vorwissen oder umfassende Vorerfahrung verfügt, um komplexe Sachverhalte, in der jeweiligen Fachsprache formuliert, zu verstehen, beziehungsweise in Situationen geraten kann, in denen er nur über ein eingeschränktes Aufnahmevermögen verfügt, hat die Methode den Anspruch, universal anwendbar zu sein, wenn es darum geht, Informationsbarrieren zu vermindern oder zu vermeiden.

Welche Barrieren gibt es beim Verstehen von Informationen?

Wie können wir diese Barrieren überwinden? Was ist »Barrierefreie Information«?

Walburga Fröhlich und Klaus Candussi

Zusammenfassung in leicht verständlicher Sprache

Damit Menschen an unserer Gesellschaft teilhaben können,
müssen sie mit anderen Menschen reden können
und Informationen bekommen.
Und sie müssen diese Informationen auch verstehen können.

Deshalb hat sich die Selbstvertretungs-Bewegung
von Menschen mit Lernschwierigkeiten sehr darum bemüht,
dass Informationen über die Rechte der Bürgerinnen und Bürger
möglichst verständlich gemacht werden.

Die Selbstvertretungs-Bewegung beschäftigt sich dabei aber
fast nur mit Sprache und wie man sie möglichst einfach macht.

Die capito Methode für »barrierefreie Information« geht weiter.
Die größte Zielgruppe von barrierefreier Information
sind Menschen mit Lernschwierigkeiten.
Aber so wie alle Menschen,
sind auch Menschen mit Lernschwierigkeiten sehr verschieden.

Deshalb will die capito Methode Informationen so machen,
dass sie so gut wie möglich an die Sprachfähigkeit,
die Lesefähigkeit, das Vorwissen und die Vorerfahrung
angepasst werden.

Das kann aber nur unter Mithilfe von Vertreterinnen und Vertretern
der jeweiligen Zielgruppe gelingen.

Außerdem ist bei der Erstellung von
barrierefreien Informationen immer darauf zu achten,
dass Sprache unterschiedliche Funktionen haben kann.
Auch die Wirkung, die eine Information haben soll,
muss berücksichtigt werden.

Fast jeder Mensch hat in irgendwelchen Bereichen
nicht so viel Vorwissen oder Vorerfahrung,
dass er schwierige Inhalte in einer speziellen Fachsprache versteht.
Es kann auch jedem Menschen passieren,
dass er Informationen aus irgendeinem Grund
schlecht verstehen, lesen oder hören kann.

Die capito Methode kann man überall
und für viele verschiedene Zielgruppen anwenden,
wenn Informations-Barrieren beseitigt
oder zumindest verringert werden sollen.

Übertragung in leicht verständliche Sprache von capito

Johannes Schädler · Martin F. Reichstein

»Leichte Sprache« und Inklusion

Fragen zu Risiken und Nebenwirkungen

Einführung

Im Juli 2013 wurde der Teilhabebericht[1] der deutschen Bundesregierung über die Lebenslagen von Menschen mit Beeinträchtigungen veröffentlicht (Bundesministerium für Arbeit und Soziales, 2013). Eine solche Berichterstattung ist seit 1982 in jeder Wahlperiode zu erstellen. Neu an dem aktuellen Bericht ist, dass nicht nur wie bisher vor allem die jeweils ergriffenen Maßnahmen und Aktivitäten der Regierung dargestellt werden. Vielmehr werden verschiedene Lebensbereiche (z. B. Familie, Schule, Arbeit, Freizeit, Wohnen, Gesundheit) von Menschen mit Beeinträchtigungen differenziert beschrieben. Der Bericht orientiert sich an den Leitideen der UN-Behindertenrechtskonvention (UN-BRK) – Inklusion, Partizipation und Nichtdiskriminierung –, mit denen die allgemeinen Menschenrechte für Menschen mit Behinderungen konkretisiert werden. Der Bundesteilhabebericht von 2013 zeichnet sich auch dadurch aus, dass er sich auf wissenschaftliche Expertise stützt und wesentlich systematischer und datengestützter aufgebaut ist als die Vorgängerversionen. Um dem Anspruch der Partizipation gerecht zu werden, wurde bei der Erstellung des Berichts Wert darauf gelegt, dass auch Vertreterinnen und Vertreter von Organisationen der Behindertenselbsthilfe zum Verfasserkreis gehören. Im Sinne der bewussten Einbeziehung von Menschen mit Behinderungen wurde erstmals ergänzend eine weitere offizielle Version des Bundesteilhabeberichts in »leicht verständlicher Sprache« erstellt (Bundesministerium für Arbeit und Soziales, 2014b). Diese Version hat den Anspruch, die 474 Seiten umfassende fachsprachliche Version auf 51 Seiten zusammenzufassen. Damit soll insbesondere auch den Vorgaben des Artikels 9 der UN-Behindertenrechtskonvention genüge getan werden, der in einem weiten Sinne »Zugänglichkeit[2]« der gestalteten Umweltbedingungen einfordert:

---

1   Der Bericht zeichnet sich auch dadurch aus, dass er sich auf wissenschaftliche Expertise stützt und wesentlich systematischer und datengestützter aufgebaut ist als die Vorgängerversionen.

2   Als bessere Übersetzung des englischen Originalbegriffs ›Accessibility‹ gilt in der deutschen Schattenübersetzung zur UN-BRK ›Barrierefreiheit‹.

»Um Menschen mit Behinderungen eine unabhängige Lebensführung und die volle Teilhabe in allen Lebensbereichen zu ermöglichen, treffen die Vertragsstaaten geeignete Maßnahmen mit dem Ziel, für Menschen mit Behinderungen den gleichberechtigten Zugang zur
physischen Umwelt, zu Transportmitteln, Information und Kommunikation, einschließlich
Informations- und Kommunikationstechnologien und -systemen, sowie zu anderen Einrichtungen und Diensten, die der Öffentlichkeit in städtischen und ländlichen Gebieten offen-
stehen oder für sie bereitgestellt werden, zu gewährleisten« (Art. 9, Abs. 1 UN-BRK).

Die Zusammenfassung des Bundesteilhabeberichts in »leicht verständlicher Sprache«
ist ein ambitioniertes Dokument, das trotz seiner kreativen Gestaltung Fragen nach
seinem Verwendungszusammenhang aufwirft. Es reiht sich ein in eine zunehmende
Praxis, Regierungsdokumente oder andere Texte, die für Menschen mit kognitiven Beeinträchtigungen verschiedenster Art relevant sind, in »Leichte Sprache« zu »übersetzen«.
Die »Übersetzungen« werden mit den Ausgangstexten zusammen oder auch nur
in der Version der »Leichten Sprache« publiziert. Das Spektrum der Texte reicht von
amtlichen Dokumenten über Parteiprogramme, Verbandstexte, Forschungsberichte
bis hin zu Zeitschriften und Alltagsinformationen.

Bei der Erstellung der »Übersetzungen« wird dabei auf ein Regelwerk für »Leichte
Sprache« zurückgegriffen, das durch die Aktivitäten der Organisationen für Menschen mit geistiger Behinderung sowie der Selbstvertretungsorganisation Mensch zuerst e. V. eine zunehmende Verbreitung und Vereinheitlichung erfahren hat (Bundesministerium für Arbeit und Soziales, 2014a; Lebenshilfe Bremen e. V., 2013; Mensch
zuerst – Netzwerk People First Deutschland e. V., 2008). Das Regelwerk für »Leichte
Sprache« gibt etwa vor, zusammengesetzte Substantive durch Bindestriche zu trennen,
Zahlenangaben und Verneinungen zu vermeiden, auf Grafiken zu verzichten, Alltagssprache und Piktogramme zu verwenden, schwierige Wörter zu erklären etc. Dazu
gehören sogenannte Prüfgruppen, bestehend aus Menschen mit Lernschwierigkeiten,
die in mittlerweile zahlreichen Übersetzungsbüros für »Leichte Sprache« tätig sind
und die sich auf die Erstellung von Texten in »Leichter Sprache« spezialisiert haben.
Entwickelt wurde zudem ein Erkennungslogo sowie verschiedene Qualitätssiegel, um
deutlich zu signalisieren, dass »da, wo »Leichte Sprache« draufsteht, auch »Leichte
Sprache« drin sein (soll)« (Holtz, 2013, S. 1). »Leichte Sprache« wird dabei in Analogie zu Gebärdensprache oder Blindenschrift als weiteres Kommunikationssystem für
Menschen mit Behinderungen gesehen. »Leichte Sprache« ist erfolgreich dabei, sich
als Textform mit inklusivem Anspruch zu etablieren. Damit soll ein Beitrag geleistet
werden, um Menschen mit Behinderungen einen gleichberechtigten Zugang zu gesellschaftlichen Wissensvorräten zu ermöglichen, ihre Handlungsfähigkeit zu erhöhen
und Diskriminierung entgegenzuwirken (Dworski, 2014, S. 3).

Im nachfolgenden Text sollen einige kritisch-konstruktive Überlegungen vorgestellt werden, die Zielsetzung und den Ansatz der »Leichten Sprache« in den Kontext fachlicher und gesellschaftlicher Entwicklungen in der Unterstützung von Menschen mit kognitiver Beeinträchtigung zu stellen. Dabei wird auf die Ambivalenz hingewiesen, die dem Ansatz inhärent ist. Anders formuliert: Es wird der Frage nachgegangen, ob und inwieweit in Zeiten paradigmatischer Verunsicherung der Behindertenhilfe der Ansatz der »Leichten Sprache« auch zur Verfestigung des Konstrukts ›geistige Behinderung‹ und seiner diskriminierenden und segregierenden Wirkungen beiträgt.

Zunächst soll kurz skizziert werden, wie sich »Leichte Sprache«entwickelt hat, wobei versucht wird, die verbandlich-organisationale Dimension deutlich zu machen.

Die Etablierung »Leichter Sprache« als Erfolgsgeschichte

Die Anfänge der »Leichten Sprache« sind nicht so ganz eindeutig auszumachen. Fraglich ist, ob die Deutung, dass »Leichte Sprache« ursprünglich von Selbstvertreterinnen und Selbstvertretern entwickelt wurde, die sich als Menschen mit Lernschwierigkeiten beschreiben« (Seitz, 2014, S. 4; auch Dworski, 2014, S. 2), wirklich haltbar ist oder ob es sich nicht doch eher um ein Expertenprodukt handelt. Zutreffend ist sicherlich, dass die Idee einer vereinfachten, mit Piktogrammen illustrierten Sprache aus dem praktischen Umgang mit Menschen mit geistiger Behinderung heraus entstanden ist (Maas, Rink & Zehrer, 2014). Daraus erklärt sich zum einen die Orientierung vieler Texte an der Kindersprache bzw. an kindlicher Kommunikation. Diese ist im Zusammenhang mit den infantilisierenden Betreuungskonzepten zu sehen, die die Praxis in heilpädagogischen Einrichtungen für Menschen mit geistiger Behinderung über lange Zeit prägten (Schwarte & Oberste-Ufer, 2001). In vielen Texten in »Leichter Sprache« wird deutlich, dass die Abgrenzung von der Kindersprache bis heute eine der zentralen Herausforderungen für Verfasserinnen und Verfasser von Texten in »Leichter Sprache« darstellt.

Kellermann (2014) weist darauf hin, dass es bereits 1968 in Schweden die ersten Übersetzungen offizieller Dokumente in einfache Sprache gab, die dann im Weiteren durch eine monatlich erscheinende Zeitschrift in einfacher Sprache sowie durch eine Literaturreihe ergänzt wurden. Solche Ansätze der einfachen Sprache wirkten sich inspirierend aus. Beispielhaft kann auf die Entwicklung des ›Lebenshilfe-Magazins‹ der Bundesvereinigung Lebenshilfe verwiesen werden. Das Lebenshilfe-Magazin wendet sich seit Ende der 1980er-Jahre als Beilage zur offiziellen an betroffene Eltern gerichteten Mitgliederzeitung zunächst dreimal, später dann viermal jährlich an Menschen mit geistiger Behinderung[3]. Kennzeichnend waren von Anfang an in formaler Hinsicht die veranschaulichenden Illustrationen, die kurzen Sätze und die große Schrift. Inhaltlich wurde versucht, Alltagsthemen aufzugreifen, die für Erwachsene mit geistiger Behinderung relevant sind. Dazu gehörten Themen wie Sexualität, Freundschaft und Partnerschaft, konzeptionelle Diskussionen zu Diensten und Einrichtungen bis hin zur Partnerbörse und Kochrezepten. Das Lebenshilfe-Magazin richtete sich einerseits an erwachsene Menschen mit geistiger Behinderung und eingeschränkten Lesefähigkeiten; vorhanden war auch die Idee, dass die Texte entweder mit Familienangehörigen oder mit den Betreuerinnen und Betreuern in Wohnstätten für behinderte Menschen besprochen werden sollten. Dies wurde allerdings konzeptionell kaum weiterverfolgt. Kennzeichnend für die 1980er- und die 1990er-Jahre war, dass der Begriff der geistigen Behinderung in Theorie und Praxis noch relativ unhinterfragt verwendet wurde. Beispielhaft angeführt sei die Definition des Personenkreises im Rahmen einer bundesweiten Studie zur Elternschaft geistig behinderter Menschen, wo mit großer Selbstverständlichkeit formuliert wurde: »Geistig behindert sind Personen, die in Einrichtungen für geistig Behinderte betreut werden« (Pixa-Kettner/Bargfrede/Blanken, 1996)[4]. Nicht verbunden mit dem Lebenshilfe-Magazin war ursprünglich der Anspruch, ein eigenständiges Regelwerk für ein abgegrenztes Sprachsystem der »Leichten Sprache« zu entwickeln bzw. anzuwenden. Die explizite Übernahme des Regelwerks der »Leichten Sprache« durch das Magazin entwickelte sich im Zuge der Etablierung der Selbstbestimmungsbewegung für Menschen mit Lernschwierigkeiten. Vermutlich ist es nicht falsch zu sagen, dass »Leichte Sprache« zum gemeinsamen Markenkern sowohl der ›People first-Bewegung‹ als auch der etablierten Geistig Behindertenverbände wurde. Dies war unter den Bedingungen der beginnenden begrifflichen Verunsicherung im Hinblick auf den Begriff ›Geistige Behinderung‹ für die verbandliche Identität wohl hilfreich. Die Kennzeichnung von Menschen als ›geistig behindert‹ wurde verstärkt als zutiefst diskriminierend und stigmatisierend verstanden, da darin die Zuschreibung ›allumfassender Dummheit‹ gesehen wurde (Gehrman/Raddatz 1997).

Die Entstehung der »Leichten Sprache« als formales Regelwerk lässt sich nicht unabhängig von entsprechenden Initiativen aus dem Verbandsgeschehen der Eltern- und Trägerverbände für Menschen mit geistiger Behinderung heraus verstehen. Noch

---

3   Zur Lebenshilfezeitung (LHZ) und zum Lebenshilfe-Magazin siehe http://lebenshilfe.de/de/buecher-zeitschriften/magazin/index.php, Abruf am 20.03.2015. Vielleicht wurde z.B. bei der Veröffentlichung von Kochrezepten allzu selbstverständlich davon ausgegangen, dass die Möglichkeiten zum selbstbestimmten Kochen in den Wohnheimen gegeben waren.

4   Unbeschadet dieser Definition war die genannte Untersuchung eine sehr qualifizierte und im besten Sinne emanzipatorische Forschungsarbeit.

unter ihrem alten Namen ILSMH[5] wurden 1998 von Inclusion Europe, der europäischen Dachorganisation der Geistig Behindertenverbände, erstmals Richtlinien für die Erstellung von leicht lesbaren Informationen entwickelt und herausgegeben (Freyhoff et al., 1998). Die Autorengruppe – zusammengesetzt aus nicht behinderten Expertinnen und Experten der Mitgliedsverbände – wies zwar darauf hin, dass leicht lesbare Informationen für unterschiedliche gesellschaftliche Gruppen von Bedeutung sind. Vor dem Hintergrund der Organisationsidentität der Herausgeber und durch die expliziten Verweise wurde aber klar, dass hier Menschen mit geistigen Behinderungen als Zielgruppe »Leichter Sprache« gemeint sind (1998, S. 9). Beschrieben wird, wie Informationen aufbereitet und Textmaterialien erstellt werden können, damit sie für Menschen mit geistiger Behinderung leicht lesbar und auch leicht verständlich sind. Aus heutiger Sicht fällt auf, mit welcher Selbstverständlichkeit der Begriff ›geistige Behinderung‹ verwendet wird und wie vermeintlich eindeutig die besonderen Bedürfnisse des Personenkreises beschrieben werden. Bezeichnend ist die Kapitelüberschrift: »Welche Informationsbedürfnisse haben Menschen mit geistiger Behinderung?« (ebd.: 10). Diese Richtlinien waren wegweisend und – auch über personelle Kontinuitäten – legten die Grundlage für weitere europäische Ausarbeitungen des Regelwerks zu »Leichter Sprache« (Inclusion Europe, 2009). Es wurde ein Logo »Easy-to-read« entwickelt, das »Leichte Sprache« anzeigt und europäische bzw. internationale Verbreitung fand.

Für die Einschätzung dieser Entwicklungen auf europäischer Ebene spielte es sicherlich eine Rolle, dass es sich als funktional erwies, im Zuge des sich herausbildenden Feldes der europäischen Behindertenorganisationen die Gruppe der Personen mit geistiger Behinderung zu markieren und organisationale Alleinstellungsmerkmale zu definieren. M. a. W., was den Blindenorganisationen die Braille-Sprache und den Gehörlosenorganisationen die Gebärdensprache war, konnte für die ›geistig Behinderten‹ die »Leichte Sprache« werden, an der sich auch spezifische Diskriminierungsrisiken und -chancen festmachen ließen.

In Deutschland wurde 1997 ein erstes Netzwerk von »Menschen mit Lernschwierigkeiten« gegründet. Damit wurden Impulse aus der US-amerikanischen bzw. kanadischen People First-Bewegung aufgegriffen, die sich Mitte der 1970er-Jahre zu formieren begann (Knust-Potter, 1994). Auch daraus ergaben sich Anregungen für die Idee des »Easy-to-read Systems« (vgl. Netzwerk Leichte Sprache e. V., 2015a). Wichtiger war aber wohl ein von 1997 bis 2001 durchgeführtes Projekt mit dem Titel »Wir vertreten uns selbst!«, das von der Bundesvereinigung Lebenshilfe für Menschen mit geistiger Behinderung e. V., der Bundesarbeitsgemeinschaft Gemeinsam Leben – Gemein-

---

5   ILSMH (International League of Societies for Persons with Mental Handicap)

sam Lernen e. V. und der Interessenvertretung Selbstbestimmt Leben in Deutschland e. V. gemeinsam getragen wurde. Eines der Ergebnisse des Projekts war die Forderung nach Veröffentlichungen von Gesetzestexten oder anderen für Menschen mit Behinderungen wichtigen Dokumenten in »Leichter Sprache« (Wir vertreten uns selbst!, 2002). Aus diesem Projekt ging 2001 die Organisation »Mensch zuerst – Netzwerk People First Deutschland« hervor, die zwei Wörterbücher in »Leichter Sprache« herausgab. 2006 entstand das Netzwerk Leichte Sprache in Deutschland. Dieses ist seit August 2013 ebenfalls ein eingetragener Verein. Die Mitglieder des Vereins sind die bundesweiten Verbände Mensch zuerst e. V., die Bundesvereinigung Lebenshilfe sowie zahlreiche Übersetzungsbüros für »Leichte Sprache«, die meist von Verbänden bzw. Trägern der Behindertenhilfe getragen werden (Netzwerk Leichte Sprache e. V., 2015b).

Einen weiteren starken Impuls auf dem Weg zur offiziellen Anerkennung erfuhr das Konzept der »Leichten Sprache« durch die Ratifizierung der UN-Behindertenrechtskonvention 2009 und deren überraschend intensive Verbreitung in Deutschland. Früh schon gab es eine Übersetzung der Konvention in »Leichter Sprache« (Bundesministerium für Arbeit und Soziales, 2011a). Im nationalen Aktionsplan der deutschen Bundesregierung zur Umsetzung der UN-BRK wird im Zusammenhang mit barrierefreien Informations- und Kommunikationssystemen insbesondere auf die »Anforderungen an »Leichte Sprache« hingewiesen (Bundesministerium für Arbeit und Soziales, 2011b, S. 87). .

Um die Staatenberichtsprüfung zur UN-BRK kritisch zu begleiten, gründete sich aus der Zivilgesellschaft heraus die sogenannte »BRK-Allianz«. Auch in deren »Schattenbericht« wird die Wichtigkeit des Zugangs von Menschen mit Behinderungen zu Kommunikation unterstrichen. Es wird kritisiert, dass von staatlicher Seite keine Definition von »Leichter Sprache« vorgenommen wird und offizielle Standards eingeführt werden. Zudem wird beklagt, dass keine gesetzliche Verbindlichkeit besteht, »Leichte Sprache« zu nutzen (BRK-Allianz, 2013, S. 58). Im April 2014 wurde vom Bundesministerium für Arbeit und Soziales (BMFAS) in Zusammenarbeit mit dem Netzwerk Leichte Sprache dann ein Ratgeber veröffentlicht, der Mitarbeiterinnen und Mitarbeitern in Ämtern und Behörden dabei unterstützen soll, Texte in »Leichter Sprache« zu verfassen (Bundesministerium für Arbeit und Soziales, 2014a, S. 6). Seit Ende 2014 enthält die Bundestagswochenzeitung ›Das Parlament‹ eine Beilage in sogenannter »Leichter Sprache«. Darin wird jeweils ein Thema so dargestellt, »dass auch geistig Behinderte oder Deutsch-Anfänger es verstehen können«, so die Wahrnehmung eines Journalisten, der darin »eigentlich ein verdienstvolles Experiment« sieht, das aber nicht selten sprachlich missglückt[6].

---

6   Eckhart Stengel: Das Parlament: Missratene Ausgabe in Leichter Sprache über die Charlie-An-

Insgesamt ist festzustellen, dass sich das Regelwerk für »Leichte Sprache« mittlerweile recht erfolgreich institutionalisiert hat. Die bundesweit vorhandenen Übersetzungsbüros bieten sich an, Fachdokumente zu übersetzen oder Gebrauchstexte in »Leichter Sprache« zu erstellen, die mit Prüfzertifikaten versehen werden können. An vielen Orten, in verschiedenen Formaten, in großer Anzahl und oft farbig illustriert und im Hochglanzformat, stößt man mittlerweile auf DIN-A4-Broschüren in »Leichter Sprache«. Bedeutet dies die Anerkennung der »Leichten Sprache« gleichsam als Sprachsystem einer von Diskriminierung bedrohten, fest definierbaren Minderheit? Wäre dies wünschenswert?

Kritische Anfragen zum Konzept der »Leichten Sprache«

Zweifellos sind die breiten Anstrengungen, komplexe Dokumente durch vereinfachende sprachliche Mittel auch Menschen mit kognitiven Beeinträchtigungen zugänglich zu machen, positiv zu bewerten. Der Hinweis im eingangs genannten Regierungsdokument, dass es sich um eine Zusammenfassung in »leicht verständlicher Sprache« und nicht um »Leichte Sprache« handelt, deutet darauf hin, dass die Übersetzerinnen und Übersetzer es als sinnvoll erachteten, sich Spielräume gegenüber dem formalen Regelwerk offenzuhalten. Denn mittlerweile gibt es hierzu auch gut nachvollziehbare, sprachwissenschaftliche Kritik (Kellermann, 2014; Seitz, 2014; Stefanowitsch, 2014).

Die Kritik setzt zum einen an den diskriminierenden Wirkungen »Leichter Sprache« an. Es wird davon ausgegangen, dass die Adressaten der Texte nicht in der Lage sind, komplexe Zusammenhänge sprachlich zu erfassen und sich daraus das Bedürfnis nach besonderen Kommunikationsformen ergibt. »Leichte Sprache«, das wird hier deutlich, sorgt somit einerseits für Teilhabe, geht aber mit der Zuschreibung an das Gegenüber einher, auf »Leichte Sprache« angewiesen zu sein und unterstellt damit ein Defizit« (Seitz, 2014, S. 4). In Verbindung mit infantilisierenden Tendenzen in den Übersetzungstexten bzw. in den erläuternden Illustrationen kann dies implizit auch dazu führen, dass sich der adressierte Personenkreis von der Nutzung der Texte distanziert, um sich vor Diskriminierung zu schützen.

Kritisch betrachtet wird das immer wieder vorgetragene Argument, »Leichte Sprache« richte sich nicht nur an Menschen mit Lernschwierigkeiten, sondern an ganz verschiedene Zielgruppen. Deren gemeinsames Merkmal seien aus unterschiedlichen Gründen (z.B. Deutsch als Fremdsprache, Analphabetismus) gegebene Schwierigkei-

---

schläge. Als Beispiel führt er den Satz an: »Menschen, die in Frankreich leben, nennt man Franzosen«, in: http.www.meedia.de, am 23.01.2015 ten, komplexe Texte zu erfassen. Dem wird zu Recht entgegengehalten, dass Texte in »Leichter Sprache« vor allem Menschen mit Lernschwierigkeiten Zugang zu Informationen geben wollen, die für sie relevant sind. Die Themenauswahl der typischerweise in »Leichter Sprache« erstellten Texte und die Sprachform zeigen, dass sie geprägt sind durch bestimmte Vorannahmen über die Lebenswirklichkeit der primär adressierten Zielgruppe der Menschen mit Lernschwierigkeiten. Es wird offensichtlich davon ausgegangen, dass bei ihnen ein besseres Sprachverständnis oft und auf Dauer gesehen nur durch eine entsprechende Anpassung der sprachlichen Komplexität einschließlich orthografischer und typografischer Hilfestellungen erreicht werden kann. Die Annahme dieser Besonderheiten ist wie gesagt ambivalent zu werten, sie kann jedoch keinesfalls ohne weiteres und diskriminierungsfrei auf andere Gruppen übertragen werden. Bei Personen, die Deutsch als Fremdsprache erlernen, ist eine solche Anpassung eher als Übergangslösung zu verstehen, bis der Spracherwerb abgeschlossen ist. Es ist somit problematisch, von der Einheitlichkeit der Zielgruppe »Leichter Sprache« auszugehen (Stefanowitsch, 2014).

Hinterfragt wird auch, ob beziehungsweise inwieweit es möglich ist, v. a. in den ›Übersetzungen‹ komplexer Texte, Sinnzusammenhänge zu simplifizieren, ohne ihren begrifflichen Gehalt unangemessen zu reduzieren oder zu verfälschen. Auf jeden Fall erscheint der Anspruch, Menschen mit Lernschwierigkeiten Zugänge zu komplexen Sachzusammenhängen zu ermöglichen, in dem das Wesentliche in einfachen Worten formuliert wird, eine äußerst anspruchsvolle Aufgabe zu sein. Sie erfordert ein hohes Maß an Reflexion über die jeweils vorgenommenen Deutungen. Das Regelwerk der »Leichten Sprache« stößt offensichtlich oft an seine Grenzen, wenn es um abstraktere Texte geht, denn »Fachbegriffe werden ja genau deshalb geprägt und Fremdwörter deshalb entlehnt, weil ein Konzept benannt werden muss, für das es keine allgemeinsprachliche Bezeichnung gibt. Auch negierte Sätze bedeuten nicht unbedingt dasselbe wie eine positive Umformulierung (Peter ist nicht gesund ist nicht dasselbe wie Peter ist krank)« (Stefanowitsch, 2014).

Die Frage ist dann auch, ob es hinreicht zu folgern, »dass Dokumente in »Leichter Sprache« stets von Menschen mit Lernschwierigkeiten geprüft werden müssen, die idealerweise zugleich qualifizierte Prüferinnen und Prüfer sind (Kellermann, 2014). Denn damit ist nicht geprüft, ob z.B. die zur Prüfung vorgelegten Texte tatsächlich »eine Essenz« des Ausgangstextes darstellen (ebd.).

Auch andere sprachwissenschaftliche Einwände sind erheblich. Stefanowitsch weist darauf hin, dass sich die »Leichte Sprache« mit ihrem Regelwerk in kritikwürdige Sprachtraditionen einordnen lässt, die wie z.B. herkömmliche Stilfibeln ein ähnliches Inventar abzulehnender Wörter und Strukturen aufweisen oder durch ihren vereinfachenden Duktus als intransparent und potenziell manipulativ kritisiert werden (Stefanowitsch, 2014). Dies stellt er in den Zusammenhang mit Basil Bernsteins Theorien der Unterscheidung zwischen »restringiertem Code« und »elaboriertem Code«, die dieser auch als Ausdruck sozialer Ungleichheit wahrnimmt (Bernstein, 1970, S. 29; 1973, S. 239). Demnach sind Festlegungen auf den restringierten Code, der sich durch ein kleines Vokabular, eine relativ kleine Auswahl grammatischer Alternativen und nichtverbale Signale auszeichnet, typisch für das Sprachverhalten der Unterschicht (Bernstein, 1970, S. 29). Die Perspektive der Emanzipation gesellschaftlich benachteiligter Gruppen geht demnach mit dem Erwerb komplexerer sprachlicher Strukturen (elaborierter Code) und der damit verbundenen Entwicklung des metasprachlichen Bewusstseins einher. »Ein Wechsel des Codes bedeutet Wechsel in den Mitteln, durch die soziale Identität und Wirklichkeit erzeugt werden« (Bernstein, 1970, S. 30). Deswegen kann die Forderung von Stefanowitsch nur unterstützt werden, dass bei den Bemühungen um eine barrierefreie Kommunikation »Festlegungen auf vereinfachte Niveaus vermieden werden, und Lösungen in der sprachlichen Bildung der Adressaten gesucht werden (müssen)« (Stefanowitsch, 2014). Bezogen auf »Leichte Sprache« ist daher zu vermeiden, dass aus einem Hilfsmittel ein Sprachsystem einer vermeintlich homogenen Bevölkerungsgruppe (will sagen: der Menschen mit geistiger Behinderung) konstruiert und damit nolens volens deren Benachteiligung festgeschrieben wird.

»Leichte Sprache« und Geistige Behinderung

Einerseits kann festgestellt werden, dass sich das Regelwerk für »Leichte Sprache« erfolgreich institutionalisiert hat. Andererseits ist es in Anbetracht der zunehmenden Menge an z. T. aufwändig produzierten Texten in »Leichter Sprache« erstaunlich, dass kaum empirisch gestütztes Wissen über die Rezeption dieser Texte verfügbar ist. Offensichtlich wurde bisher nur wenig danach gefragt, ob, wie und von wem die Dokumente in »Leichter Sprache« tatsächlich gelesen und ob sie von der Zielgruppe auch verstanden werden. Es drängt sich die Frage auf, inwieweit der Sinn und Wert der Produkte in »Leichter Sprache« nicht auch darin liegt, dass sie hergestellt und öffentlich verbreitet werden.

Zudem sucht man weithin vergeblich nach konzeptionellen Vorstellungen zur Art der Nutzung der Texte in »Leichter Sprache«. In der o. g. europäischen Richtlinie heißt es dazu immerhin: »Viele Menschen mit einer leichten geistigen Behinderung sind in der Lage, allgemeinverständliche Texte zu lesen. Einige Menschen mit einer mittelgradigen Behinderung sind in der Lage, kurze, leicht lesbare Texte zu lesen. Menschen mit einer schweren Behinderung können selbst nicht lesen, aber sie können viel Freude daran haben, wenn ihnen etwas vorgelesen wird« (Freyhoff et al., 1998, S. 9).

Fraglich ist, ob ein solcher einfacher Lese- bzw. Vorlesezusammenhang vorausgesetzt werden kann. Im späteren Regelwerk von Inclusion Europe wird immerhin der Hinweis gegeben, lange Dokumente bei der Übersetzung in »Leichte Sprache« in mehrere kurze Dokumente mit jeweils einem eigenen Unterthema aufzuteilen. Zudem findet sich die Empfehlung, als zusätzliche Angebote audiovisuelle Medien bereitzustellen, wie Hörbücher, Videos, CD-ROMs oder DVDs (Inclusion Europe, 2009).

Der hier angedeutete Mangel an Wissen zu Rezeption der »Leichten Sprache« kann dazu führen, dass das soziale Konstrukt ›geistige Behinderung‹ gestärkt wird. Die Sorge besteht, dass ein Hilfsmittel ohne genaueres Hinsehen sozusagen zu einem natürlichen Sprachsystem der Bevölkerungsgruppe ›Menschen mit geistiger Behinderung‹ ontologisiert wird und damit nolens volens deren Benachteiligung und institutionelle Besonderung unterstützt.

Im heilpädagogischen Kontext gibt es seit den Arbeiten Wolf Wolfensbergers (1968, 1983) die Erkenntnis, dass es einen engen Zusammenhang gibt zwischen der sozialen Rolle, die Menschen mit Behinderungen zugeschrieben wird, und der institutionellen Beschaffenheit des Hilfesystems, das zu ihrer Unterstützung vorgehalten wird. In einer historischen Analyse des gesellschaftlichen Umgangs mit Menschen mit kognitiven Beeinträchtigungen unterscheidet er neun Rollenmodelle, die er metaphorisch definiert. Die Rollenbilder reichen von der Vorstellung der nichtmenschlich-tierischen Kreatur, des Kranken, des Gefährlichen, des Leidenden, der Lastexistenz, des heiligen Unschuldigen, des »ewiges Kindes« bis hin zur Vorstellung des entwicklungs- und lernfähigen Menschen, der mit Bürgerrechten ausgestattet ist. Die Rollenmodelle bilden – so Wolfensberger – ein typisches Muster aus, nach dem die dafür vorgesehenen Institutionen funktionieren. Es äußert sich über die äußere und innere Gestaltung der Behinderteneinrichtungen (»Sprache der Architektur«) sowie über Haltungen, Philosophien und Handlungsroutinen des Personals gegenüber den betreuten Menschen mit kognitiven Beeinträchtigungen. Im Zusammenwirken von äußerer Struktur und Hilfepraxis wird erreicht, dass die institutionalisierten behinderten Menschen den ihnen auferlegten bzw. den in ihnen hervorgebrachten Rollenerwartungen nachkommen und diese für sich selbst übernehmen. Dieses ›institutionelle Modell' (Wolfensberger 1969: 63) kann durchaus zu den offiziellen Zielen einer Einrichtung im Widerspruch stehen, der von den Verantwortlichen nicht bewusst wahrgenommen oder sogar heftig bestritten wird. Wolfensberger (1983: 25 ff.) argumentiert in rollen- bzw. devianztheoretischen Kategorien. Diejenigen, die die Macht haben, soziale Rollen zu definieren, können für andere, die abweichende Merkmale aufweisen, sich selbst erfüllende Prophezeiungen machen. Dadurch können sie erreichen, dass diejenigen, die in eine bestimmte Rolle gezwungen werden, sich wie erwartet verhalten. Dieses erzwungene Verhalten wird dann von der sozialen Umgebung als das vermeintlich ›natürliche‹

Verhalten der betroffenen Person interpretiert. Grundsätzlich geht Wolfensberger davon aus, dass Menschen mit kognitiver Beeinträchtigung als »deviante« Personen gesehen werden und sie einem großen Risiko ausgesetzt sind, in sozial entwertete Rollen gedrängt zu werden. Aufgrund ihrer relativen Hilflosigkeit sind ihre Möglichkeiten, sich gegen diskriminierende Zuschreibungen zur Wehr zu setzen, gering. Als eines der besonders tief sitzenden Rollenmodelle hat sich in der Behindertenhilfe die Vorstellung von ›unmündigen Wesen‹ erwiesen. Schwarte und Oberste-Ufer (2001) haben beschrieben, wie sich das Rollenmuster von Menschen mit geistiger Behinderung als unmündige, infantile Defizitwesen etwa in Wohnheimen für Menschen mit geistiger Behinderung ausdrücken kann (Spielzeug, Fensterbildchen, Schaukel, Hausordnungen, Handlungsroutinen u. ä.) und wie beharrlich es sich reproduziert. Einseitig betont wird hier die Schutz- und Hilflosigkeit der Klientel, oft verbunden mit einer äußerst pessimistischen Einschätzung des ›normalen‹ sozialen Raumes außerhalb der Einrichtungsgrenzen. Kerstin Rock (2001) konnte in ihrer Untersuchung der handlungsrelevanten Orientierungs- und Deutungsmuster von Mitarbeiterinnen und Mitarbeitern in Einrichtungen für Erwachsene mit geistiger Behinderung zeigen, wie Initiativen von institutionalisierten Menschen mit Lernschwierigkeiten zu selbstbestimmtem Handeln schnell zum Problem werden, dessen Entstehen verhindert und dem in verschiedener Form mit stellvertretendem Handeln entgegengetreten wird. Andere Untersuchungen deuten darauf hin, wie sehr in der Einrichtungsperspektive die Welt außerhalb des Heims bzw. des heilpädagogischen Systems als voller Überforderungen, als feindselig und bedrohlich interpretiert wird. Dem wird dann die Möglichkeit stationärer Einrichtungen entgegengestellt, ‚Schutz- und Schonräume‘ zu bieten, wo Menschen mit Behinderungen mit hohem fachlichen Anspruch pädagogisch gefördert werden (vgl. Brachmann, 2011, S. 182). Stationäre heil- und sonderpädagogische Einrichtungen stellen traditionell sichere Schonräume dadurch her, dass sie ihre behinderten Klienten durch materielle Vorkehrungen schützen, die die räumliche Bewegungsfreiheit beschränken (wie z. B. Mauern, Zäune, verschlossene Türen, Meldesysteme, reinigungsfreundliche Materialien), oder indem sie durch verbindliche organisatorische Regelungen und deren Einhaltungskontrolle (z. B. Zentralversorgung mit Wäsche und Nahrung, Hygienevorschriften, Baderoutinen, zeitliche Regulierungen, Gestaltung des Tagesablaufs in Gruppen, ‚Ämtchensystem‘ usw.) die individuellen Handlungsmöglichkeiten begrenzen. Diese mit dem Begriff geistige Behinderung verbundenen Handlungsmuster sind fest in das institutionelle Modell der Behinderteneinrichtung ›eingeschrieben‹.

Vor diesem Hintergrund liegt es auf der Hand, dass die Ablehnung des Begriffs ›geistige Behinderung‹ und seine Ersetzung durch »Lernschwierigkeiten« eine der zentralen Forderungen der Selbsthilfeorganisation ›Mensch zuerst‹ ist. Damit folgt ›Mensch zuerst‹ dem sozialen Modell von Behinderung, das Behinderung nicht als defizitäres Merkmal einer Person sieht, sondern als soziales Konstrukt, das meist mit gesellschaftlicher Benachteiligung verbunden ist. Auch in der UN-BRK wird ›Behinderung‹ nicht als Eigenschaft einer Person verstanden, sondern als Einschränkung der Teilhabemöglichkeiten, die in konkreten Situationen entstehen. Diese Einschränkungen ergeben sich demnach aus einer Wechselwirkung zwischen funktionalen Beeinträchtigungen einer Person und fehlenden Kompensationsmöglichkeiten beziehungsweise Barrieren in ihrer Umgebung. Behinderung wird damit zu einem relationalen Phänomen, das in bestimmten Situationen und in Abhängigkeit von gesellschaftlichen und räumlichen Bedingungen entsteht, unter denen eine Person lebt und sich entwickelt. Je weniger Barrieren Menschen mit Beeinträchtigungen im Alltag und entlang ihres Lebenslaufs vorfinden, wenn sie wie andere ihr Leben gestalten wollen, um so weniger wirken sich individuelle Einschränkungen verschiedenster Art behindernd aus.

Zieht man die Ausführungen Wolfensbergers zum institutionellem Modell heran, dann wird deutlich, dass sich ein solches relationales Verständnis von kognitiven Beeinträchtigungen als sperrig gegenüber den aktuellen Hilfesystemen für Menschen mit geistiger Behinderung erweist (vgl. auch Monitoring-Stelle zur UN-Behindertenrechtskonvention, 2015, S. 8).

Professionelles Handeln im Bereich der Heil- und Sonderpädagogik findet derzeit im Rahmen von sozialen Dienstleistungsorganisationen und Bildungseinrichtungen statt, die in Anlehnung an die Unterscheidung Jürgen Hohmeiers dreierlei paradigmatische Orientierungen in sich tragen (Hohmeier, 2004)[7]. Zum einen stehen nicht wenige dieser Organisationen in der Fürsorgetradition der Anstalt des 19. Jahrhunderts; zum zweiten gründen viele Einrichtungen auf dem rehabilitationsorientierten »teilstationären Modell«, wie es in der 2. Hälfte des 20. Jahrhunderts entstanden ist. Dies ist mittlerweile faktisch das Leitmodell des stationären Ansatzes. Es basiert auf der Annahme, dass bei schon bei Kindern ein Primärdefekt diagnostiziert werden kann, dem zufolge das Kind einer Behinderungsart, z.B. geistige Behinderung, zugeordnet werden kann. Für verschiedene Behinderungsarten wurde dann eine Kette spezieller Einrichtungen geschaffen, die wie der heilpädagogische Kindergarten, die Sonderschule für geistig Behinderte, das Wohnheim oder die WfBM (Werkstatt für Behinderte Menschen; Anm.) den Lebenslauf der als geistig behindert eingeordneten Menschen weitgehend strukturierten. Zur Finanzierung entwickelte sich im So-

---

7   Hohmeier unterscheidet das ›custodial-caritative Paradigma‹ der Anstalt vom rehabilitativ-therapeutischen Paradigma und dieses wiederum vom »inklusiven Paradigma, die jeweils eigene Annahmen über Wirkungszusammenhänge zwischen eingesetzten Verfahren und ihren Wirkungen gemeint haben« (Hohmeier 2004: 132ff.)

zialrecht das System der Eingliederungshilfe nach §§ 53 SGB XII, das bis heute die Beantragung und Zuerkennung des Status der ›geistigen Behinderung‹ zur Leistungsvoraussetzung macht.

Zum dritten findet derzeit die Unterstützung von Menschen mit Lernschwierigkeiten und schweren bzw. mehrfachen Beeinträchtigungen in inklusionsorientierten Organisationsformen statt, die sich seit den 1990er-Jahren zunehmend verbreiten und insbesondere auch bürgerrechtlich begründet sind. Die entscheidenden Unterschiede liegen nicht nur im organisationalen Rahmen, in dem Unterstützungsleistungen praktiziert werden, sondern in den anderen pädagogisch-konzeptionellen Ansätzen sowie in den anderen sozialen Dienstleistungsmodellen: Im Bereich der schulischen Bildung ist der organisationale Rahmen nicht die Sonderschule, sondern die Regelschule und der gemeinsame Unterricht; nimmt man das Beispiel der Hilfen zum Wohnen, dann ist es nicht der »Platz« in einer Heimeinrichtung, sondern das »individuelle Hilfearrangement« in der eigenen Häuslichkeit, d. h. die Ermöglichung privaten Wohnens mit flexibler, bedarfsgerechter und verlässlicher Unterstützung. Im Bereich der Beschäftigung für Menschen mit Behinderung liegen die Alternativen zur WfBM u. a. in Formen unterstützter Beschäftigung oder Integrationsfirmen.

Kennzeichnend für die derzeitige Entwicklung in der Behindertenhilfe ist ein »additives Veränderungsmuster« (Schädler & Rohrmann, 2009). Während neue inklusionsorientierte Unterstützungsformen für Kinder, Jugendliche und Erwachsene mit Behinderungen nahezu überall und bundesweit zunehmen, wachsen ›alte‹ Hilfeinstitutionen quantitativ ebenfalls oder werden zumindest nicht weniger. Im Bericht der Monitoring-Stelle zur Umsetzung der UN-BRK heißt es dazu: »Mangels Alternativen zu stationären Wohnformen und aufgrund vielfältiger Hindernisse in Bezug auf die Infrastruktur (barrierefreie Wohnungen, Mobilität etc.) haben Menschen mit Behinderungen nur eingeschränkte Möglichkeiten, sich für ein Leben in der Gemeinschaft zu entscheiden und die volle Einbeziehung und Teilhabe an der Gemeinschaft zu suchen. Der Vertragsstaat zeigt an, dass die Zahlen im stationären Wohnen »nahezu konstant« seien und insofern eine Entwicklung der Deinstitutionalisierung anhand dieses Indikators nicht erkennbar sei«. Und weiter unten wird aus menschenrechtlicher Sicht bilanziert: «Die Eingliederungshilfe mit ihrer heutigen Ausrichtung hat zahlreiche Wohnformen hervorgebracht, die mit der Gefahr der Aussonderung und Benachteiligung einhergehen« (Monitoring-Stelle zur UN-Behindertenrechtskonvention, 2015, S. 25). In ähnlicher Weise kritisiert wird das große System der besonderen Beschulung von Kindern mit Behinderungen sowie die kontinuierlich anwachsende Zahl von Menschen mit Behinderungen, die nahezu alle dauerhaft in besonderen Werkstätten für Menschen mit Behinderungen (WfBM) tätig sind (ebd.: 27f.).

Die Monitoringstelle weist dabei auch darauf hin, »dass für die Eingliederungshilfe immense Summen freigesetzt werden – im Jahr 2013 rund 14 Milliarden Euro. Besonders auffällig ist allerdings, dass der Löwenanteil in Einrichtungen verwendet wird. Lediglich 2,5 Milliarden Euro werden außerhalb von Einrichtungen eingesetzt« (ebd. 25).

In Deutschland – so die Monitoringstelle des Deutschen Instituts für Menschenrechte in seiner Zusammenfassung – konnte bisher das auf den alten Behinderungskategorien beruhende System der Hilfen nicht überwunden werden. Mit seinen jetzigen Parallelstrukturen birgt es für Menschen mit Behinderungen »die Gefahr von Ausgrenzung und Benachteiligung« (ebd. 4).

»Leichte Sprache« als Antwort auf Legitimationsprobleme im Hilfesystem für Menschen mit geistiger Behinderung

Eine solche massive Kritik – wie sie von der Monitoringstelle im Parallelbericht zur deutschen Umsetzung der UN-BRK erhoben wird, führt auf Seiten der noch immer die Praxis dominierenden stationären Einrichtungen zu erheblichen Legitimationsproblemen. Gefordert werden weitreichende konzeptionelle Veränderungen, deren Umsetzung mit erheblichen materiellen und immateriellen Übergangskosten verbunden ist. Dazu gehört nicht nur die Befürchtung, Macht und Einfluss zu verlieren, sondern auch die Befürchtung vor organisationaler Verunsicherung, da bisher vermeintlich selbstverständliche Annahmen darüber, was geistige Behinderung ist und wie so diagnostizierten Menschen geholfen werden soll, in Frage gestellt werden (Brachmann, 2011; vgl. Rohrmann, 2007; Schädler, Rohrmann & Franzkowiak, 2011).

Die Forderung nach Ersetzen der stationären Einrichtungen durch neue inklusionsorientierte Unterstützungsdienste kann Einrichtungsträger in ein »strategisches Dilemma« (Wasel 2013) führen. Gemeint ist, dass Träger sich als »Sozialunternehmen« marktförmig aufgestellt haben und damit Erfolg hatten, der nun aufgegeben werden soll. Umgekehrt sind sie als Organisationen in hohem Maße darauf angewiesen, Legitimation zu erzielen, d. h. die Erwartungen der relevanten anderen Akteure ihres Feldes zu erfüllen. Daraus kann sich die Neigung ergeben, die Übernahme der neuen paradigmatischen Anforderungen nur symbolisch vorzunehmen und auf der Ebene des praktischen Handelns die bestehenden alltäglichen Routinen weiterzuführen, die in der Vergangenheit zum Erfolg geführt haben.

In diesem Zusammenhang ist wohl die These nicht vollkommen abwegig, dass die erreichte Anerkennung der »Leichten Sprache« auch Legitimationsgewinne für das traditionelle System der Einrichtungen für Menschen mit geistiger Behinderung mit sich bringt. Je mehr die »Leichte Sprache« in der Gesellschaft als spezielles Sprachsystem für geistig Behinderte wahrgenommen wird und je mehr dies im Inklusionsdiskurs gleichsam als Ausgleichsmaßnahme gegen die Diskriminierung einer bestimmten Minderheitengruppe profiliert wird, um so mehr wird das Konstrukt geistige Behinderung bestätigt und damit das sich gerade verflüssigende traditionelle Hilfesystem wieder gefestigt.

Ein Teil der Frage, warum so wenig Erkenntnisse über die tatsächliche Rezeption von Texten in »Leichter Sprache« vorliegen, könnte vor diesem Hintergrund vielleicht mit Rückgriff auf das organisationssoziologische Konzept des Neo-Institutionalismus (vgl. Powell & DiMaggio, 1991; Scott, 2013) geklärt werden. Demzufolge könnte der Zweck beziehungsweise die Erwartung bei der Erstellung und Verbreitung von Dokumenten in »Leichter Sprache« tatsächlich mehr in ihrer Produktion selbst und weniger darin liegen, dass sie von der Zielgruppe gelesen werden. Für alle Organisationen, egal ob Einrichtungsträger, Behörden oder andere, lassen sich u. U. unter der Fahne der Inklusion Legitimationsgewinne erzielen, die auf der symbolischen Ebene nach außen Veränderung signalisieren und dabei die praktische Ebene eher unberührt lassen.

Fazit

Eine der Zielsetzungen dieses Textes ist es, die Ambivalenzen aufzuzeigen, die sich mit der Entwicklung der »Leichten Sprache« zu einem besonderen Sprachsystem für Menschen mit Lernschwierigkeiten verbinden könnten. Einerseits stellt es einen außerordentlichen Fortschritt dar, dass ein sprachliches Regelwerk entwickelt wurde, mit dem sich in neuer Verbindung von Buchstaben, Satzzeichen und Piktogrammen auch komplexere Zusammenhänge vereinfacht darstellen lassen. Erfahrungen sprechen dafür, dass die so entstehende Textform vor allem für Menschen mit kognitiven Beeinträchtigungen zusätzliche Möglichkeiten eröffnet, Zugang zu wichtigen Informationen zu bekommen. Damit erhöhen sich die Chancen auf soziale Teilhabe. Die zunehmende Anerkennung »Leichter Sprache« steht auch in einer Linie mit den erheblichen bürgerrechtlichen Positionsgewinnen behinderter Menschen, die über das geänderte Betreuungsrecht 1990, die Grundgesetzänderung zum Diskriminierungsverbot bei Behinderung (Art. 3a GG), die Gleichstellungsgesetzgebung der 2000er-Jahre, den Selbstbestimmungsbegriff im SGB IX, die Ratifizierung der UN-BRK (2009) in Deutschland erreicht werden konnten. Die Tatsache, dass die Zahl der behördlichen Dokumente und anderer Texte in »Leichter Sprache« kontinuierlich wächst, ist sicherlich ein Ausdruck gewachsener gesellschaftlicher Sensibilisierung gegenüber Diskriminierungsrisiken von Menschen mit kognitiven Beeinträchtigungen. Anzuerkennen sind auch die zunehmenden staatlichen und kommunalen Bestrebungen, für Menschen mit Behinderungen wichtige Dokumente in »Leichter Sprache« herauszugeben. Beachtlich ist auch, dass es gelungen ist, über das Netzwerk Leichte Sprache e. V. eine überverbandliche Organisation zu schaffen, die mit den ihr angeschlossenen Übersetzungsbüros eine wachsende professionelle Expertise zu »Leichter Sprache« aufbaut.

Andererseits ist mit dem Konzept der »Leichten Sprache« eine Reihe von Problemen verbunden, die mit dem Regelwerk selbst, seiner Anwendungsform und seinem Gültigkeitsanspruch verbunden sind. Offensichtlich ist es ab einem bestimmten Komplexitätsgrad von Texten nur noch eingeschränkt bzw. gar nicht mehr möglich, eine hinreichend differenzierte Übersetzung in »Leichter Sprache« zu erstellen. Eine der konzeptionellen Aufgaben wird es künftig sein, für die Vermittlung solcher Texte angemessene Formen zu finden. Insgesamt wurde ein Wissensdefizit im Hinblick auf den Umfang und die Art der Rezeption von Texten in »Leichter Sprache« festgestellt.

Aufgeworfen wurde zudem der Aspekt, dass »Leichte Sprache« selbst ein Diskriminierungspotenzial enthalten kann, das dann zum Tragen kommt, wenn das Moment der sprachlichen Bildung ausgeblendet und das defizitäre Sprachniveau festgeschrieben wird. Diese Gefahr ist nicht zu unterschätzen, wenn die Neigung besteht, »Leichte Sprache« als gleichsam ›natürliches Sprachsystem der Menschen mit geistiger Behinderung‹ darzustellen. Betrachtet man die Erfolgsgeschichte der »Leichten Sprache« vor diesem Hintergrund, dann stellt sich neben aufrichtiger Anerkennung auch ein gewisses Unbehagen ein. Die Behindertenselbsthilfebewegung und engagierte Fachleute haben über Jahrzehnte daran gearbeitet, einen Behinderungsbegriff zu entwickeln, der individuelle Beeinträchtigungen ernst nimmt, ihre Folgen für Lebensführung und Unterstützungsarrangement aber offen lässt bzw. weitmöglichst in die Regie der betroffenen Menschen selbst gibt. Dies eröffnete Raum für flexible und inklusionsorientierte Unterstützungskonzepte und stellte gleichzeitig das noch immer dominierende System der stationären Einrichtungen für Menschen mit geistiger Behinderung in Frage. Dieses System basiert auf nicht mehr haltbaren Annahmen darüber, was ›geistige Behinderung‹ ist und wie Menschen mit geistiger Behinderung leben sollen. Das Ergebnis sind erhebliche Legitimationsprobleme der Trägerorganisationen, die durch aktive Modernisierung oder/und durch symbolische Aktivitäten angegangen werden können. Es wurde die Frage gestellt, ob dann, wenn »Leichte Sprache« sich der Öffentlichkeit als besonderes Sprachsystem für Menschen mit Lernschwierigkeiten präsentiert, sie nicht zur diskriminierenden Konstruktion der angeblichen ›Andersartigkeit geistig behinderter Menschen‹ beiträgt und Modernisierungsprozesse hinausschieben hilft. Zu stärken wäre vor diesem Hintergrund somit der emanzipatorische Anspruch des Konzepts als Ansatz zur Befreiung von Menschen mit Lernschwierigkeiten aus strukturell verursachter Unmündigkeit.

Es könnte für die weitere Entwicklung der »Leichten Sprache« hilfreich sein, die sich andeutenden Engführungen zu überwinden und sich stärker dem Ansatz der barrierefreien Kommunikation zu öffnen. Barrierefrei sind im Sinne des Universellen Designs Informationsquellen sowie Kommunikationseinrichtungen, wenn sie für alle Menschen in der allgemein üblichen Weise, ohne besondere Erschwernis und grundsätzlich ohne fremde Hilfe zugänglich und nutzbar sind. Daraus ergibt sich die zunächst eher globale Perspektive, darauf einzuwirken, dass gesellschaftliche Kommunikation – vor allem da, wo es um Gebrauchstexte geht – sensibler wird für Sprachbarrieren, die Ausschluss und Benachteiligung bewirken. Bereits jetzt zeigt sich in diesem Zusammenhang bei Firmen, Verbänden und Behörden ein erhöhter Beratungsbedarf, wenn es darum geht, relevante Fachtexte für bestimmte Zielgruppen leicht lesbar zu gestalten. Im Sinne des »Twin-Track-Approach« bedeutet dies kein Plädoyer dafür, auf die Erstellung von Texten in »Leichter Sprache« zu verzichten. Ähnlich wie im capito-Ansatz[8] empfiehlt es sich aber, die Gruppe der Menschen mit Lernschwierigkeiten nicht als homogene Gruppe zu sehen und daher auch Texte auf verschiedenen Sprachniveaus zu verfassen. Der capito-Ansatz verweist dabei explizit auf den europäischen Rahmen für Sprachen auf den Stufen A1, A2 und B1. Verbunden wird damit auch die Idee der Sprachbildung und des Lesenlernens, für das es auch »Einstiegstexte« braucht, die Erfolgserlebnisse beim Lesen bieten können. Die Niveaus von A1 bis B1 wären demzufolge als »Rampe« vorstellbar, auf der man zu einem höheren Leseniveau vorankommen kann. »Leichte Sprache« könnte in dieser Perspektive im Zusammenwirken mit anderen Ansätzen der einfachen Kommunikation und unter Zuhilfenahme neuer digitaler Möglichkeiten eine wichtige Rolle spielen.

---

8   Siehe entsprechende Beiträge in diesem Buch sowie http://www.capito.eu/de/Angebote/Barrierefreie_Information/, zum Europäischen Referenzrahmen für Sprachen (Ger) siehe: http://www.europaeischer-referenzrahmen.de/sprachniveau.php, 13.04.2015

»Leichte Sprache« und Inklusion

Fragen zu Risiken und Nebenwirkungen

Johannes Schädler und Martin F. Reichstein

Zusammenfassung in »Leichter Sprache«

»Leichte Sprache« ist eine besondere Sprache.
Texte in »Leichter Sprache« sind meistens
für Menschen mit Lernschwierigkeiten.
Für »Leichte Sprache« gibt es mittlerweile feste Regeln.
Die Regeln helfen dabei, schwere Dinge einfach zu beschreiben.
So sollen Texte entstehen, die Menschen mit Lernschwierigkeiten
besser verstehen können.

Das ist wichtig, damit auch diese Menschen
überall dabei sein können.
»Leichte Sprache« ist also eigentlich eine gute Sache.
Das haben mittlerweile viele Menschen erkannt.
Es gibt heute viel mehr Texte in »Leichter Sprache« als früher.
Das zeigt, dass Menschen mit Lernschwierigkeiten in der
Gesellschaft jetzt ernster genommen werden.

»Leichte Sprache« ist aber nicht immer gut.
Menschen, die schwere Sprache verwenden,
haben das mit der Zeit gelernt.
Dabei haben ihnen schwerere Texte geholfen.
Auch viele Menschen mit Lernschwierigkeiten können lernen,
schwerere Texte zu lesen.
Wenn sie nur noch Texte in »Leichter Sprache« lesen,
kann das schwierig werden.
Es ist aber wichtig, dass alle Menschen die Möglichkeit haben,

Neues zu lernen.

Texte in »Leichter Sprache« sollen
Menschen mit Lernschwierigkeiten die Gelegenheit geben,
besser lesen zu lernen.
Das geht dann gut, wenn es nicht nur ganz einfache Texte gibt.

Texte in »Leichter Sprache« sollen nicht besondere Texte
für Menschen mit Lernschwierigkeiten sein.
Es ist besser, wenn möglichst viele Texte
direkt einfach geschrieben werden.
Manche Texte verstehen die Menschen mit Lernschwierigkeiten
dann vielleicht nicht sofort.
Sie können das aber lernen.

Hilfen für Menschen mit Lernschwierigkeiten
haben sich in den letzten Jahren verändert.
Viele Menschen möchten zum Beispiel nicht
in einem Wohnheim für behinderte Menschen wohnen
oder in einer Werkstatt für behinderte Menschen arbeiten.
Wohnheime und Werkstätten sind besondere Einrichtungen.
Aber die meisten Menschen leben in ihrer eigenen Wohnung
und arbeiten bei einer Firma.
Es kann aber auch sein, dass die Anbieter nur die Texte
über ihre Werkstätten und Wohnheime ändern
und in »Leichter Sprache« schreiben.
Die Wohnheime und Werkstätten bleiben dann aber
gleich wie früher.

Es ist auch noch zu wenig dazu geforscht worden,
ob Menschen mit Lernschwierigkeiten
die Texte in »Leichter Sprache« auch lesen.

Deshalb weiß man auch noch nicht viel darüber,
ob diese Texte den Menschen mit Lernschwierigkeiten
wirklich helfen.

Übertragung in »Leichte Sprache« von den Autoren

Literatur

Bernstein, B. (1970): *Lernen und soziale Struktur.* Amsterdam.

Bernstein, B. (1973), *»Soziale Schicht, Sprache und Sozialisation«*, in: Günter Hartfiel & Kurt Holm (Hg.), *Bildung und Erziehung in der Industriegesellschaft,* Opladen 1973, 233–252.

Brachmann, A. (2011). *Re-Institutionalisierung statt De-Institutionalisierung in der Behindertenhilfe. Neubestimmung der Funktion von Wohneinrichtungen für erwachsene Menschen mit geistiger Behinderung aus sonderpädagogischer Perspektive.* Wiesbaden: VS Verlag für Sozialwissenschaften.

BRK-Allianz. (2013). *Für Selbstbestimmung, gleiche Rechte, Barrierefreiheit, Inklusion! Erster Bericht der Zivilgesellschaft zur Umsetzung der UN-Behindertenrechtskonvention in Deutschland.* Berlin: BRK-Allianz. Zugriff am 03.04.2015. Verfügbar unter http://www.brk-allianz.de/attachments/article/93/beschlossene_fassung_final_endg-logo.pdf

Bundesministerium für Arbeit und Soziales. (2011a). *Übereinkommen der Vereinten Nationen über die Rechte von Menschen mit Behinderungen. Erklärt in Leichter Sprache.* Berlin: Publikationsversand der Bundesregierung. Zugriff am 02.04.2015. Verfügbar unter http://www.bmas.de/SharedDocs/Downloads/DE/PDF-Publikationen/a729L-un-konvention-leichte-sprache.pdf;jsessionid=BA3B9885F40B13B84CB59BCFDF5CD637?__blob=publicationFile

Bundesministerium für Arbeit und Soziales. (2011b). *Unser Weg in eine inklusive Gesellschaft. Der Nationale Aktionsplan der Bundesregierung zur Umsetzung der UN-Behindertenrechtskonvention.* Berlin: Publikationsversand der Bundesregierung. Zugriff am 02.04.2015. Verfügbar unter http://www.bmas.de/SharedDocs/Downloads/DE/PDF-Publikationen/a740-nationaler-aktionsplanbarrierefrei.pdf; jsessionid=DCC2CBB7306BE3CEE0FA6E92CCF32E73?__blob=publicationFile

Bundesministerium für Arbeit und Soziales. (2013). *Teilhabebericht der Bundesregierung über die Lebenslagen von Menschen mit Beeinträchtigungen. Teilhabe – Beeinträchtigung – Behinderung.* Berlin: Publikationsversand der Bundesregierung. Zugriff am 03.04.2015. Verfügbar unter http://www.bmas.de/SharedDocs/Downloads/DE/PDF-Publikationen/a125-13-teilhabebericht.pdf;jsessionid=4AD32150AC635FAEC8C418EFC3A8EB0D?__blob=publicationFile

Bundesministerium für Arbeit und Soziales. (2014a). *Leichte Sprache. Ein Ratgeber.* Berlin: Publikationsversand der Bundesregierung. Zugriff am 02.04.2015. Verfügbar unter http://www.bmas.de/SharedDocs/Downloads/DE/PDF-Publikationen/a752-ratgeber-leichte-sprache.pdf;jsessionid=95ACCA0CE959ECD767BF1D0303C4FCE0?__blob=publicationFile

Bundesministerium für Arbeit und Soziales. (2014b). *Teilhabe-Bericht der Bundes-Regierung über das Leben von Menschen mit Beeinträchtigungen in Deutschland. Zusammenfassung in leicht verständlicher Sprache.* Berlin: Publikationsversand der Bundesregierung. Zugriff am 03.04.2015. Verfügbar unter http://www.bmas.de/SharedDocs/Downloads/DE/PDF-Publikationen/a125-13-teilhabebericht.pdf;jsessionid=4AD32150AC635FAEC8C418EFC3A8EB0D?__blob=publicationFile

Freyhoff, G., Heß, G., Kerr, L., Menzel, E., Tronbacke, B. & Van Der Veken, K. (1998). *Sag es einfach! Europäische Richtlinie für die Erstellung von leicht lesbaren Informationen für Menschen mit geistiger Behinderung für Autoren, Herausgeber, Informationsdienste, Übersetzer und andere interessierte Personen.* Brüssel: Europäische Vereinigung der ILSMH. Zugriff am 02.04.2015. Verfügbar unter http://www.webforall.info/wp-content/uploads/2012/12/EURichtlinie_sag_es_einfach.pdf

Gehrmann, Manfred /Radatz, Joachim (1997): *Stigma-Management als Aufgabe von Integrationsfachdiensten für Menschen mit Lernschwierigkeiten,* in: »Gemeinsam leben«, Heft 5/1997, S. 66–72.

Hohmeier, J. (2004). Die Entwicklung der außerschulischen Behindertenarbeit als Paradigmenwechsel. Von der Verwahrung zur Inklusion. In R. Forster (Hg.), *Soziologie im Kontext von Behinderung. Theoriebildung, Theorieansätze und singuläre Phänomene* (S. 127–141). Bad Heilbrunn: Klinkhardt.

Netzwerk Leichte Sprache e. V. (2014). *Was ist Leichte Sprache? Presseinformation des Vereins Netzwerk Leichte Sprache.* Münster. Verfügbar unter http://leichtesprache.org/images/Leichte_Sprache/140609Presseinformation_Netzwerk_Leichte_Sprache.pdf

Netzwerk Leichte Sprache e. V. (2013). *»Wo Leichte Sprache drauf steht, soll auch Leichte Sprache drin sein!«. Das Netzwerk Leichte Sprache ist jetzt ein Verein.* Münster. Verfügbar unter http://leichtesprache.org/images/Leichte_Sprache/130806Presseinformation_Vereinsgr%C3%BCndung_Netzwerk_Leichte_Sprache.pdf

Inclusion Europe. (2009). *Informationen für alle. Europäische Regeln, wie man Informationen leicht lesbar und leicht verständlich macht.* Brüssel: Inclusion Europe. Zugriff am 02.04.2015. Verfügbar unter http://www.lebenshilfe-bremen.de/files/Informationen_fuer_alle.pdf

Kellermann, G. (2014). Leichte und Einfache Sprache – Versuch einer Definition. *Aus Politik und Zeitgeschichte, 64* (9–11), 7–10.

Knust-Potter, E. M. (1994). We Can Change the Future. *Geistige Behinderung* (4), 319–330.

Lebenshilfe Bremen e. V. (2013). *Leichte Sprache. Die Bilder.* Marburg: Lebenshilfe-Verlag.

Maas, C., Rink, I. & Zehrer, C. (2014). Leichte Sprache in der Sprach- und Übersetzungswissenschaft. In S. Jekat, H. E. Jüngst, K. Schubert & C. Villinger (Hg.), *Sprache barrierefrei gestalten. Perspektiven aus der Angewandten Linguistik* (1 Aufl.). Berlin: Frank & Timme.

Mensch zuerst – Netzwerk People First Deutschland e. V. (2008). *Leichte Sprache. Das neue Wörterbuch für Leichte Sprache.* Kassel: Mensch Zuerst – Netzwerk People First Deutschland e. V.

Monitoring-Stelle zur UN-Behindertenrechtskonvention. (2015). *Parallelbericht an den UN-Fachausschuss für die Rechte von Menschen mit Behinderungen anlässlich der Prüfung des ersten Staatenberichts Deutschlands gemäß Artikel 35 der UN-Behindertenrechtskonvention.* Berlin: Deutsches Institut für Menschenrechte. Zugriff am 02.04.2015. Verfügbar unter http://www.institut-fuer-menschenrechte.de/fileadmin/user_upload/PDF-Dateien/Parallelberichte/Parallelbericht_an_den_UN-Fachausschuss_fuer_die_Rechte_von_Menschen_mit_Behinderungen_150311.pdf

Netzwerk Leichte Sprache e. V. (2015a). *Die Geschichte der Leichten Sprache,* Netzwerk Leichte Sprache e. V. Zugriff am 02.04.2015. Verfügbar unter http://leichtesprache.org/index.php/startseite/der-verein/geschichte

Netzwerk Leichte Sprache e. V. (2015b). *Unsere Mitglieder,* Netzwerk Leichte Sprache e. V. Zugriff am 02.04.2015. Verfügbar unter http://leichtesprache.org/index.php/startseite/der-verein/unsere-mitglieder

Pixa-Kettner, U., Bargfrede, S. & Blanken, I. (1996). *»Dann waren sie sauer auf mich, dass ich das*

Kind haben wollte …«. Eine Untersuchung zur Lebenssituation geistigbehinderter Menschen mit Kindern in der BRD. Baden-Baden: Nomos.

Powell, W. W. & DiMaggio, P. (1991). *The New institutionalism in organizational analysis.* Chicago: University of Chicago Press.

Rock, K. (2001). *Sonderpädagogische Professionalität unter der Leitidee der Selbstbestimmung.* Bad Heilbrunn: Klinkhardt.

Rohrmann, A. (2007). *Offene Hilfen und Individualisierung. Perspektiven sozialstaatlicher Unterstützung für Menschen mit Behinderung* (1. Auflage). Bad Heilbrunn: Klinkhardt.

Schädler, J. & Rohrmann, A. (2009). Szenarien der Modernisierung in der Behindertenhilfe. *Teilhabe, 48* (2), 68–75.

Schädler, J., Rohrmann, A. & Franzkowiak, T. Inklusive Erziehung als lokale Herausforderung – Ergebnisse einer empirischen Untersuchung zu Stand und Perspektiven in Südwestfalen. *Inklusion-online, 2011* (3).

Schwarte, N. & Oberste-Ufer, R. (2001). *LEWO II. Lebensqualität in Wohnstätten für erwachsene Menschen mit geistiger Behinderung ; ein Instrument für fachliches Qualitätsmanagement ; [ein Handbuch der Bundesvereinigung Lebenshilfe für Menschen mit Geistiger Behinderung e. V.]* (2., überarbeitete und erweiterte Auflage). Marburg: Lebenshilfe-Verlag.

Scott, W. R. (2013) *Institutions and organizations. Ideas, interests, and identities* (Fourth edition).

Seitz, S. (2014). Leichte Sprache? Keine einfache Sache. *Aus Politik und Zeitgeschichte, 64* (9–11), 3–6.

Stefanowitsch, A. (2014). Leichte Sprache, komplexe Wirklichkeit. *Aus Politik und Zeitgeschichte, 64* (9–11), 11–18.

Wir vertreten uns selbst! (2002). *Forderungen an die Gesetzgebung und Gesellschaft für die Gleichstellung von Menschen mit Lernschwierigkeiten* (2. Auflage), Wir vertreten uns selbst! Verfügbar unter http://www.menschzuerst.de/02/t/03forderungskatalog.shtml

Wasel, W. (2012): *Inklusion – Eine strategische Herausforderung für Sozialunternehmen*, in: Teilhabe, Heft 2/2012, S. 85–89.

Wolfensberger, W. (1969): *The Origin and Nature of Our Institutional Models,* in: Kugel, R. B./ Wolfensberger, W. (Hg.), (1969): *Changing Patterns in Residential Services For the Mentally Retarded, President's Committee on Mental Retardation, Washington D.C.* S. 59–173.

Wolfensberger, W./Thomas, Susan (1983): *PASSING. Program Analysis of Service Systems' Implementation of Normalization Goals,* Downsview, Ontario/New York.

Bettina Bock · Daisy Lange

Was ist eigentlich »Leichte Sprache«?

Der Blick der Sprachwissenschaft

Einleitung

Texte in »Leichter Sprache« (LS) sind mittlerweile in vielen Bereichen des Alltags verbreitet, wenngleich man sie unter verschiedenen Labels antrifft. LS kann als eine in der Praxis entwickelte Form barrierefreier Kommunikation eingeordnet werden, wobei ihre wissenschaftliche Fundierung und Überprüfung nach wie vor am Anfang steht. In unserem Beitrag wollen wir das Phänomen aus sprachwissenschaftlicher und sprachdidaktischer Sicht betrachten. Worum handelt es sich bei LS? Ist es tatsächlich – wie der Name nahelegt und wie es bei einer anderen Form barrierefreier Kommunikation, nämlich Gebärdensprache, der Fall ist – eine eigene Sprache? Durch welche Merkmale muss LS aus Sicht der Sprachwissenschaft definiert werden? Und welche Folgen hat die jeweilige Definition für das Ziel des Ansatzes: Barrierefreiheit und Ermöglichung von Partizipation? Schließlich geht es bei der theoretischen Fundierung nicht nur um eine »wissenschaftliche Fingerübung«, sondern darum, durch eine adäquate Beschreibung und Definition den langfristigen Erfolg des Ansatzes in der Praxis zu sichern: Was ist ›leicht‹ an LS und wie kann das in Texten am effektivsten erreicht werden?

Für diesen Beitrag sollen vor allem folgende Merkmale von LS im Vordergrund stehen:

1. »Leichte Sprache« hat sich nicht natürlich entwickelt.
2. Sie richtet sich an eine spezifische Adressatengruppe (primär Menschen mit Lernschwierigkeiten, aber auch an andere Gruppen mit Schwierigkeiten beim Leseverstehen).
3. Sie dient in funktionaler Hinsicht dazu, Inhalte verständlich für diese spezifischen Lesergruppen aufzubereiten und zu vermitteln.
4. Sie ist (derzeit) medial auf die Verwendung in schriftlichen Texten ausgelegt.

Diese Eigenschaften gilt es im Folgenden genauer zu diskutieren und linguistisch einzuordnen.

Neben der theoretischen Begriffsarbeit müssen darüber hinaus auch die Prinzipien zur Erstellung verständlicher, ›leichter‹ Texte für die Zielgruppe und deren Integration und Anwendung in den relevanten Lebensbereichen empirisch überprüft werden: Entspricht LS bereits dem, was die Zielgruppe benötigt? Was müsste ggf. noch genauer bedacht werden? Dies erfordert vor allem die Analyse der Verständlichkeit von Texten und Tests zu ihrem Verstehen seitens der Zielgruppe. Das kürzlich gestartete Forschungsprojekt zur »Leichten Sprache im Arbeitsleben« (LeiSA) verfolgt genau dieses Ziel und soll daher im letzten Teil kurz vorgestellt werden.

Ist »Leichte Sprache« eine Sprache?

Die Bezeichnung LS ist missverständlich, denn sie steht gerade *nicht* für eine eigene Sprache, wie wir sie gemeinverständlich definieren: Eine Kommunikationsform mit eigenem grammatischen System, das erst erworben oder erlernt werden muss, um sich damit verständigen zu können. Womit haben wir es aber dann zu tun? Und was grenzt LS von Sprachen wie Französisch, Arabisch, Chinesisch oder den Gebärdensprachen ab?

Der Begriff ›Sprache‹ ist innerhalb der Sprachwissenschaft äußerst vieldeutig. Abhängig vom jeweiligen Theorieverständnis und vom Erkenntnisinteresse wird ›Sprache‹ unterschiedlich abgegrenzt, differenziert und terminologisch gefasst. Diese Vielfalt spiegelt sich auch in der Existenz der zahlreichen Subdisziplinen des Faches wider. Dennoch können einige Grundmerkmale festgehalten werden. Im Lexikon der Sprachwissenschaft (Bußmann 2008: 643) findet sich folgender Eintrag:

> **Sprache.** *Auf kognitiven Prozessen basierendes, gesellschaftlich bedingtes, historischer Entwicklung unterworfenes Mittel zum Ausdruck bzw. Austausch von Gedanken, Vorstellungen, Erkenntnissen und Informationen sowie zur Fixierung und Tradierung von Erfahrung und Wissen. In diesem Sinn bezeichnet S. eine artspezifische, dem Menschen eigene Ausdrucksform, die sich durch Kreativität, die Fähigkeit zu begrifflicher Abstraktion und die Möglichkeit zu metasprachlicher Reflexion von anderen Kommunikationssystemen unterscheidet.*

Wichtig für diesen Beitrag sind folgende Elemente der Definition: Sprache hat mit kognitiven Prozessen zu tun, d. h., um Sprache zu verstehen (und zu produzieren), sind bestimmte kognitive Fähigkeiten nötig. Sprache dient dem Ausdruck und Austausch von Gedanken und Informationen, d. h., sie ist innerhalb einer bestimmten Sprachgemeinschaft ein Mittel zur Verständigung. Außerdem ist sie gesellschaftlich bedingt, d. h., auch nichtsprachliche Faktoren sind von Bedeutung. Das meint zunächst, dass soziales Handeln Sprache erfordert und gleichzeitig durch sie ermöglicht wird, dass zum Beispiel gesellschaftliche Handlungsbereiche wie Arbeit, Schule, Familie, Religion usw. ohne Sprache gar nicht existieren können und dass sie zudem ganz wesentlich durch sie beeinflusst sind und in ihr Werte oder Traditionen dieser Gemeinschaft(en) transportiert werden. ›Soziale Bedingtheit‹ verweist aber auch auf die Abhängigkeit einer konkreten (gesprochen- oder geschrieben-sprachlichen) Realisierung von bestimmten weiteren Faktoren: Es kommt u. a. darauf an, wer spricht oder schreibt, wer angesprochen wird (der Adressat) und aus welchem Anlass und mit welchem Ziel dies geschieht. Kurz gesagt: Wer einen Widerspruch an das örtliche Finanzamt schreibt, formuliert selbstverständlich anders, als wenn er dasselbe unerfreuliche Ereignis gegenüber einem Freund oder Bekannten schildert. Betroffen ist hier nicht nur die Formulierung. Auch die Inhalte werden möglicherweise anders ausgewählt oder gewichtet.

Eine erste Unterscheidung, die für die Beschreibung von Sprachen häufig herangezogen wird, ist die in natürliche vs. künstliche Sprachen. Nationalsprachen wie das Chinesische, das Deutsche, aber auch wenig erforschte Sprachen von indigenen Völkern werden meist unter dem Begriff der natürlichen Sprachen gefasst: Sie haben sich mit dem Gebrauch durch die Sprecher und Sprecherinnen einer Gemeinschaft in einem spezifischen soziokulturellen Kontext entwickelt und sind durch sie tradiert worden. Dies nimmt ebenso Bezug auf das in der Definition erwähnte Merkmal der »historischen Entwicklung«, weshalb sich in der Linguistik für natürliche Sprachen auch der Begriff der historischen Sprachen etabliert hat (vgl. Coseriu 1980).

Während einige der in der Definition benannten Merkmale von Sprache zweifellos auch auf LS zutreffen, passen andere nicht: LS ist nicht durch den Gebrauch in einer bestimmten Sprechergruppe natürlich bzw. historisch entstanden, es liegt, wie bereits erwähnt, auch kein eigenes grammatisches Regelsystem vor. Wenn LS also keine natürliche Sprache ist, ist sie dann eine künstliche?

Ist »Leichte Sprache« eine künstliche oder kontrollierte Sprache?

Künstliche Sprachen zeichnen sich dadurch aus, dass sie zu spezifischen Kommunikationszwecken (z.B. zur internationalen Verständigung) oder für eine bestimmte Sprachnutzergruppe geschaffen werden. Typische Vertreter dieser Klasse sind Programmiersprachen in der Informatik oder formale Sprachen wie in der Chemie oder Mathematik. Hierunter werden aber auch an natürliche Sprachsysteme angelehnte Sprachformen gefasst, die ebenso gekennzeichnet sein können durch eine (künstliche) Grammatik sowie Buchstaben- und Lautfolgen, die Wörter formieren, die wiederum

Bedeutungen besitzen. Plansprachen wie das Esperanto oder sonstige Welthilfssprachen (vgl. Eco 1994) und sogar fiktionale Sprachen (z.B. Klingonisch, vgl. Fiedler 2010) zählen in dem Sinne zu den künstlichen Sprachen (zu deren Erforschung vgl. Sakaguchi 1998).

LS hat unzweifelhaft eine künstliche Entstehungsgeschichte, insofern ihre – mitunter in Regelkatalogen festgehaltenen – Konventionen kein Abbild des natürlichen Sprachgebrauchs einer bestimmten Nutzergruppe darstellen, sondern »von außen« kodifiziert wurden und primär der Adressierung einer bestimmten Zielgruppe dienen. Sie ist jedoch keinesfalls eine neu erfundene Sprachform, die von ihren potenziellen Nutzern erst erlernt bzw. erworben werden müsste, um sich damit verständigen zu können. Sie stellt lediglich eine spezifische Auswahl aus den Ausdrucksmitteln des Deutschen dar. Dies rückt sie in eine gewisse Nähe zu den sogenannten *kontrollierten Sprachen*, wobei es auch hier entscheidende Unterschiede gibt.

Kontrollierte Sprachen sind gewissermaßen zwischen natürlichen und künstlichen Sprachen anzusiedeln. Sie bedienen sich der Mittel natürlicher Sprachen, indem sie deren Ausdrucksmittel auf eine bestimmte Auswahl für einen bestimmten Zweck beschränken. Dennoch ist dieser Sprachform insofern eine Künstlichkeit zuzuschreiben, als sie für einen bestimmten meist technischen Kommunikationsbereich (sprachliche und typografische) Regeln für das Erstellen von Texten definiert. Das dient u. a. dazu, die Prozeduren zur Texterstellung zu vereinfachen, zu ökonomisieren oder Vagheit zu minimieren. Dabei werden alle Ausdrucksebenen restringiert bzw. eingeschränkt: Wortschatz, Phrasen, Satzstrukturen, Interpunktion, Textstruktur und Layout (Lehrndorfer 1996: 45).

Hierin liegen offenkundige Ähnlichkeiten zum Entstehungsprozess und zur derzeitigen formalen Gestalt der LS: Einerseits werden konkrete Regeln beispielsweise zur Verwendung bestimmter Formen des Verbs aufgestellt (Tempus, Modus), zum Kasusgebrauch nominaler Elemente (Vermeidung des Genitivs) sowie zum Gebrauch von Wörtern (schwere vs. leichte Wörter) (vgl. Netzwerk Leichte Sprache: Regeln). Andererseits weist die LS nicht in allen Bereichen eine gleichermaßen stark ausgeprägte ›Kontrolle‹ auf. So ist ihr Vokabular nicht derart festgeschrieben, wie es beispielsweise das *Basic English* (Ogden 1934) über Wortlisten mit akzeptablen und nicht akzeptablen Ausdrücken vornimmt.

Der entscheidende Unterschied aber liegt unseres Erachtens darin, dass kontrolliertes Deutsch zwar nicht ausschließlich, aber dennoch bevorzugt in ganz ausgewählten Bereichen der technischen Dokumentation eingesetzt werden kann (vgl. auch Lehrndorfer 1996: 15): beispielsweise in Kurzbeschreibungen oder Bedienungsanleitungen. Bedienungsanleitungen und andere technische Textsorten haben eine stark standardisierte Form. Hier ist also gut festzulegen, welche Textgestaltungsmittel zu gut verständlichen Texten führen. Das ist aber bezogen auf das gesamte «Textsortenuniversum« eher die Ausnahme als die Regel: Viele Textsorten sind so offen in ihren Realisierungsmöglichkeiten, dass sie kaum zu standardisieren oder im Detail zu normieren sind. Unterschiedliche Normiertheit von Textsorten bedeutet, dass in unterschiedlichen Texten (abhängig von ihrer Funktion und ihrem Verwendungszusammenhang) unterschiedliche sprachliche Mittel und Textgestaltungsprinzipien eingesetzt werden müssen, um das Ziel Verständlichkeit zu erreichen. Bei LS gibt es dagegen die besondere Situation, dass man mit ihr verständliche Texte in *allen* Kommunikationsbereichen herstellen können muss. Alle Textsorten, alle Sprachhandlungen, alle Ausdrucksintentionen und Funktionen sollen mit der spezifischen Auswahl an Ausdrucksmitteln realisierbar sein. Streng definierte Regellisten können hier zwar Orientierung bei der Texterstellung geben, sie werden aber nie ausreichen.

LS muss daher unseres Erachtens trotz ihrer künstlichen Entstehung als quasi natürliche, sich (potenziell) dynamisch im Gebrauch entwickelnde Sprachform (mit Charakteristika in den verwendeten sprachlichen Formen und außersprachlichen Parametern) beschrieben werden. Adäquater erscheint uns daher die Beschreibung als eine Varietät, d. h. eine bestimmte Sprachgebrauchsform des Deutschen.

»Leichte Sprache« als Varietät des Deutschen

Diese Sichtweise auf LS kann mittlerweile innerhalb der Angewandten Linguistik als relativ etabliert gelten. Varietäten sind Realisierungsformen natürlicher bzw. historischer Sprachen, die durch ein systematisches Wechselspiel sozialer, funktionaler oder auch regionaler Merkmale gekennzeichnet sind (vgl. Berruto 2005: 189).

Ein Beispiel für regional bestimmte Varietäten sind Mundarten, ein Beispiel für funktional bestimmte Varietäten ist z.B. die Fachsprache der Medizin, sozial bestimmte Varietäten wären beispielsweise Jugendsprache oder Kiezdeutsch. Sie alle zeichnen sich durch charakteristische sprachliche Merkmale aus, genauso wichtig sind aber auch die außersprachlichen (geografische Verteilung, Funktion, soziale Gruppe). »Vorhersehbar« sind diese Realisierungsformen in dem Sinne, dass sie sich natürlich aus der Spracherfahrung, den Bedürfnissen und innerhalb der spezifischen Kommunikationsbedingungen der jeweiligen Sprachnutzer herausbilden und sich ggf. verfestigen. Das heißt konkret, dass sich der Sprachgebrauch von Tierärzten, von Grundschulkindern, von Mathematikprofessorinnen oder von Rentnern im französischen Ausland in jeweils spezifischen Kommunikationssituationen an die jeweiligen sprachlichen Anforderungen und Kontexte anpasst und damit Varietäten i. w. S. entstehen.

Welche Merkmale teilt LS nun mit Varietäten? Tatsächlich zeigen sich bei einem Versuch ihrer Einordnung unter eine der drei Varietätendimensionen wieder Besonderheiten.

Ist LS eine *regional bestimmte* Varietät? LS hat ganz klar den Anspruch, überregional verständlich einsetzbar zu sein, und führt deshalb deutlich weg von ihrer Auffassung als Dialekt oder Regionalsprache.

Ist LS dann eine *sozial bestimmte* Varietät? LS ist zweifelsohne mit einer bestimmten Gruppe verbunden, nämlich Menschen mit Lernschwierigkeiten und auch anderen Gruppen mit Einschränkungen in der Lesekompetenz. Die Besonderheit aber ist, dass LS nicht den Sprachgebrauch einer bestimmten Sprechergemeinschaft widerspiegelt (wie bei Jugendsprache, Kiezdeutsch etc.), sie sich also nicht natürlich in einem spezifischen personellen Kontext herausgebildet hat. Sie ist vielmehr durch das Merkmal der *Adressierung* (Ansprache) einer potenziellen Nutzergruppe gekennzeichnet: LS ist also insofern eine gruppenspezifische Varietät des Deutschen, als sie für die Kommunikation *mit* einer Gruppe geschaffen wurde und dafür genutzt wird. Darüber hinaus ist sie auch in dem Sinne gruppenspezifisch, dass Menschen mit Lernschwierigkeiten (die faktische Hauptzielgruppe) auch an der Entwicklung und Etablierung LS beteiligt waren und sind. Andere Zielgruppen sind in diesen Prozess hingegen nicht einbezogen worden. Solang die Gruppenspezifik hier aber ausschließlich über das Kriterium ›kognitive Fähigkeit‹ definiert wird, kann LS nur bedingt als sozial bestimmte Varietät gelten, da eigentliche demografische Kriterien wie Alter, Beruf, Geschlecht usw. hier nicht zum Tragen kommen. Eine Abgrenzung nach dem Kriterium ›kognitive Fähigkeiten‹ ist zudem durch seine starke Heterogenität nur schwer handhabbar. Berücksichtigt werden müssen deshalb in der LS-Praxis einzelne Fähigkeits- und Einschränkungsebenen (wie es bspw. bei capito durch die Unterscheidung von Wahrnehmungs-, Wissens- und Verstehensebenen geschieht).

Ist LS also vielmehr eine Sprachform, die durch die Verwendung in einer bestimmten Sprachdomäne, zu einem bestimmten Zweck oder in einem bestimmten Stil gekennzeichnet ist, eine *funktional bestimmte* Varietät?

Diese Auffassung kommt einer geeigneten Beschreibung LS in jedem Fall näher. Da LS den Anspruch hat, universell und unabhängig von soziokulturellen oder textuellen Merkmalen Verständnis zu ermöglichen, setzt sie zwar keinen spezifischen Stil um. Sie ist darüber hinaus auch nicht für bestimmte Kommunikationsbereiche reserviert (z.B. nicht nur im Bereich Arbeit, Beruf, Bildung, Verwaltung usw.). Doch ist sie zweifelsohne durch eine dominante Funktion charakterisiert, nämlich die, (auch komplexe) Informationen in Texten verständlich aufzubereiten und adressatenorientiert zu vermitteln. LS zeichnet sich damit allem voran durch ihre besondere Vermittlungsqualität und -aufgabe aus (vgl. auch Bock i. E. a und b). Was heißt dies genau?

»Leichte« Texte haben die Aufgabe, »Brücken« zur in »schwerer Sprache« verfassten (Text-)Welt zu bauen und somit zwischen den »Welten« zu vermitteln. Texte mit einer solchen »Brückenfunktion« sind im Übrigen nicht ausschließlich für Menschen mit Lernschwierigkeiten nützlich. Vermittelnde Texte sind vielmehr ein alltäglich notwendiges Phänomen in modernen Gesellschaften: Beispielsweise benötigt jeder Nichtjurist Vermittlung und Vereinfachung, wenn er gesetzliche Regelungen, die ihn ganz alltäglich betreffen, genau verstehen will. Für diese Zwecke gibt es begleitende Informationsbroschüren, Beratungsangebote etc. Die für Experten des Fachs wichtige Komplexität und Genauigkeit wird in diesen Kommunikationsangeboten natürlich weder inhaltlich noch sprachlich abgebildet. Das wäre weder funktional noch angemessen. Ein funktionierendes und überprüftes Konzept LS erfüllt in ganz ähnlicher Art und Weise eine Vermittlungsaufgabe für die spezifische(n) Adressatengruppe(n).

In gewisser Weise stellt LS also eine Idealisierung dar, die neben dem Vorteil ihrer unbestrittenen Nützlichkeit aber auch den Nachteil der starken Verallgemeinerung hat. Ob man sie als eine »Dachvarietät« im Sinne eines Standards fassen kann, wofür mitunter auch ihre Verwendung als ausschließlich schriftsprachliche Varietät[1] (vgl. auch Fröhlich 2014: 41) spricht, muss in der Soziolinguistik allerdings noch geprüft werden.

Im Folgenden soll schließlich der Blick weiter auf einige der angesprochenen Besonderheiten von LS gerichtet werden. Insbesondere die Texterstellung ist ein Aspekt, den es aus einer angewandten Perspektive näher zu beleuchten lohnt.

»Übersetzen« in »Leichte Sprache«: Eine reine Oberflächentransformation?

Jede Modifikation der Wörter und Formulierungen eines Textes bedeutet immer auch eine Modifikation des Inhaltes. Es ist daher in gewisser Weise irreführend, dass häufig vom »Übersetzen« in LS die Rede ist. Diese Sprechweise legt nahe, dass die Inhalte von Ausgangstext und übersetztem Text weitgehend äquivalent seien. Manchmal deutet sich sogar die Vorstellung an, dass es sich beim »Übersetzen« in LS um eine reine Transformation der sprachlichen Oberfläche handle – bei konstantem inhaltlichen

---

1   Das heißt, dass LS zunächst entwickelt wurde, damit schriftliche Texte besser gelesen und verstanden werden können. Einige der Empfehlungen sind auch im mündlichen Sprachgebrauch anwendbar (z.B. Wortschatz), wie es auch schon praktiziert wird. Mündliche und schriftliche Kommunikation folgt allerdings teilweise verschiedenen »Regeln«, die entscheidend für Verstehen und Verständlichkeit sind. Auch hier lohnt sich die Aufarbeitung schon existierender Forschungsergebnisse und natürlich die weitere Forschung zur spezifischen Zielgruppe.

Gehalt. Zutreffend ist vielmehr, dass die Erstellung verständlicher Texte maßgeblich mit der Veranschaulichung, Vereinfachung, Erklärung bzw. allgemein: mit der Aufbereitung von Inhalten für bestimmte Lesergruppen zu tun hat. Simone Seitz (2014: 5) bezeichnet das Erstellen »leichter Texte« in diesem Sinne als »fachlich anspruchsvolle didaktische Aufgabe«.

Wenn es um das Zugänglichmachen von Texten geht, dürfen jedenfalls nicht nur die sprachlichen Mittel reflektiert und diskutiert werden. Es muss auch über Inhalte und Vermittlungsweisen gesprochen werden und darüber, wozu der Leser mit der Lektüre »befähigt« werden soll. Betrachtet man gängige öffentlich zugängliche Regelwerke von LS, fällt auf, dass diese Aspekte kaum Berücksichtigung finden. Adressatenorientierung ist das erklärte Ziel aller Texte in »Leichter Sprache«, allerdings ist dies nicht der einzige wichtige Faktor (s. Abschnitt 5). Im Sinne der Adressatenorientierung und der Kontextabhängigkeit von Kommunikation ist die letztlich entscheidende Frage immer: Erfüllt ein Text seine jeweilige Funktion beim Leser oder tut er dies nicht? Auf diesen Punkt werden wir im folgenden Abschnitt noch einmal eingehen. In der Praxis gibt es tatsächlich immer wieder Texte, deren Funktion letztlich unklar bleibt: Es gibt Veranstaltungswerbeflyer, die nicht werben (vgl. Bock 2014), Webseiten, die lediglich allgemeine Metainformationen zur Benutzung in LS zur Verfügung stellen, aber kaum etwas zu den Inhalten der Seite sagen etc. Man kann hier von Texten mit »Aushängeschildfunktion« sprechen: Der Sender signalisiert, dass ihm Barrierefreiheit wichtig ist. Ob diese tatsächlich realisiert ist, ist aber zweitrangig.

Die öffentliche Kritik an »Leichter Sprache«

LS wird teilweise eine sehr hohe Erwartung entgegengebracht: Manche Befürworter möchten in ihr eine Lösung aller Verständlichkeitsprobleme sehen, von der *alle* Lesergruppen profitieren könnten. Diese Erwartung geht ganz sicher zu weit. Sprachliche und inhaltliche Komplexität und Schwerverständlichkeit können durchaus funktional sein und sind somit nicht in allen Kontexten entbehrlich.

Auf der anderen Seite wird LS in der Öffentlichkeit aber ebenso viel Kritik entgegengebracht – teilweise ist diese berechtigt, teilweise ist sie es nicht. Die Kritik, die sowohl in journalistischen Kommentaren überregionaler Zeitungen und Zeitschriften (vgl. FAZ: Liessmann 2014, NZZ 2014, Focus Money: Pöpsel 2013) als auch in offenen Online-Diskussionsforen vorgebracht wird (wie der Facebook-Seite des Deutschlandfunks, auf der regelmäßig neue Artikel des DLF-Angebots nachrichtenleicht.de angekündigt werden), folgt meist einem bestimmten normativ wertenden Muster: Auf die eine Seite wird LS gestellt. Sie wird verbunden mit ›niedrigem Niveau‹, das sich in der sprachlichen Simplizität, in fehlenden Inhalten, mangelnder inhaltlicher und sprachlicher Differenzierung und Ähnlichem ausdrücke. Einerseits konstatieren Kritiker damit die Dysfunktionalität (Unzweckmäßigkeit bzw. Nichtwirksamkeit) dieser Sprachform, andererseits beklagen sie eine Art (allgemeinen) Sprachverfall. Die Sprachform, die auf der anderen Seite den konkreten Gegensatz zu LS bildet, wird von den Kritikern selten benannt. Verbunden wird sie aber mit einem positiv bewerteten ›hohen Niveau‹, das sich in inhaltlichem Anspruch und inhaltlicher Komplexität von Texten sowie in ihrer sprachlich elaborierten (und vertrauten) Form ausdrücke.

Was zeigt sich nun in dieser Kritik? Ohne hier eine eingehende Analyse der (impliziten und expliziten) Wertungen und der Ideale von funktionierender Kommunikation vorzustellen (die zweifellos interessant wäre), sollen doch zwei Punkte angesprochen werden: Zum einen zeigt sich in der Kritik, dass LS von etlichen Lesern als eine primitive Sprachform mit wenig Prestige wahrgenommen wird. Die Soziolinguistik untersucht solche Wahrnehmungen von Sprache und hat beispielsweise nachweisen können, dass Schüler, die das bildungssprachliche Register nicht ausreichend beherrschen, in der Schule von Erfolg teilweise ausgeschlossen bleiben, obwohl sie durchaus lernfähig und kompetent sind (vgl. Feilke 2012: 7). Das Prestige einer Sprachform kann also ganz reale Auswirkungen haben. In diesem Sinne ist das teilweise geringe Ansehen der LS für die Forschung relevant. Wenn das Konzept Erfolg haben will, muss es akzeptiert und nicht lediglich als defizitäre Sprachform angesehen werden. Eine solche Auffassung schließt diejenigen, die auf solche Texte angewiesen sind, aus.

Andererseits ist die Kritik an der Dysfunktionalität mancher »leichter« Texte durchaus berechtigt. Zum einen ist die Qualität der Realisierungen sehr unterschiedlich. Allgemein kann man sagen, dass nicht alle Mittel und Empfehlungen für verständliche Texte tatsächlich mehr Verständlichkeit garantieren. Inwiefern beispielsweise das Weglassen und Vermeiden von Verknüpfungsmitteln (wie *denn, obwohl, wenn – dann, falls* etc.) gegenüber dem expliziten Gebrauch dieser Konnektoren zu bevorzugen ist, wie manche Anbieter postulieren, bleibt empirisch zu überprüfen. Zwei Beispielsätze:

(1) Wenn Sie noch Fragen haben, (dann) rufen Sie uns an.

(2) Haben Sie noch Fragen? Rufen Sie uns an.

Die beiden Sätze unterscheiden sich auf struktureller Ebene darin, dass beide eine Konditionalbeziehung ausdrücken, wobei Satz (1) diese durch die Konnektoren *wenn-dann* ausdrücklich formuliert, während sie in Satz (2) nicht sprachlich ausgedrückt wird. Der Leser muss sie erschließen, was eine größere kognitive Anstrengung erfordert. Dennoch wird teilweise das Weglassen von Konnektoren als »leichter verständlich« empfohlen. Welche der Varianten für die meisten Leser der Zielgruppe am besten verständlich ist, oder ob es vielleicht sogar kaum Unterschiede im Verstehen von (1) und (2) gibt, müssten Verständlichkeitstests prüfen. Solche Tests sind im Forschungsprojekt »*Leichte Sprache« im Arbeitsleben* geplant (vgl. Ausblick).

Ein weiterer Aspekt der kritisierten Dysfunktionalität »leichter« Texte betrifft die Angemessenheit ihrer sprachlichen und typografischen Form. So führt Fröhlich (2014: 46) beispielsweise an: »Selbst die Gruppe der Menschen mit Lernschwierigkeiten bewertet nicht alle Informationsprodukte in »Leichter Sprache« positiv. Einige unter ihnen kritisieren beispielsweise den ›Bilderbuch-Effekt‹ mancher Informationsprodukte und fühlen sich nicht angesprochen, sondern eher abgestoßen. Sie interpretieren die Texte als kindlich und ihrer erwachsenen Identität nicht angemessen« (vgl. auch Kellermann 2014: 9). Dasselbe gilt auch für manch vage und somit uninformative Erklärung oder für Texte, bei denen unklar bleibt, welche Funktion sie eigentlich haben: Was soll der Leser mit den Informationen anfangen, wozu ist der Text eigentlich da?[2] Im Blick muss unseres Erachtens nicht nur die Verständlichkeit von Texten sein. Verständlichkeit muss eingebettet werden in ein Konzept der Angemessenheit von Texten. Die Forschung muss also klären: Wie muss ein Text in LS aussehen, damit er die Adressaten angemessen anspricht, den Gegenstand angemessen darstellt, der Situation angemessen ist, ggf. auch dem Sender des Textes entspricht etc. Dafür ist es ganz entscheidend, dass definiert wird, was das Ziel von LS ist: Was soll das Konzept letztlich (für die Zielgruppe, in unterschiedlichen Kontexten) leisten? Was bedeutet es, dass LS Teilhabe in verschiedenen Lebensbereichen ermöglichen bzw. unterstützen soll, wann ist Teilhabe gegeben? Bezogen auf den einzelnen Text, der in LS erstellt wird, bedeutet das, dass immer zu klären ist: Was soll dieser Text für den Leser leisten? Soll er beispielsweise Informationen zu einem bestimmten Thema geben, soll er auch Anschlusshandlungen ermöglichen, soll er unterhalten, muss er rechtswirksam sein? Wer sind die zu erwartenden Leser und in welchem Zusammenhang werden die Texte gelesen? Erfordert das Thema eine gewisse Differenziertheit oder Komplexität in der Darstellung, die nicht weglassbar ist? Mit welchen Mitteln kann dies ›abgefangen‹ werden?

Zusammenfassung und Ausblick

Zusammenfassend kann gesagt werden, dass LS aus linguistischer Sicht, zumindest anhand der hier aufgegriffenen Abgrenzungsebenen, nicht immer einheitlich und

---

2   Zu weiteren Beispielen vgl. Bock i. E. a.

ohne Zweifelsfälle beschrieben werden kann. Es finden sich Parallelen zu Konzepten wie künstlicher und kontrollierter Sprache, obschon LS – unter Berücksichtigung der diskutierten Besonderheiten – ebenso als Varietät des Deutschen und damit als Teil einer natürlichen Sprache interpretiert werden kann. Kritisch im Hinblick auf letzteren Definitionsversuch ist, wie sich herausgestellt hat, vor allem ihre Entwicklung und Regulierung »von außen«, die der Sprachform gewissermaßen ihre Natürlichkeit abspricht. Sieht man sie allerdings als eine ideelle Sprachform an, deren Hauptfunktion in der uneingeschränkten Vermittlung von Informationen für einen bestimmten Personenkreis besteht, liegt – vor allem vor dem Hintergrund der angestrebten Universalität des Ansatzes – sogar ein Vergleich zur Standardvarietät nahe.

Der Bedarf an Textoptimierung bzw. -modifizierung und das Bedürfnis nach einer leicht verständlichen Sprachform ist vor allem für Menschen mit Lernschwierigkeiten – unabhängig davon, ob sie linguistisch problemfrei beschrieben werden kann oder nicht – unumstritten. Gegebenenfalls müssen sich Linguisten vor dem Hintergrund der Theoriebildung in dem Fall auch um neue Begrifflichkeiten bemühen.

Sinnvoll erscheint uns in dem Zusammenhang die Akzentuierung LS als »Vermittlungsvarietät«. Ihrem vom Streben nach Barrierefreiheit und der Ermöglichung von Partizipation geprägten Grundgedanken trägt diese Auffassung wohl am besten Rechnung. Die Erstellung von Texten in LS stellt schließlich eine komplexe didaktische (Vermittlungs-)Aufgabe dar (vgl. auch Seitz 2014: 5). Wenn diese Aufgabe nicht ernst genommen wird, läuft das Konzept Gefahr, die Abkoppelung der Zielgruppe von der sprachlich sowie inhaltlich komplexen »Welt« nur zu verschleiern, nicht aber Barrieren zu senken.

Die Diskussion hat verdeutlicht, dass ein Regelwerk für LS den praktischen Anforderungen nur bedingt gerecht werden kann. Für die Anwender bedarf es deshalb um so mehr gezielter Strategien für die Texterstellung, die die benannten Faktoren zumindest ansatzweise zu berücksichtigen versuchen. Eine – wenn möglich – präzise Definition und Differenzierung von Zielgruppe (wie es bspw. bei capito schon Praxis ist), konkreter Textfunktion und eine Bewusstmachung von Schreiber- und potenziellen Leserzielen sollten der Texterstellung in jedem Fall vorausgehen. Dort, wo die künftigen Leser nicht konkret bestimmt werden können, muss eine weitgehende Annäherung dennoch beabsichtigt sein.

Eine empirische Fundierung der Wirksamkeit der Regeln LS ist in dem Zusammenhang dringend erforderlich. An dieser Stelle setzt als eines der ersten universitären Forschungsvorhaben zu diesem Thema das Projekt *LeiSA (Leichte Sprache im Arbeitsleben)*[3]

3　Das Projekt wird in einer dreijährigen Laufzeit (2014–2017) gefördert durch das Bundesministerium für Arbeit und Soziales.

an. Interdisziplinär soll unter Beteiligung verschiedener Institute (Förderpädagogik, Sozialmedizin, Germanistische Linguistik) an der Universität Leipzig die Wirksamkeit LS im Hinblick auf eine Verbesserung der Teilhabe von Menschen mit Lernschwierigkeiten am Arbeitsleben untersucht werden. Ziel des Projektes ist es zum einen, die derzeitige Teilhabesituation der Zielgruppe am Arbeitsleben sowie ihren Bedarf an Informationen und Kommunikation in LS zu analysieren. Zum anderen soll der rezeptive Umgang mit »leichten« Texten selbst im Vordergrund stehen. Über Verständlichkeits- und Verstehenstests werden ausgewählte Regeln der LS auf ihre Angemessenheit und Wirksamkeit durch Menschen mit unterschiedlichen kognitiven Einschränkungen und Leseschwierigkeiten geprüft. Methodisch zeichnet sich das Vorhaben dadurch aus, dass es nicht nur ausgehend von Textmerkmalen die Verständlichkeit von LS zu beurteilen versucht, sondern ebenso die Individuen mit ihren »literalen Kompetenzen« (Feilke 2007: 30) und die entsprechenden Verstehenskontexte in die Konzeption der Tests und deren Auswertung einbezieht. Übergreifendes Ziel des Forschungsvorhabens ist es schließlich, ein Qualifizierungsprogramm für Arbeitnehmer und -geber zu erstellen, das u. a. einen linguistisch abgesicherten, d. h. empirisch fundierten Leitfaden zur Texterstellung und -überprüfung sowie konkrete didaktische Hinweise zum sinnvollen Einsatz von LS enthalten wird. Die Projektarbeit erfolgt partizipativ unter Einbezug einer sogenannten Fokusgruppe, d. h., diese wird von einer Gruppe aus Wissenschaftlern und Menschen mit Lernschwierigkeiten begleitet und unterstützt.

Was ist eigentlich »Leichte Sprache«?

So sieht es die Sprachwissenschaft

Leicht Lesen

Bettina Bock und Daisy Lange

Zusammenfassung in leicht verständlicher Sprache

In dem Beitrag geht es darum,
wie man »Leichte Sprache« wissenschaftlich beschreiben kann.
Dieser Beitrag beschäftigt sich mit den Eigenschaften
von »Leichter Sprache« und verwendet dabei verschiedene Ideen:
Er beschäftigt sich mit den Merkmalen von sogenannten
künstlichen oder kontrollierten Sprachen.

Künstliche Sprachen sind Sprachen, die neu erfunden worden sind.
Sie sind nicht natürlich entstanden.
Zum Beispiel ist Esperanto eine künstliche Sprache.
Esperanto wurde als einfache Sprache entwickelt,
damit viele Menschen mit unterschiedlichen Sprachen
miteinander reden können.

Kontrollierte Sprachen sind natürliche Sprachen,
die aber ganz bestimmten Regeln folgen.
Meistens sind kontrollierte Sprachen relativ einfach.
Wenn zum Beispiel Wissenschaftler
mit unterschiedlichen Sprachen miteinander arbeiten,
verwenden sie oft kontrollierte Sprachen.
Auf diese Weise können sie einfach und eindeutig miteinander reden.

Der Beitrag beschreibt »Leichte Sprache« schließlich
als eine spezielle Form der deutschen Sprache.

»Leichte Sprache« hat bestimmte Besonderheiten.
Zum Beispiel richtet sich »Leichte Sprache«
an ganz bestimmte Zielgruppen
und soll für alle Arten von Texten verwendet werden können.
Vor allem aber soll »Leichte Sprache«
»schwere« Texte für viele Menschen zugänglich machen.
Sie verhindert dadurch sprachliche Barrieren.

In diesem Beitrag geht es auch um die Kritik an »Leichter Sprache«.
Manche Kritiker sind der Meinung,
dass »Leichte Sprache« nicht sinnvoll ist
oder eine unpassende Form der Sprache ist.

In diesem Zusammenhang wird betont,
welche Verantwortung die Menschen haben,
die Texte in »Leichter Sprache« schreiben.
Sie müssen alle Möglichkeiten bedenken,
wie die Leserinnen und Leser einen Text verstehen können:

- Wer liest den Text?
- Warum liest jemand den Text?
- Was wissen die Leserinnen und Leser
  möglicherweise über das Thema?
- Was wissen sie nicht?
- Welches Ziel verfolgt der Text?
- Was sollen die Leserinnen und Leser von dem Text haben?

Wichtig ist auch:
Die Sprachwissenschaft muss eng mit Menschen
zusammenarbeiten,
die wissen, wie man Informationen wirkungsvoll weitergibt.
Nur so kann »Leichte Sprache« auf Dauer Erfolg haben.

Es ist unbedingt notwendig,
dass man genaue Vorgaben dafür schafft,
wie Texte in »Leichter Sprache« gemacht werden müssen.
Nur so ist Barrierefreiheit und die Teilhabe aller Menschen
an unserer Gesellschaft möglich.

Übertragung in leicht verständliche Sprache von capito

Literatur

Berruto, Gaetano (2005): »Sprachvarietät – Sprache (Gesamtsprache, historische Sprache)«, in: Ammon, Ulrich/Dittmar, Norbert/Mattheier, Klaus J./Trudgill, Peter (Hg.) Sociolinguistics/ Soziolinguistik. Ein internationales Handbuch zur Wissenschaft von Sprache und Gesellschaft, Bd. 3.3. Berlin/New York, 179–188.

Bock, Bettina M. (i. E. a): »Barrierefreie Kommunikation als Voraussetzung und Mittel für die Partizipation benachteiligter Gruppen. Ein (polito-)linguistischer Blick auf Probleme und Potenziale von »Leichter« und »einfacher Sprache««, in: Vogel, Friedemann/Knobloch, Clemens (Hg.): Sprache und Demokratie. URL: https://bop.unibe.ch/linguistik-online/index

Bock, Bettina M. (i. E. b): »Anschluss ermöglichen und die Vermittlungsaufgabe ernst nehmen: 8 Thesen zur »Leichten Sprache«, in: Didaktik Deutsch. Heft Frühjahr 2015.

Bock, Bettina M. (2014): »Leichte Sprache‹. Abgrenzung, Beschreibung und Problemstellungen aus Sicht der Linguistik«, in: Jekat, Susanne J./Jüngst, Heike Elisabeth /Schubert, Klaus /Villiger, Claudia (Hg.): *Sprache barrierefrei gestalten. Perspektiven aus der Angewandten Linguistik.* (TransÜD Arbeiten zur Theorie und Praxis des Übersetzens und Dolmetschens, 69.) Berlin: Frank & Timme, 17–52.

Bußmann, Hadumod /Gerstner-Link, Claudia (2008): Lexikon der Sprachwissenschaft. (=4. durchges. u. bibliogr. erg. Ausg.). Stuttgart: Kröner.

Coseriu, Eugenio (1980): »»Historische Sprache‹ und ›Dialekt‹«, in: Göschel, Joachim /Iviç, Pavle /Kehr, Kurt (Hg.): Dialekt und Dialektologie. Ergebnisse des internationalen Symposions ›Zur Theorie des Dialekts‹, Marburg/Lahn, 5.–10. September 1977. Wiesbaden: Steiner, 106–122.

Eco, Umberto (1994): Die Suche nach der vollkommenen Sprache. München: Beck. (aus dem Italienischen von Burkhart Kroeber)

Feilke, Helmuth (2007): »Textwelten der Literalität«, in: Schmölzer-Eibinger, S./Weidacher, G. (Hg.): Textkompetenz. Eine Schlüsselkompetenz und ihre Vermittlung. FS für Paul R. Portmann. Tübingen, S. 25–39.

Feilke, Helmuth (2012): »Bildungssprachliche Kompetenzen – fördern und entwickeln«, in: Praxis Deutsch, Heft 233, 4–13.

Fiedler, Sabine (2010): »Literarische Spracherfindungen aus interlinguistischer Sicht: die englischsprachigen Autoren J. Swift, G. Orwell und J. R. R. Tolkien und ihre fiktionalen Sprachen«, in: Spracherfindung und ihre Ziele, Beiträge der 20. Jahrestagung der Gesellschaft für Interlinguistik e. V., 26.–28.11.2010 in Berlin. (=Interlinguistische Informationen, Beiheft 18), 9–32.

Fröhlich, Walburga (2014): »Leichte Sprache – ein Konzept für alle?«, in: mitSPRACHE 4, 41–52.

Göpferich, Susanne (2006): Textproduktion im Zeitalter der Globalisierung: Entwicklung einer Didaktik des Wissenstransfers. 2. Aufl. Tübingen: Stauffenburg.

Kellermann, Gudrun (2014): Leichte und Einfache Sprache – Versuch einer Definition. In: Aus Politik und Zeitgeschichte. 64. Jg., Heft 9–11/2014, 7–10.

Lehrndorfer, Anne (1996): Kontrolliertes Deutsch. Linguistische und sprachpsychologische

Leitlinien für eine (maschinell) kontrollierte Sprache in der Technischen Dokumentation. Tübingen: Narr.

Liessmann, Konrad Paul (24.09.2014): »Analphabetismus als geheimes Bildungsziel«, in: Frankfurter Allgemeine Zeitung. URL:http://www.faz.net/aktuell/feuilleton/forschung-und-lehre/schlechte-rechtschreibung-analphabetismus-als-ziel–13167836.html [letzter Zugriff: 12.2.2015]

Netzwerk Leichte Sprache (2013): Die Regeln für Leichte Sprache. URL: http://www.leichtesprache.org/downloads/Regeln%20fuer%20Leichte%20Sprache.pdf [letzter Zugriff: 7.2.2015]

NZZ 2014 = »Schlimmer als Realsatire«. Interview mit Rainer Bremer. In: Neue Zürcher Zeitung (8.9.2014). URL:http://www.nzz.ch/wissenschaft/bildung/schlimmer-als-realsatire-1.18378993 [letzter Zugriff: 12.2.2015]

Ogden, Charles K. (1934): The System of Basic English. New York: Harcourt, Brace and Company.

Pöpsel, Frank (6.11.2013): »Wer kennt diesen Mann?« In: Focus Money, Nr. 46/2013. URL: http://www.focus.de/finanzen/news/money-inside-wer-kennt-diesen-mann_aid_1149778.html [letzter Zugriff: 12.2.2015]

Sakaguchi, Alicja (1998): Interlinguistik: Gegenstand, Ziele, Aufgaben, Methoden. Frankfurt a. M. u. a.: Lang.

Seitz, Simone (2014): »Leichte Sprache? Keine einfache Sache«, in: Aus Politik und Zeitgeschichte. 64. Jg., Heft 9–11/2014, 3–6.

Susanne Gross

Regeln und Standards für leicht verständliche Sprache

Ein Rundblick

Entstehung

Dieser Artikel beschäftigt sich mit Konzepten für leicht verständliche Sprache, wie wir sie heute unter Begriffen wie »Leichte Sprache«, »Leicht Lesen« oder »Einfache Sprache« finden. Der Ursprung dieser Konzepte ist in der Behindertenselbsthilfe zu suchen. Sie entstanden aus den Bemühungen um gleichberechtigte Teilhabe, Selbstbestimmung und Selbstvertretung von Menschen mit einer sogenannten »geistigen Behinderung« und Lern- sowie Leseschwierigkeiten.

Bereits im Jahr 1974 entstand in Schweden die Idee, eine Zeitung für diesen Personenkreis herauszugeben. Es dauerte allerdings noch 10 Jahre, bis die Idee verwirklicht werden sollte. 1984 erschien dort die Wochenzeitung »8 Sidor« (8 Seiten) in einer einfachen Sprache (lättläst). Die Zeitung erscheint bis heute.

Zeitgleich entwickelte sich in Amerika die Selbstvertretungsbewegung *People first*. Ihre Vertreterinnen und Vertreter lehnen die Bezeichnung »geistige Behinderung« als diskriminierend ab und sprechen stattdessen von Menschen mit Lernschwierigkeiten. Dadurch drücken sie ihre Sicht auf Behinderung aus: Zuerst soll der Mensch in seiner Gesamtheit gesehen werden und erst an zweiter Stelle die kognitive Einschränkung.

Der Begriff »Lernschwierigkeiten« soll auch vermitteln, dass die betroffenen Menschen durchaus etwas lernen können, dabei aber eben mehr Schwierigkeiten haben als andere. Die Vertreterinnen und Vertreter dieser begrifflichen Definition führen an, dass der Begriff »Lernschwierigkeiten« ein Kontinuum von leicht bis äußerst schwer in sich vereinen kann und den positiven Aspekt der Entwicklung in sich trägt, während der Begriff »geistige Behinderung« keine Entwicklungsperspektive aufzeigt.

People first setzte sich von Anfang an dafür ein, dass Menschen mit Lernschwierigkeiten jenen ohne Lernschwierigkeiten in der Gesellschaft gleichgestellt sind, dass sie ihre Rechte kennen und dass sie Entscheidungen selbstbestimmt treffen können.

Der barrierefreie Zugang zu Informationen wurde und wird in diesem Zusammenhang als Schlüssel zur gesellschaftlichen Teilhabe und Selbstbestimmung gesehen. Die meisten der bis dahin vorhandenen Informationen waren für diese Bemühungen um gesellschaftliche Teilhabe aber nicht geeignet. Sie waren zu kompliziert und unverständlich.

1990 wurde in den USA mit dem »Americans with Disabilities Act« ein umfassendes Gesetz gegen Diskriminierung behinderter Menschen verabschiedet, es bildete auch die rechtliche Basis für den Abbau von Informationsbarrieren mittels »easy-to-read«. Easy-to-read-Informationen von Behörden und öffentlich-rechtlichen Stellen gehören in den USA schon seit Jahrzehnten zum selbstverständlichen Teil der Kommunikation mit Bürgerinnen und Bürgern.

Das schwedische lättläst-Konzept war von Beginn an nicht nur auf Menschen mit Lernschwierigkeiten fokussiert, es zielt ähnlich dem Plain Language-Ansatz aus dem Vereinigten Königreich (UK) auf alle Menschen mit Leseschwierigkeiten. Plain Language wird als allgemeine Umgangssprache von Behörden und öffentlichen Institutionen gefordert, gemeint ist eine Vereinfachung der Sprache auf »Alltagssprachenniveau«. Neben den »Easy to read«-Erfahrungen aus den USA boten »Lättläst« in Schweden und »Plain Language« im UK wertvolle Know-how-Quellen für die Entwicklung von Konzepten für leicht verständliche Sprache in Deutschland und Österreich.

Der europäische Dachverband »Inclusion Europe« begann auf Basis der Erfahrungen in den USA, UK und Skandinavien mit der Publikation von Easy-to-read-Texten und verbreitete Ende des letzten Jahrhunderts erste Tipps und Leitfäden für die Gestaltung von Texten für Menschen mit Lernschwierigkeiten in den verschiedenen Sprachen seiner Mitglieder, unter anderem auch in deutscher Sprache.

Inclusion Europe ist eine Vereinigung von Behindertenhilfe- und Selbstvertretungs-Organisationen für Menschen mit Lernschwierigkeiten und ihre Familien in Europa. Zu Inclusion Europe gehören beispielsweise viele Organisationen der Lebenshilfe in Deutschland und Österreich. Die Aufgabe von Inclusion Europe ist das Lobbying für die Rechte von behinderten Menschen auf europäischer Ebene.

Der deutschsprachige Raum

Der deutschsprachige Raum hinkte dem angloamerikanischen und skandinavischen Kultur- und Sprachenkreis hinterher. Erst ganz zu Ende des letzten Jahrhunderts begannen die ersten Gruppen und Organisationen in Deutschland und Österreich zeitgleich mit der Entwicklung von Konzepten und Methoden für die Erstellung von leicht verständlicher Information. Es waren dies die Selbstvertretungsgruppe »Mensch zuerst« aus Kassel in Deutschland und der Verein atempo in Österreich. In der Schweiz beginnt das Thema erst seit der Ratifizierung der UN-Konvention 2014 langsam Fuß zu fassen. Dabei orientiert man sich an den bestehenden Konzepten und Erfahrungen aus Deutschland und Österreich.

Mensch zuerst – People First

In den Jahren 1997 bis 2001 gab es in Deutschland das Bundesmodellprojekt:
»Wir vertreten uns selbst!«. Aus diesem Modellprojekt folgte die Gründung des
»Netzwerks People First Deutschland Mensch zuerst« in Kassel. »Mensch zuerst« ist
eine Vereinigung für die Selbstvertretung von Menschen mit Lernschwierigkeiten und
wird ausschließlich von Menschen mit Lernschwierigkeiten selbstbestimmt und in
Eigenverantwortung geführt. Menschen ohne Lernschwierigkeiten arbeiten nur in
assistierenden Rollen mit. Im Rahmen des Modellprojekts wurde unter anderem die
Forderung nach verständlicher Sprache als wesentliche Voraussetzung für ein gleich-
berechtigtes Leben in der Gesellschaft laut. »Mensch zuerst« gab in der Folge unter
dem Label »Leichte Sprache« das erste »Wörterbuch für Leichte Sprache« heraus.
Ein Werk, das vor allem in Deutschland von vielen Organisationen und Personen
aufgegriffen und bei der Erstellung verständlicher Informationen für Menschen mit
Lernschwierigkeiten genutzt wurde.

atempo – capito

Ende 2000 gründete sich in Österreich der Verein »atempo zur Gleichstellung von
Menschen«. Der Verein identifizierte für sich drei wesentliche Handlungsfelder, um
Gleichstellung von Menschen mit Behinderungen zu befördern, unter anderem den
barrierefreien Zugang zu Information und Umwelt. atempo definiert sich als inklusiv
organisiertes Sozialunternehmen, dessen Besonderheit darin liegt, dass im Unternehmen Menschen mit und ohne Lernschwierigkeiten und Behinderungen arbeitsrechtlich
gleichgestellt zusammenarbeiten, um Produkte und Dienstleistungen zu entwickeln, die
im freien Markt bestehen können, also nicht dauerhaft von Förderungen abhängig sind.
    atempo entwickelte die Methode »capito« mit dem Ziel, barrierefrei zugängliche
und leicht verständliche Information für verschiedene Zielgruppen anzubieten. Die
Entwicklung der Methode wurde vom österreichischen Sozialministerium unterstützt.
Ziel der Unterstützung war es, die Methode so weit zu professionalisieren, dass sie als
Dienstleistung den fachlichen Ansprüchen öffentlicher Behörden, vor allem bei der
Kommunikation von Inhalten mit rechtlicher Relevanz, genügen kann. atempo wählte
die Bezeichnung »Leicht Lesen« in Entsprechung zu »easy-to-read«, man wollte damit die Aufmerksamkeit auf die Aktivität des Empfängers beziehungsweise der Emp-
fängerin lenken.

Lebenshilfe

Unter den verschiedenen Organisationen und Verbänden für Menschen mit Lernschwierigkeiten engagierte sich vor allem die Lebenshilfe schon in den Entstehungs-
jahren für leicht verständliche Sprache, und zwar sowohl in Deutschland als auch in
Österreich. Während die Lebenshilfe in Österreich sich vor allem gesellschaftspoli-
tisch und in der Qualitätsverbesserung der inneren Organisation und Kommunikation
für leicht verständliche Sprache stark machte, begannen Lebenshilfe-Organisationen
in Deutschland sehr bald mit der Einrichtung sogenannter »Büros für leichte Sprache«
als Dienstleistungsanbieter am Markt. Hier sei stellvertretend für viele das Büro der
Lebenshilfe Bremen genannt, welches zu den ersten Anbietern von Übersetzungen in
»Leichte Sprache« in Deutschland zu zählen ist.

Leicht verständliche Sprache in der Schweiz

In der Schweiz setzt sich der grünliberale Politiker Peter Fischer seit mehreren Jahren für
barrierefreie Information und eine »Einfache Sprache« ein. Peter Fischer, aufgrund mul-
tipler Sklerose selbst von Behinderungen im gesellschaftlichen Leben betroffen, gründete
2014 den Verein »einfache sprache schweiz«. Der Verein will sich um die Einführung
und Qualitätssicherung von Dienstleistungen für leicht verständliche Sprache kümmern
und bietet Übersetzungsdienstleistungen an. Mittlerweile sind auch erste Dienstleister
aus dem Kreis der Behindertenorganisationen, beispielsweise Pro Infirmis, Wohnwerk
Basel, als Anbieter am Markt tätig. Neben diesen Dienstleistungsorganisationen beschäftigen sich in der Schweiz auch Hochschulen intensiv mit der Thematik »leicht verständliche Sprache« und tragen ihre Expertise zur Adaptierung der bestehenden Konzepte im
deutschsprachigen Raum auf Schweizer Verhältnisse und Bedürfnisse bei.

Netzwerke im deutschsprachigen Raum

Netzwerk Leichte Sprache

Im Jahr 2006 entstand in Deutschland das »Netzwerk Leichte Sprache«. In ihm haben sich aktuell 30 aktive Mitglieder, meist Einrichtungen der Behindertenhilfe oder
Anbieter von Übersetzungsleistungen, zusammengeschlossen. Die aktiven Mitglieder
stammen aus den Ländern Deutschland und Österreich. Aus der Schweiz, Luxemburg
und Italien kommen fördernde Mitglieder hinzu.[1]

---

1   www.leichtesprache.org Stand: April 2015

Das Netzwerk Leichte Sprache setzt sich für einen Rechtsanspruch auf Informationen in »Leichter Sprache« ein und dient dem Austausch der Mitglieder zur Weiterentwicklung von Konzept und Methodik. Es steht für einen bestimmten Qualitätsanspruch für »Leichte Sprache«, welcher in sogenannten »Regeln für Leichte Sprache« definiert und verbreitet wird.

Netzwerk capito

Im capito Netzwerk sind ausschließlich Organisationen Mitglied, die sich an den Qualitätsstandard der capito Methode halten und sich auch den damit verbundenen übergeordneten Prüf- und Kontrollprozessen unterziehen. Aktuell sind dies 45 Organisationen aus Deutschland und Österreich.[2]

Das capito Netzwerk unterscheidet zwischen Organisationen, die als professionelle Anbieter von Dienstleistungen für barrierefreie Information auftreten und Organisationen, die die capito Methode für interne Kommunikationsprozesse und Informationen an ihre eigenen primären Kundinnen und Kunden nutzen. Erstere sind Social-Franchise-Partner im Netzwerk, Letztere sogenannte Qualitätspartner. Die beiden Partnertypen unterscheiden sich auch hinsichtlich ihres finanziellen und personellen Beitrags an der Weiterentwicklung der Methode, welche in der Hauptsache von den eng im Netzwerk zusammenarbeitenden Social-Franchise-Partnern getragen wird.

Das capito Netzwerk dient neben dem Austausch und der Qualitätssicherung der gemeinsamen Forschung und Weiterbildung, es wird von atempo als Social-Franchise-Geberin koordiniert.

Rechtliche Grundlagen

Während in den USA schon seit 1990 auf der Basis des » Americans with Disabilities Act« leicht verständliche Informationen angeboten und umgesetzt wurden, dauerte die rechtliche Entwicklung im deutschsprachigen Raum noch eine ganze Weile länger.

Behindertengleichstellungsgesetze

Im Jahr 2000 wurde von der EU ein allgemeiner Rahmen für die Verwirklichung der Gleichbehandlung in Beschäftigung und Beruf festgelegt.[3] Auf nationaler

---

2   www.capito.eu Stand: April 2015
3   Vgl. EU-Richtlinie 2000/78/EG

Ebene wurden diese Richtlinien umgesetzt in den Behindertengleichstellungsge-
setzen.

Im Jahr 2002 wurde in Deutschland das Behindertengleichstellungsgesetz (BGG)
verabschiedet. Es hat zum Ziel »die Benachteiligung von behinderten Menschen zu
beseitigen und zu verhindern sowie die gleichberechtigte Teilhabe von behinderten
Menschen am Leben in der Gesellschaft zu gewährleisten und ihnen eine selbstbestimmte Lebensführung zu ermöglichen« (Bundesministerium der Justiz 2002). Das
Gesetz verpflichtet durch den § 10 öffentliche Träger dazu, bei der Gestaltung von
Bescheiden und ähnlichen Schriftstücken eine Behinderung von Menschen zu berücksichtigen. Auf dieses Gesetz gründet sich die Forderung nach Bescheiden in leicht
verständlicher Sprache.

Das österreichische Bundes-Behindertengleichstellungsgesetz (BGStG) ist seit
2006 in Kraft und in vielen Punkten identisch mit dem deutschen BGG. Auf Basis
dieses Gesetzes ist Information so zu gestalten, dass Menschen mit Behinderungen
keine Diskriminierung erfahren. Das österreichische Bundes-Behindertengleichstellungsgesetz liegt in einer leicht verständlichen Fassung (Leicht Lesen nach capito
Qualitätsstandard, Stand 2008) vor.

Gesetze und Verordnungen für Barrierefreiheit im Internet

Das österreichische E-Government-Gesetz fordert Barrierefreiheit von Websites öf-
fentlich-rechtlicher Institutionen entsprechend den Richtlinien der »Web Accessibility Initiative« (WAI). Obschon diese Richtlinien im Wesentlichen die Zugänglichkeit
von Websites auf technischer Ebene sichern, wird auch die bestmögliche Verständlichkeit der Inhalte für die Nutzerinnen und Nutzer einer Website gefordert. Auf die
Informationsbarrieren für Menschen mit Lernschwierigkeiten oder niedrigem Bildungsstand wird hierbei aber nicht gesondert eingegangen. Sie werden in der Praxis
auch wenig berücksichtigt.

Die deutsche »Verordnung zur Schaffung barrierefreier Informationstechnik nach
dem Behindertengleichstellungsgesetz« (BITV) geht hier weiter und fordert explizit
die Bereitstellung von leicht verständlichen Texten für Menschen mit Lernschwierigkeiten auf allen öffentlichen Websites. In der Praxis findet man aufgrund dieser
Verordnung mittlerweile eine Reihe von öffentlichen Websites mit Hinweisen und
Inhalten in leicht verständlicher Sprache.[4]

---

4   http://www.bundesverfassungsgericht.de/DE/Service/LeichteSprache/leichtesprache_node.html

UN-Behindertenrechtskonvention

In dem von Deutschland, Österreich und der Schweiz ratifizierten und damit rechtsgültigen Übereinkommen der Vereinten Nationen über die Rechte von Menschen mit Behinderung kann man an verschiedenen Stellen Grundlagen für die Forderung nach leicht verständlicher Sprache finden.

Zum Beispiel im Artikel 2 (Begriffsbestimmungen). Dort wird beim Begriff »Kommunikation« die Forderung nach Verständlichkeit explizit eingeschlossen.

Auch im Artikel 9 (Zugänglichkeit) wird ausgesprochen, dass geeignete Maßnahmen getroffen werden müssen, um Menschen mit Behinderung einen gleichberechtigten Zugang zu Informationen zu ermöglichen.[5]

Die Konvention enthält im Originaltext die Forderung, diese auch in leicht verständlicher Sprache und barrierefrei in der jeweiligen Landessprache zur Verfügung zu stellen. Eine Forderung, die in Deutschland und Österreich auch umgesetzt wurde.

Erweiterung der Zielgruppe

Ursprünglich wurden die in Österreich und Deutschland angewandten Konzepte und Methoden für leicht verständliche Sprache für die Zielgruppe »Menschen mit Lernschwierigkeiten« entwickelt. Verständliche Sprache wird als fundamentale Voraussetzung für Selbstbestimmung und die Wahrnehmung der eigenen Rechte dieses Personenkreises angesehen und gefordert.

Somit waren die Themenbereiche der Texte in leicht verständlicher Sprache zunächst vorwiegend im Lebensumfeld von Menschen mit Lernschwierigkeiten zu finden. Sie umfassten in größerem Umfang die Rechte und Pflichten von Menschen mit Behinderung. Gesellschaftliche Prozesse finden fast ausschließlich über Sprache statt. Eine Teilhabe an der Gesellschaft setzt somit dringend eine sprachliche Teilhabe voraus.

Neben Menschen mit Behinderung können auch weitere Zielgruppen von Informationen in einer leicht lesbaren und verständlichen Sprache profitieren. Zum Beispiel funktionale Analphabetinnen und Analphabeten, Menschen mit einem niedrigen Bildungsabschluss oder Menschen, deren Muttersprache nicht Deutsch ist.

Spätestens seit der Veröffentlichung der LEO – Level-One Studie der Uni Hamburg – ist deutlich geworden, dass ein großer Teil der erwachsenen Personen in

---

5   Vgl. Übereinkommen der Vereinten Nationen über die Rechte von Menschen mit Behinderungen

Deutschland große Probleme beim Lesen, Schreiben und Verstehen hat.[6] Dies be-
denkend versuchen die Vertreterinnen und Vertreter der verschiedenen Konzepte und
Methoden für leicht verständliche Sprache auch Zielgruppen außerhalb des Personenkreises »Menschen mit Behinderungen« und deren Informationsbedürfnissen gerecht
zu werden.

Regelwerke für leicht verständliche Informationen

Der Begriff der »Leichten Sprache« ist durch keine wissenschaftlich fundierte Definition abgesichert. Es handelt sich bei dem dahinterstehenden Konzept um ein vorwiegend praxisorientiertes Modell. Unter »Leichter Sprache« wird eine besonders vereinfachte Sprachform verstanden, durch die eine bessere Verständlichkeit von Texten
erreicht werden soll. Als weiteres wesentliches Element der »Leichten Sprache« gilt,
dass Informationen in »Leichter Sprache« von Menschen mit Lernschwierigkeiten
geprüft werden.

In den Anfangszeiten der »Leichten Sprache« wurde schnell deutlich, dass es bestimmte Regeln und Richtlinien geben muss, um die Verbreitung von Texten in einer
bestimmten Qualität zu fördern. Den Autorinnen oder Übersetzerinnen sollte etwas
in die Hand gegeben werden, an dem sie sich orientieren können.

Auch wenn diese Handreichungen oft als »Richtlinien« bezeichnet wurden, waren
sie vielmehr Praxisleitfäden mit Empfehlungscharakter für Anwenderinnen und Anwender aller Art.

Der Begriff »Einfache Sprache« ist ebenso wie jener der »Leichten Sprache« aus
praxisorientiertem Handeln entstanden. Hier war es vor allem der aus den Niederlan-
den kommende »Spaß am Lesen Verlag«, der sich vor dem Hintergrund der Proble-
matik »Funktionaler Analphabetismus« für »Einfache Sprache« stark macht. Gemeint
sind Texte in einfacher Alltagssprache, ohne Fachausdrücke und komplizierte Formulierungen, die Menschen mit Leseschwierigkeiten das Lesen und Leben erleichtern
sollen. Im Gegensatz zum Konzept der »Leichten Sprache« ist im deutschsprachigen
Raum kein eigenes Regelwerk für »Einfache Sprache« definiert, auch wird für Informationen in »Einfacher Sprache« keine Prüfung durch Zielgruppen oder durch Menschen mit Lernschwierigkeiten verlangt. Es wird daher in diesem Kapitel nicht mehr
weiter auf das Konzept »Einfache Sprache« eingegangen.

---

6   Vgl. Grotlüschen /Riekmann 2011: leo. – Level-One-Studie

IFLA

Die ersten internationalen Richtlinien für leicht verständliche Texte, die »Guidelines for Easy to Read Materials«, wurden 1997 von der *International Federation of Library Associations (IFLA)* entwickelt und veröffentlicht.

Bei der *IFLA* handelt es sich um einen Verband von bibliothekarischen Vereinen und Institutionen. Sein Ziel ist es, die Qualität von Bibliotheks- und Informationsdiensten zu fördern und weiterzuentwickeln. Er fördert auch einen freien Zugang zu Informationen und vertritt die Interessen des Bibliotheks- und Dokumentationswesens im Allgemeinen.

Die Forderung nach Texten in einem »Easy-to-read«-Format sind bei der *IFLA* nicht in dem Wunsch nach gleichberechtigter Teilhabe am Leben in der Gesellschaft begründet , sondern in der Erkenntnis, dass bestimmte Lesergruppen die Informationen in den Büchereien nicht verstehen können.

ILSMH

Im Jahr 1998 folgten die »Europäischen Richtlinien für die Erstellung von leicht lesbaren Informationen für Menschen mit geistiger Behinderung« der Europäischen Vereinigung von *International League of Societies for Persons with Mental Handicaps (ILSMH)*. Diese europäischen Richtlinien bildeten eine erste Basis für die Regelwerke im deutschsprachigen Raum.

Die ILSMH, kurz »*Inclusion International*«, ist eine Lobbyingorganisation für weltweit 50 Millionen Menschen mit einer (von ILSHM so genannten) geistigen Behinderung, ihre Familien und Angehörigen. Sie wurde 1960 von Vertretern der Elternschaft von Menschen mit einer geistigen Behinderung, Freunden und Fachpersonen gegründet und vertritt 173 Mitgliedsorganisationen in 109 Ländern auf allen fünf Kontinenten. *Inclusion International* hat das Ziel, die Rechte und Interessen von Menschen mit geistiger Behinderung zu verteidigen. Der europäische Zweig der ILSHM firmiert seit den 1990er-Jahren als Inclusion Europe.

Inclusion Europe

In den Jahren 2007 bis 2009 führte *Inclusion Europe* gemeinsam mit 9 Organisationen aus verschiedenen europäischen Ländern das von der Europäischen Union geförderte Projekt »Pathways – Wege zur Erwachsenenbildung für Menschen mit Lernschwierigkeiten« durch. Ziel des Projekts war es, auf der Basis des kleinsten gemeinsamen Nenners aller teilnehmenden Länder praxisorientierte Regelungen zu definieren, um

Informationen für Menschen mit Lernschwierigkeiten leicht verständlich zu gestalten.[7] Als Vertreterinnen der deutschsprachigen Länder fungierten atempo aus Österreich und das Büro für Leichte Sprache der Lebenshilfe Bremen.

Die in diesem Projekt entstandenen »Europäischen Regeln« sollten dazu dienen, leicht verständliche Sprache in Europa zu verbreiten und möglichst vielen Anwenderinnen und Anwendern eine Handreichung für die Erstellung leicht verständlicher Informationen für Menschen mit Lernschwierigkeiten zu bieten. Fachliche Basis dieser »Europäischen Regeln« ist der Wissens- und Erfahrungsstand der beteiligten Projektpartner aus den Jahren 2007 bis 2009.

Ratgeber für »Leichte Sprache«

Im Jahr 2013 entwickelten die Mitglieder des *»Netzwerks Leichte Sprache«* gemeinsam mit dem deutschen Bundesministerium für Arbeit und Soziales einen Leitfaden mit dem Titel: »Leichte Sprache – Ein Ratgeber«. Im Vorwort des Ratgebers weist die damalige Bundesministerin Frau von der Leyen ausdrücklich darauf hin, dass mit diesem Ratgeber die Verbreitung der »Leichten Sprache« unterstützt werden soll. Vorrangig wendet er sich an Mitarbeiterinnen und Mitarbeiter von deutschen Bundesbehörden und die öffentliche Verwaltung. Er beinhaltet »nützliche Regeln und viele praktische Tipps, wie man Fachsprache vereinfachen kann«.[8]

Eine Besonderheit dieses Ratgebers ist, dass er sich neben den Regeln für Texte in »Leichter Sprache« auch mit Regeln für Tagungen beschäftigt. Außerdem gibt es einen kurzen Beitrag dazu, was bei Texten im Internet zu beachten ist.

Gemeinsamkeiten und offene Fragen

Bei allen vorhandenen und oben angeführten Regelwerken sind grundlegende Gemeinsamkeiten festzustellen. Die Regelwerke enthalten:

- Regeln zur Sprache (z.B. kurze Sätze, aktive Sprache)
- Regeln zur Rechtschreibung (z.B. zusammengesetzte Wörter können durch einen Bindestrich getrennt werden)
- Regeln zum Textinhalt (z.B. Fremdwörter vermeiden, schwierige Wörter erklären)
- Empfehlungen zur Gestaltung (z.B. Schrift, Verwendung von Bildern)

---

7   Inclusion Europe 2008: »Informationen für alle – Europäische Regeln, wie man Informationen leicht lesbar und leicht verständlich macht«

8   Vgl. Bundesministerium für Arbeit und Soziales (Hg.) 2013: »Leichte Sprache – Ein Ratgeber«

– Prüfung der fertigen Texte durch mindestens eine Person mit Lernschwierigkeiten.

Zielgruppe sind Menschen mit Lernschwierigkeiten. Es gibt keine speziellen Konzepte für weitere Personenkreise.

Die Regelwerke bieten einen gewissen Rahmen für das Erstellen von leicht verständlichen Texten. Oft sind dabei die Regeln als Empfehlungen definiert. Sie sind zum Teil nicht eindeutig und lassen viel Interpretationsspielraum zu.[9]

Ihr Vorteil: Auch ungeübte Autorinnen und Autoren können sich damit schnell orientieren und ihr Empfehlungscharakter erleichtert und fördert ihre Verbreitung.

An diesem Punkt wird aber auch deutlich, dass hier noch etwas fehlt. Es stellen sich verschiedene Fragen wie zum Beispiel:

– Wie können die unterschiedlichen Anforderungen der Zielgruppen auf Basis der Regeln berücksichtigt werden?
– Sind diese Texte dann für alle Zielgruppen gleichermaßen geeignet?
– Zum Beispiel auch für blinde und sehbehinderte Menschen?
– Wie kann man erkennen, für welche Zielgruppe der Text konzipiert ist?
– Wie kann sichergestellt werden, dass die Information tatsächlich für die jeweilige Zielgruppe zugänglich ist und verstanden wird?
– Können Auftraggeberinnen und Auftraggeber Einfluss nehmen auf die textliche beziehungsweise inhaltliche Gestaltung?
– Wie können Auftraggeber erkennen, welchen Anforderungen ihr Text entspricht?
– Wie kann eine gleichbleibende Qualität der Texte gesichert werden?

Die Antworten auf diese Fragen sind bei den vorher beschriebenen Regelwerken nicht eindeutig. Da es keine eindeutigen Regeln dazu gibt, liegt die Verantwortung bei den Übersetzerinnen oder Übersetzern. Sie können sich zwar an den Regelwerken orientieren, aber ihre Erfahrungen, ihr Können und ihre Interpretationen haben einen ebenso großen Einfluss auf die Gestaltung der Texte.

Die Frage der Qualitätskontrolle und Qualitätssicherung wird aber spätestens dann schlagend, wenn öffentliche Stellen involviert sind, sei es als empfehlende Institution, sei es als Auftraggeberin, die öffentliches Steuergeld sorgsam zu verwalten und Beauftragungen für Dienstleistungen und Produkterstellung fachlich zu vertreten hat.

---

9   Vgl. Julia Kuhlmann (2013) : »Ein sprachwissenschaftlicher Blick auf das Konzept der Leichten Sprache« Masterarbeit für den Studiengang Germanistik, Westfälische Universität Münster

Vom unverbindlichen Regelwerk zum professionellen Qualitätsmanagement

Solange es das Ziel der Vertreterinnen und Vertreter leicht verständlicher Sprache war und ist, auf breiter Basis Menschen für das Recht auf diese zu sensibilisieren und ein Grundverständnis für Informationsbarrieren in der Gesellschaft aufzubauen, bilden allgemein zugängliche einfache und praxisbezogene Regeln und Empfehlungen eine wirksame Verbreitungsmethode.

Für die professionelle Erbringung von Kommunikations- und Informationsdienstleistungen wird es aber auf Dauer notwendig sein, ein Mindestmaß an Qualitätsmanagement zu gewährleisten, wie es für seriöse Dienstleister und deren Geschäftsbeziehungen vorausgesetzt werden kann. Dazu gehören die Komponenten Qualitätsdefinition, Qualitätsentwicklung und Qualitätssicherung. Diese sind auch unbedingte Voraussetzung für die Vergabe von Gütesiegeln. Ohne Qualitätskontrolle auf Basis definierter Qualitätskriterien ist ein Gütesiegel faktisch wertlos im Hinblick auf seine Aussage zur Qualität eines Produkts.

Ein Qualitätsstandard definiert eine Mindestqualität in Bezug auf die Beschaffenheit eines Produktes oder das Ergebnis einer Dienstleistung und die dafür notwendigen Prozesse. Selbstverständlich kann jeder Anbieter von Dienstleistungen für die Erstellung leicht verständlicher Texte oder Informationen seine unternehmensspezifische Qualität definieren, weiterentwickeln und intern kontrollieren.

Organisationsübergreifender Qualitätsstandard

Vereinbaren mehrere nicht hierarchisch oder durch Eigentumsverhältnisse miteinander verbundene Unternehmen ein gemeinsames übergeordnetes Qualitätsmanagement, so kann man von einem *Qualitätstandard* sprechen. Ein solcher Qualitätsstandard muss transparent aufzeigen, auf welche Kriterien Wert gelegt, wie deren Erfüllung gewährleistet, also die Sicherung beziehungsweise Kontrolle derselben durchgeführt wird, und wer hierfür die Verantwortung trägt.

Für Konsumentinnen und Konsumenten sind Qualitätsstandards wertvoll, da diese Informationen darüber geben, welche Qualität von einem Anbieter erwartet werden kann, der sich einem bestimmten Qualitätsstandard unterwirft. Können sich mehrere wirtschaftlich eigenständige Unternehmen für eine bestimmte Dienstleistung oder ein bestimmtes Produkt auf einen gemeinsamen Qualitätsstandard verständigen, hat dies für die Konsumentinnen und Konsumenten den Vorteil, dass sie zwischen verschiedenen Anbietern wählen und gleichzeitig ein bestimmtes Qualitätsversprechen einfordern können.

Qualitätsstandards im deutschsprachigen Raum

Wie stellt sich nun die Situation hinsichtlich der Qualitätssicherung von Dienstleistungen für leicht verständliche Sprache im deutschsprachigen Raum dar?

Das »capito Netzwerk« arbeitet seit dem Jahr 2010 auf Basis eines öffentlich zugänglichen Qualitätsstandards. Dieser wird jährlich angepasst und auf der Website des Netzwerks als Download zur Verfügung gestellt.[10]

Auch das »Netzwerk Leichte Sprache« setzt in jüngerer Zeit Bestrebungen, die »Regeln für Leichte Sprache« als strikte Handlungsanweisung für den Qualitätsanspruch an »Leichte Sprache« im Sinne eines Qualitätsstandards zu definieren und durchzusetzen. So wurden neben den bekannten Regeln auch neue Regelungen für den Übersetzungs- und Prüfungsprozess sowie die Zusammenarbeit mit den Auftraggebern in das Regelwerk aufgenommen.[11]

Ohne die beiden Qualitätstandards im Detail vorstellen zu wollen, sollen im nächsten Kapitel einige Gemeinsamkeiten und Unterschiede aufgezeigt werden.

Verfügbarkeit und Zugänglichkeit

Beide Qualitätsstandards sind als Downloads auf den Websites der Netzwerke öffentlich zugänglich. Der Qualitätsstandard des »Netzwerks Leichte Sprache« ist unter der Bezeichnung »Qualitäts-Regeln für Leichte Sprache« verfügbar, jener des capito Netzwerks als »Der capito Qualitäts-Standard plus der Jahreszahl«. Die »Qualitäts-Regeln für Leichte Sprache« sind sehr leicht verständlich verfasst und bebildert.

Der »capito Qualitäts-Standard« weist ein schwierigeres Textniveau auf, laut den Verantwortlichen ist das gewählte Niveau für geübte Alltagsleserinnen und Alltagsleser geeignet, Fachbegriffe werden erklärt. Der capito Qualitäts-Standard ist auch für Menschen mit einer Sehbehinderung oder blinde Menschen barrierefrei zugänglich.

Inhalte und Qualitätskriterien

Beide Qualitätsstandards definieren Qualitätskriterien für die Zusammenarbeit mit Auftraggeberinnen und Auftraggebern und die Vergabe von Gütesiegeln. Ebenso informieren beide Qualitätsstandards über die Möglichkeit der Vergabe von Gütesiegeln und die Bedingungen dafür. Beide Qualitätsstandards beziehen sich inhaltlich auf ein Regelwerk, das für die Vergabe eines Gütesiegels eingehalten werden muss. Im Falle der »Quali-

---

10   http://www.capito.eu/de/Angebote/Barrierefreie_Information/capito_Qualitaets-Standard/

11   http://leichtesprache.org/index.php/startseite/leichte-sprache/qualitaet

täts-Regeln für Leichte Sprache« bilden die »Regeln für Leichte Sprache« das inhaltliche Regelwerk, beim »capito Qualitäts-Standard« ist es der »capito Kriterienkatalog«.

Die »Regeln für Leichte Sprache«

Die »Regeln für Leichte Sprache« befassen sich mit den Rubriken

- Wörter
- Zahlen und Zeichen
- Sätze
- Texte
- Gestaltung und Bilder
- Prüfen

Diese Regeln werden von den Mitgliedern des »Netzwerks Leichte Sprache« aufgrund ihrer Erfahrungen festgelegt und sind auf der Website des »Netzwerks Leichte Sprache« öffentlich verfügbar. Sie fokussieren hauptsächlich auf das Texten und Gestalten von Informationen für den Druck oder für das Internet. Grundlage der »Regeln für Leichte Sprache« ist die Annahme, dass ein Text, der diesen Regeln entspricht, für alle Menschen gut ist.

Der »capito Kriterienkatalog«

Im Gegensatz dazu wird im capito Qualitätsstandard sehr großer Wert auf eine differenzierte Zielgruppenorientierung gelegt. capito spricht auch nicht von »Leichter Sprache«, sondern von »barrierefreier Information«, wobei Barrierefreiheit sowohl die Zugänglichkeit als auch die Verständlichkeit einer Information umfasst. Dabei geht capito davon aus, dass je nach Zielgruppe unterschiedliche Kriterien schlagend werden, also nicht *ein* bestimmter Regelsatz für alle Zielgruppen anwendbar ist, sondern je nach Zielgruppe unterschiedliche Kriterien zur Anwendung kommen müssen.

Die inhaltliche Basis bildet ein Kriterienkatalog, welcher laut den Verantwortlichen etwa 160 Kriterien umfasst. Diese Kriterien beziehen sich auf Informationsbarrieren aufgrund von Sehbehinderung, Blindheit, Hörbehinderung, Gehörlosigkeit, motorischer Behinderung, Lernschwierigkeiten, nicht deutscher Erstsprache und niedriger Schulbildung. Dementsprechend enthält er nicht nur Kriterien für Sprache und Gestaltung, sondern auch für verschiedene Medien, wie Videos, CDs usw., und befasst sich mit den Bereichen »Allgemeine Kriterien«, »Medium«, »Layout«, »Verständlichkeit«, »Bilder« und »Sprachkenntnisse«.

In Bezug auf die sprachliche Gestaltung wird in die drei Verständlichkeitsstufen A1, A2, B1 unterschieden, wobei A1 für besonders leichte Verständlichkeit steht. Verwendet werden auf dieser Stufe nur bekannte Wörter, besonders kurze Sätze und eine sehr einfache Grammatik. Die Information wird auf den wichtigsten Kern reduziert.

Informationen in der Verständlichkeitsstufe A2 sollen es Menschen mit Lernschwierigkeiten, niedrigem Bildungsstand oder niedriger Sprachkompetenzstufe ermöglichen, die wesentlichen Inhalte einer Information zu verstehen und danach richtig handeln zu können. Die Verständlichkeitsstufe B1 baut auf dem umgangssprachlichen Wortschatz des Alltags auf, Fachbegriffe werden vermieden oder erläutert. Die einzelnen 160 Kriterien sind nicht öffentlich verfügbar, zur Veranschaulichung wird im Dokument »Der capito Qualitäts-Standard« ein Auszug aus dem Kriterienkatalog gezeigt.

Je nach Zielgruppe und Zielsetzung einer Information werden unterschiedliche Kriterien angewandt, wie anhand des folgenden Beispiels, einer Informationsbroschüre zum Onlinebanking für Seniorinnen und Senioren, gezeigt wird. Es werden zunächst Kriterien für Menschen mit Sehbehinderung berücksichtigt (z.B. Kontraste, Schriftgröße). Außerdem werden Kriterien für Menschen mit einer motorischen Behinderung angewandt. Da Seniorinnen und Senioren mitunter Probleme mit der Feinmotorik haben, sollten die Seiten leicht umgeblättert werden können. Gedruckte Informationen sollten deshalb auch nicht auf zu dünnem Papier gedruckt werden. Da es sich beim Inhalt der Information für die meisten Seniorinnen und Senioren um ein schwieriges Thema handelt, werden die Kriterien für Verständlichkeitsstufe B1 eingehalten. Alle Fachbegriffe aus den Bereichen Internet und Onlinebanking müssen erklärt werden. Um auch Seniorinnen und Senioren mit niedriger Schulbildung oder eingeschränkten kognitiven Fähigkeiten Zugang zu den wesentlichsten Informationen zu bieten, werden zusätzlich die Kerninhalte der Broschüre auf der Verständlichkeitsstufe A1 zur Verfügung gestellt und mit Illustrationen unterstützt.

Die Prüfprozesse

Ziel beider Qualitätsstandards ist es, Informationsprodukte zu schaffen, die für die Zielgruppe verständlich sind. Zusätzlich sollen Produkte nach dem capito Qualitäts-Standard auch für die jeweilige Zielgruppe barrierefrei zugänglich sein. Wie wird nun überprüft, ob diese Ziele tatsächlich erreicht werden?

Die »Qualitäts-Regeln für Leichte Sprache« geben hierzu an, dass jedes Informationsprodukt auf die Einhaltung der »Regeln für Leichte Sprache« überprüft wird. Zusätzlich wird jedes Produkt von Menschen mit Lernschwierigkeiten überprüft. Es ist nicht weiter angegeben, ob diese Prüfung mit einer oder mehreren Prüfpersonen durchgeführt wird. Eine Überprüfung auf barrierefreie Zugänglichkeit abseits der »Regeln für Leichte Sprache« ist im Qualitätsstandard für »Leichte Sprache« nicht vorgesehen.

Im capito Qualitäts-Standard wird ebenso eine Überprüfung auf Basis des Kriterienkatalogs durchgeführt. Diese Prüfung schließt Kriterien für barrierefreie Zugänglichkeit entsprechend der Zielgruppen mit ein. Zuvor wird jedoch die inhaltliche Richtigkeit der übersetzten Information aus der Sicht des Auftraggebers festgestellt. Die Prüfung der Verständlichkeit wird mit einer Prüfgruppe von mindestens drei Personen aus der vorher vereinbarten Zielgruppe durchgeführt. Bei der Auswahl der Personen für die Prüfgruppe wird auf eine repräsentative Zusammensetzung geachtet, die der Zielgruppe entspricht. Zum Beispiel: Alter, Geschlecht, Bezug zum Thema und Interesse am Thema. Somit ist gewährleistet, dass die Vorerfahrungen und das Vorwissen zu einem bestimmten Thema Berücksichtigung finden. Die Prüfgruppe wird von einer speziell geschulten Person moderiert, die nicht an der Erstellung der Information beteiligt war.

In beiden Qualitätsstandards ist eine umfassende Dokumentationspflicht bezüglich der Prüfprozesse vorgesehen.

Verbindlichkeit und Verantwortlichkeit

Grundsätzlich ist in beiden Qualitätsstandards die jeweilige Anwenderin oder der Anwender für die Einhaltung desselben verantwortlich. Auch wird die Herausgeberschaft in beiden Fällen deutlich gemacht.

Während aber im Fall der »Qualitäts-Regeln für Leichte Sprache« offen bleibt, wie die für die Sicherung des Standards notwendige Kontrolle umgesetzt wird beziehungsweise wer die Verantwortung hierfür trägt, übernimmt im Fall des capito Qualitäts-Standards die Herausgeberin auch die Verantwortung für die Weiterentwicklung und Kontrolle des Qualitätsstandards. Hierzu schreibt die Herausgeberin, dass regelmäßig einzelne Produkte nach dem Zufallsprinzip ausgewählt und von einem Kontrollgremium nochmals überprüft werden.[12] Zudem wird Im capito Qualitäts-Standard informiert, bei wem eine Auftraggeberin oder ein Auftraggeber sich im Falle der Nichteinhaltung dieses Qualitätsstandards beschweren kann.

Externe Prüfung und Zertifizierung

Im Sinne des Konsumentenschutzes sind jene Qualitätsstandards am wertvollsten, die von einer öffentlich anerkannten Institution für die Zertifizierung von Qualitäts-

---

12   capito Barrierefreiheit (Januar 2015): CFS Consulting, Franchise & Sales GmbH, S. 12, 13.

standards zertifiziert werden und deren Einhaltung von dieser regelmäßig überprüft wird. Die externen Zertifizierungsstellen übernehmen dabei die Aufgabe, zu überprüfen, ob die im Qualitätsmanagement vorgesehenen Prozesse tatsächlich geeignet sind, die versprochene Qualität zu erreichen und ob diese Prozesse gemäß den Vorgaben umgesetzt werden. Salopp gesagt, übernehmen die Prüforgane die Aufgabe, anstelle des Konsumenten nachzuschauen, ob ein Qualitätsstandard im Sinne eines seriösen Qualitätsmanagements hält, was er verspricht, oder ob dieser eher im Reich des Marketings beziehungsweise der Werbung zu verorten ist.

Aktuell (April 2015) kann nur das capito Netzwerk einen extern geprüften Qualitätsstandard vorweisen.[13] Die Zertifizierung des capito Qualitäts-Standards erfolgte laut TÜV-Urkunde im Dezember 2012, seitdem wurde jährlich eine Überprüfung des Qualitätsmanagements durchgeführt.

Logos und Gütesiegel

Logos und Gütesiegel haben unterschiedliche Aussagekraft. Ein Logo repräsentiert und kennzeichnet ein bestimmtes Produkt. Es dient dazu, die Identität des Benutzers darzustellen, um einen Wiedererkennungseffekt zu unterstützen. Ein Logo enthält an sich keine Aussagen zur Qualität. Durch die Anmeldung und Eintragung beim Patentamt kann ein Logo zu einer Marke werden. Dann ist es auch ein Markenzeichen. Ein besonderes Merkmal von Gütesiegeln ist, dass damit auch eine Aussage über die Qualität eines Produkts oder einer Dienstleistung gemacht wird. Es gibt viele Logos und Gütesiegel im Bereich der leicht verständlichen und barrierefreien Information. Hier sollen – ohne Anspruch auf Vollständigkeit – einige vorgestellt und kurz beschrieben werden.

Dieses Logo von *Mensch zuerst* wurde übernommen aus einem Hilfsmittel des Bundesmodellprojekts »Wir vertreten uns selbst«. In seiner ursprünglichen Form wurde es als rote Karte verwendet. Menschen mit Lernschwierigkeiten zeigten die rote Karte, wenn sie bei Vorträgen eine Infor-

Abbildung 1: Logo von »Mensch zuerst«

Abbildung 2: Logo von Inclusion Europe

---

13 Vgl. Zertifikat TÜV Austria Nr TA-ZP–12012; www.capito.eu http://www.capito.eu/de/Angebote/ Barrierefreie_Information/capito_Qualitaets-Standard/

mation nicht verstanden. Die rote Karte stellte gleichzeitig die Forderung dar, die Information so zu gestalten, dass sie verstanden wird.

Dieses Logo ist von Inclusion Europe entwickelt worden. Jeder Mensch, der sich an bestimmte Bedingungen hält, kann das Logo für sein Produkt verwenden: Das Material muss nach den »Europäischen Regeln, wie man Informationen leicht lesbar und leicht verständlich macht«, dem Ergebnis aus dem EU-Projekt Pathways (2007 bis 2009) von Inclusion Europe, erstellt werden.[14] Zudem muss mindestens eine Person mit Lernschwierigkeiten das Informationsprodukt prüfen und verstehen. Zwei Exemplare der Information müssen an Inclusion Europe geschickt werden. Inclusion Europe will ein Exemplar für die eigene Bibliothek aufbewahren und das zweite den Mitgliedern zur Verfügung stellen. Das Logo kann von der Webseite von Inclusion Europe kostenlos heruntergeladen werden, wobei Inclusion Europe es sich vorbehält, bei massiven Zweifeln an der Qualität des Produkts die Erlaubnis zur Verwendung des Logos zu entziehen.[15] Inclusion Europe bietet im Internet auch die Möglichkeit, einen Text online zu prüfen, ob er leicht verständlich ist. Es wird ausdrücklich darauf hingewiesen, dass der Onlinecheck nicht die Prüfung durch Menschen mit Behinderung ersetzt.

Die Universität Hildesheim bietet »wissenschaftliche Prüfungen« von Texten mittels nicht näher erläuterten linguistischen Analysen und einer »Verständlichkeits-Software« an. Für Zielgruppenprüfungen von Informationen in »Leichter Sprache« werden Menschen eingesetzt, die von Geburt an gehörlos sind.

Abbildung 3: Prüfsiegel der Universität Hildesheim

Seit November 2014 gibt es beim »Netzwerk Leichte Sprache« ein neues Gütesiegel. Die Verwendung des Gütesiegels ist an die »Qualitäts-Regeln für Leichte Sprache« gebunden. Das Gütesiegel darf nur von aktiven Mitgliedern des »Netzwerks Leichte Sprache« vergeben werden.

Abbildung 4: Gütesiegel des Netzwerks Leichte Sprache

Die Gütesiegel des capito Netzwerks dürfen von dessen Partnern für Informationsprodukte vergeben werden, wenn sie dem »capito Qualitäts-Standard« entsprechen. Ihre Bedeutung ist im Qualitätsstandard erläutert. Sie sind Teil der geschützten Marke »capito«, welche dem gemeinnützigen Verein »atempo« gehört.

---

14   Siehe Kapitel »Regelwerke für leicht verständliche Informationen«
15   http://www.inclusion-europe.com/etr/en/european-logo

Abbildung 5 : Gütesiegel des capito Netzwerks

Gütesiegel sollen also anzeigen, dass eine bestimmte Güte sichergestellt wurde. Es ist aber nicht immer leicht, zu erkennen, ob ein Gütesiegel diese Anforderung tatsächlich erfüllen kann, welche Güte also das Gütesiegel selbst hat. Der deutsche Bundesverband der »Verbraucher-Initiative« nennt hierfür vier Kriterien: Anspruch, Unabhängigkeit, Kontrolle und Transparenz.

Anspruch

Hier geht es um die Frage, ob die inhaltlichen Kriterien für die Vergabe eines Gütesiegels überhaupt geeignet sind, die versprochene Qualität oder das versprochene Ziel zu erreichen. Besonderer Wert wird dabei auf die Frage gelegt, wie alt der Erkenntnisstand der angewandten Kriterien oder Richtlinien ist und ob neue Erkenntnisse darin regelmäßig eingearbeitet werden. Wichtig ist auch, ob ein Qualitätsstandard überhaupt so gestaltet ist, dass er für eine Weiterentwicklung grundsätzlich geeignet ist.

Die fachlich-inhaltliche Güte der Regeln und Kriterien der einzelnen Gütesiegel wird in anderen Beiträgen dieses Sammelbandes diskutiert. Grundsätzlich kann man aber davon ausgehen, dass jene Gütesiegel und Logos, die auf Qualitätsstandards beruhen, welche laufend weiter entwickelt werden, eher dem Anspruch an gute Qualität genügen können als andere.

Es ist auch nicht unwichtig, zu wissen, welche *fachlichen* Voraussetzungen eine Anwenderin oder ein Anwender für die Vergabe eines Gütesiegels erfüllen muss. Hierzu macht nur der capito Qualitäts-Standard eine Aussage, wo eine positiv bestandene Prüfung als Voraussetzung für eine Partnerschaft im capito Netzwerk und die Berechtigung zur Vergabe der Gütesiegel genannt wird.[16]

In den »Qualitäts-Regeln für Leichte Sprache« wird für Anwenderinnen und Anwender, die das Gütesiegel auf der Basis der Qualitätsregeln vergeben, die *aktive Mitgliedschaft* im »Netzwerk Leichte Sprache« und Mitarbeit im Netzwerk als Voraussetzung genannt.

---

16   capito Qualitäts-Standard, Seite 7

Unabhängigkeit

Bei diesem Kriterium geht es einerseits um Abhängigkeiten der Kriterienentwickler, der Vergabeberechtigten der Gütesiegel (die »Zeichennehmer«) und derjenigen, die über die Berechtigung zur Vergabe (die »Zeichengeber«) entscheiden, untereinander. Sind beispielsweise die sogenannten »Zeichengeber« von den »Zeichennehmern« existenziell abhängig, werden sie möglicherweise bei der Kontrolle nicht besonders streng sein. Ebenso werden sich Menschen schwer tun, einen eigenen, gegebenenfalls konträren Standpunkt in einem Kriterien-Entwicklungsprozess zu vertreten, wenn sie von anderen in der Gruppe stark abhängig sind.

Zusätzlich sollten bei der Entwicklung der Kriterien unabhängige, kompetente Menschen oder Stellen hinzugezogen werden. Neben der damit erreichten besseren Fachlichkeit wird dann auch »Group-Think« vermieden. Dass man also nicht merkt, wenn man am Bedarf der Kundinnen und Kunden vorbei denkt und entwickelt. Besonders wichtig ist in diesem Zusammenhang, dass die Einhaltung der Kriterien beziehungsweise des Qualitätsstandards von einer unabhängigen Stelle, die dafür anerkannt ist, geprüft wird.

In Bezug auf dieses Qualitätskriterium kann also zwischen Gütesiegeln unterschieden werden, die von einzelnen Organisationen vergeben werden und von *keiner* anderen Stelle auf Korrektheit überprüft werden, und solchen, die irgendeine Art von Kontrollmechanismus vorsehen. Am stärksten können jene Gütesiegel diesem Anspruch gerecht werden, deren Praxis bei der Vergabe des Gütesiegels von *externen*, unabhängigen Stellen zertifiziert und regelmäßig kontrolliert wird. [17]

Kontrolle

Überhaupt ist Kontrolle naturgemäß ein wichtiger Punkt, wenn es um die Sicherung der Qualität eines Gütesiegels geht. Dabei geht es nicht nur darum, in welcher Form das Produkt, welches ein Gütesiegel bekommen soll, geprüft wird, sondern dass es auch zum Prozess der Vergabeberechtigung sinnvolle Prüfkriterien und Kontrollen gibt. So sind Gütesiegel, deren Vergabe sich eine Organisation quasi selbst erlaubt, eher in den Bereich der Logos einzuordnen, weil dabei jedes externe Korrektiv im Vergabeprozess fehlt.

Aber auch Gütesiegel, deren Vergabe eigentlich kaum kontrollierbar ist, wie beispielsweise bei einem frei verfügbaren Gütesiegeldownload, können kaum Sicherheit für die Kundin oder den Kunden bieten. Denn die Kontrolle beschränkt sich hier auf eine bloße Selbsteinschätzung und freiwillige Einhaltung der Vergabekriterien.

---

17   Vgl. Zertifikat TÜV Austria Nr TA-ZP–12012

Gütesiegel sollten auf eindeutige, für Kundinnen und Kunden nachvollziehbare Vergabekriterien aufbauen. Kontrolle soll stattfinden und sicherstellen, dass Anwenderinnen und Anwender, die das Gütesiegel vergeben, obwohl die Qualität nicht den Prüfkriterien entspricht, entdeckt werden. Außerdem sollte es Sanktionsmöglichkeiten bis hin zum Entzug der Vergabeberechtigung geben.

Transparenz

Nicht zuletzt gehört es zu einem qualitätsvollen Gütesiegel, dass die Vergabekriterien und Verfahren sowie die Kontrollprozesse transparent sind. Dies bedeutet, dass sie öffentlich und kostenlos zugänglich sein sollen, wie es bei den Qualitätsstandards der beiden vorgestellten Netzwerke, aber auch bei den Richtlinien von Inclusion Europe der Fall ist.

Außerdem soll klar nachvollziehbar sein, was das Ziel der Qualitätsvorgaben ist und wer hinter dem Gütesiegel steht. Gütesiegel sollten auch eindeutig erkennbar und nicht mit anderen Gütesiegeln verwechselbar sein. Im Besonderen sollten sie sich nicht an anderen schon gut eingeführten oder mit hoher Reputation belegten Gütesiegeln »anlehnen«.

Fazit

Hinter den Konzepten für »leicht verständliche Sprache« oder »Leichte Sprache« steht die Bemühung der Selbstvertretungsbewegung von Menschen mit Lernschwierigkeiten und Behinderung, die Zugänge zu gesellschaftlicher Teilhabe zu verbessern. Nationale Gleichstellungsgesetze und die UN-Konvention für die Rechte für Menschen mit Behinderungen verschafften diesem Anliegen zusätzliche Legitimation und Schubkraft.

Im deutschen Sprachraum wurde dabei rund um das Jahr 2000 eine Entwicklung nachvollzogen, die im angloamerikanischen Raum und in Skandinavien schon Jahre zuvor eingesetzt hatte. Treibende Kräfte dabei sind das Netzwerk »Leichte Sprache«, das sein Angebot speziell auf Menschen mit Lernschwierigkeiten ausrichtet, und das »capito Netzwerk«, das zusätzlich mit seiner Differenzierung nach verschiedenen Sprachniveaus auch noch andere Zielgruppen anspricht.

Beide Netzwerke haben ihre Regelwerke für die Erstellung von leicht verständlicher Information zu Qualitätsstandards weiterentwickelt. Beide Netzwerke kennzeichnen Texte, die diesen Standards entsprechen, mit eigenen Gütesiegeln. Qualitätsstandards und Gütesiegel von capito sind vom TÜV[18] zusätzlich extern zertifiziert und damit qualitätsgesichert.

---

18 Ebd.

Welche Regeln gibt es eigentlich für »Leichte Sprache«?

Susanne Gross

Zusammenfassung in leicht verständlicher Sprache

Leicht verständliche Sprache oder »Leichte Sprache«
kommt aus der Selbstvertretungsbewegung
von Menschen mit Lernschwierigkeiten und Behinderung.
Leicht verständliche Sprache soll dabei helfen,
dass Menschen mit Lernschwierigkeiten und Behinderung
besser an unserer Gesellschaft teilhaben können.

Es gibt mittlerweile auch einige Gesetze
für die Gleichstellung von Menschen,
die leicht verständliche Informationen verlangen.
Und auch die UNO-Konvention über die Rechte
von Menschen mit Behinderungen
fordert Informationen in leicht verständlicher Sprache.

Dadurch wird leicht verständliche Sprache immer wichtiger.

In Großbritanien, den USA und in Skandinavien
gibt es schon länger Bemühungen,
Informationen für alle Menschen verständlich zu machen.
Im deutschen Sprachraum gibt es diese Bemühungen
ungefähr seit dem Jahr 2000.
Besonders bemüht sind das Netzwerk Leichte Sprache
und das capito Netwerk.

Das Netzwerk Leichte Sprache bietet Informationen
speziell für Menschen mit Lernschwierigkeiten an.

Das capito-Netzwerk bietet verschiedene Schwierigkeitsstufen an
und arbeitet deshalb auch noch für andere Zielgruppen.
Zum Beispiel für Menschen, die wenig Übung beim Lesen haben
oder nicht gut Deutsch können.

Beide Netzwerke haben Regeln,
nach denen sie Informationen machen
und haben mittlerweile auch eine ganz bestimmte Arbeitsweise,
die eingehalten werden muss.

Die Arbeitsweise von capito wird außerdem
von einer außenstehenden Stelle überprüft.
Damit ist die Qualität der Arbeit gesichert.

Informationen, die nach den Regeln dieser Netzwerke
gemacht worden sind,
bekommen eigene Gütesiegel.

Übertragung in leicht verständliche Sprache von capito

Literatur

Bundesministerium für Arbeit und Soziales (Hg.) (2011): Übereinkommen der Vereinten Nationen über die Rechte von Menschen mit Behinderungen

Bundesministerium für Arbeit und Soziales (Hg.) (Juli 2013): Leichte Sprache – Ein Ratgeber

CFS Consulting, Franchise & Sales GmbH (Hg.): capito Barrierefreiheit (Januar 2015)

Europäische Vereinigung der ILSMH (1998): Sag es einfach http://www.webforall.info/wp-content/.../12/EURichtlinie_sag_es_einfach.pdf, Juni 1998

Grotlüschen, Anke; Riekmann, Wibke (2011): leo. – Level-One Studie Presseheft Universität Hamburg http://blogs.epb.uni-hamburg.de/leo/

Inclusion Europe (2008): Project Pathways I, Informationen für alle – Europäische Regeln, wie man Informationen leicht lesbar und leicht verständlich macht http://www.inclusion-europe.org

Gudrun Kellermann (2014): Leichte und Einfache Sprache – Versuch einer Definition, in: Aus Politik und Zeitgeschichte, 64. Jahrgang 9–11/2014, 24. Feb. 2014

Julia Kuhlmann (2013): Ein sprachwissenschaftlicher Blick auf das Konzept der »leichten Sprache«, Master-Arbeit für den Studiengang Master of Arts Germanistik, Westfälische Universität Münster

Mensch zuerst – Netzwerk People First Deutschland www.menschzuerst.de/

Netzwerk Leichte Sprache leichtesprache.org/

RICHTLINIE 2000/78/EG DES RATES (vom 27. November 2000) zur Festlegung eines allgemeinen Rahmens für die Verwirklichung der Gleichbehandlung in Beschäftigung und Beruf http://eur-lex.europa.eu/legal-content/DE/TXT/?uri=CELEX:32000L0078

Holger Schäfer (2012): Leichte Sprache – theoretische Herleitung und Handhabung in der Praxis, in: Lernen Konkret 02/2012 Themenheft zur Schülerzeitung

Marion Moser

Lesen verlernt – können Leicht Lesen-Texte ein Weg zurück sein?

Schon seit knapp 10 Jahren wird – in Österreich wie in Deutschland – die ansteigende Zahl an Analphabetinnen und Analphabeten aufgezeigt und der Ruf nach Alphabetisierungskampagnen in der Leseförderung von Jugendlichen immer lauter.

Die Universität Hamburg hat mit der Level-One-Studie[1] die bislang umfassendste Studie zu den Lesekompetenzen in Deutschland veröffentlicht. Mehr als 8000 Probandinnen und Probanden zwischen 15 und 64 Jahren haben an der Studie teilgenommen. Die Leo-Studie zeigt, dass Analphabetismus und funktionaler Analphabetismus weit verbreitet sind: 14,5 % in Deutschland, das sind 7,5 Millionen Menschen der erwachsenen Bevölkerung. Weniger als 1 % sind von wirklichem Analphabetismus betroffen. Diese Menschen können einzelne Wörter erfassen, aber eher fotografisch, sozusagen als Wortbild. Knappe 14 % sind sogenannte funktionale Analphabetinnen und Analphabeten. Ihre Lesekompetenzen sind minimal, sie bewegen sich auf der Stufe A1 auf der Globalskala des Europäischen Referenzrahmens für Sprachen[2]. Weiters zeigt die Studie, dass fast 26 % der erwachsenen Menschen sehr langsam und fehlerhaft lesen und nur unzureichend schreiben können.

Die PISA- und PIAAC-Studien der letzten Jahre haben die mangelnde Lesekompetenz von Jugendlichen und Erwachsenen unterstrichen und weisen auch auf die damit verbundenen mangelnden Bildungschancen hin, die wiederum mit dem sozioökonomischen Status der Familie zusammenhängen. Laut österreichischem Expertenbericht »PIRLS Lesekompetenz am Ende der Volksschule« ist die Familie die erste Bildungswelt und wichtigste Sozialisationsinstanz des Kindes[3].

Wenn wir Lesen und Schreiben in der Grundbildung nicht so automatisiert haben, dass wir diese Fähigkeiten ohne nachzudenken im Alltag anwenden, besteht die Gefahr, dass wir Lesen und Schreiben im Laufe unserer Entwicklung im Erwachse-

---

1 Vgl. Grotlüschen, A./Riekmann, W. (2012): Funktionaler Analphabetismus in Deutschland. Ergebnisse der ersten leo. – Level-One Studie, http://blogs.epb.uni-hamburg.de/leo/files/2014/01/9783830927754-openaccess.pdf, 16. Februar 2015.

2 Vgl. Goethe Institut. (2001): Gemeinsamer europäischer Referenzrahmen für Sprachen, http://www.goethe.de/z/50/commeuro/i8.htm, 01. Februar 2015.

3 Vgl. Suchan, B./Wallner-Paschon, C./Schreiner, C. (2006): PIRLS. Die Lesekompetenz am Ende der Volksschule – Österreichischer Expertenbericht. Leykam: Graz.

nenalter wieder verlernen und sich unsere Lesekompetenz verschlechtert. Die Folgen sind Probleme bei der gesellschaftlichen und politischen Teilhabe und der selbstbestimmten Handlungsfähigkeit sowie Orientierungslosigkeit in der autonomen Entscheidungsfindung. Schlecht lesen können hat auch Auswirkungen auf die soziale Sicherheit und die Gesundheit der Menschen. So birgt beispielsweise mangelnde Gesundheitskompetenz ein sechsmal höheres Risiko für Herzinfarkt oder ein dreimal höheres Risiko für Berufsunfähigkeit[4].

Wenn man sich die Ergebnisse der oben zitierten Studien bewusst macht, stellt man sehr schnell fest, welch große Bedeutung das Lesen in unserem Leben und in unserer Gesellschaft hat. Wer nicht gut lesen kann, ist schnell einmal draußen, in der Pflichtschule, in der Alltagskommunikation und im beruflichen Umfeld. In diesem Zusammenhang stellen sich jedoch auch ein paar Fragen: *Warum ist also das Lesen so wichtig? Lesen wir wirklich weniger oder schlechter oder hat sich unser Leseverhalten bloß verschoben? Und wenn wir Probleme beim Lesen haben, können Leicht Lesen-Texte sinnvoll in der Leseförderung eingesetzt werden?*

So vielseitig sich unsere Gesellschaft und unser Medienkonsum mit den Jahren verändert haben, mag es verlockend sein, schnell einmal die populären Erklärungsmuster für diesen Wandel zu bemühen: schlechte Schulen, mangelnde Zuwendung der Eltern und die Digitalisierung im Kindesalter. Etwas tiefer in die Literatur blickend, ist jedoch eine etwas breitere Auseinandersetzung mit der Thematik notwendig, um fundierte Antworten zu finden.

In diesem Artikel werden die Hintergründe dargestellt und die Lesekompetenzen von mehreren Perspektiven betrachtet. Am Schluss werden Leicht Lesen-Texte als mögliche Antwort für die Leseförderung von Menschen mit Leseschwierigkeiten vorgestellt.

Ist die lesende Familie der Beginn einer gesunden Lesekultur?

Wenn man an unsere ganz jungen Leserinnen und Leser denkt, ist wohl die Tatsache entscheidend, dass die Schule allein nur begrenzt für den Leseerfolg verantwortlich ist. So spielen die Herkunftsfamilie und die Öffentlichkeit eine wesentliche Rolle für ein positives Leseklima. Die Lesekultur in einer Familie, in der das Vorlesen schon im Kleinkindalter beginnt, stärkt die bewusste und selbstverständliche Beschäftigung mit Lesen als Freizeitaktivität.

---

4   Vgl. Groot, W./Maassen van den Brink, H. (2006): Stil vermogen, een onderzoek naar de maatschappelijke kosten van laaggeletterdheid. Amsterdam: Stichting Lezen en Schrijven.

Alle sozioökonomischen Faktoren wie Schulbildung, Beruf und Einkommen der Eltern haben einen direkten Einfluss auf die Lesefreude und die Lesehäufigkeit[5]. Die Vorbildwirkung der Erwachsenen stellt die Weichen für den automatisierten und willentlichen Umgang mit schriftlichen Texten und vermittelt eine positive Haltung gegenüber dem Lesen. Die berufliche Position der Eltern hat einen direkten Einfluss auf die Anzahl an Kinderbüchern und Büchern zuhause. Wenn Eltern erlebbares eigenes Interesse am Lesen haben, müssen Kinder nicht erst zum Lesen aufgefordert werden, sondern lesen aus der Vorbildwirkung der Eltern heraus. Kinder aus lesenden Familien bleiben auch eher Leserinnen und Leser als Kinder aus Familien, in der die Eltern selbst keine Freude am Lesen verspüren und vermitteln.

Auch die frühe Sprachförderung wirkt positiv auf das Lesevermögen der Kinder. Familienaktivitäten, die auf die gesprochene Sprache abzielen, tragen zu einer selbstverständlichen familiären Sprachkultur bei[6]. Bücher lesen und vorlesen, singen, Geschichten erzählen oder einfach nur die Gespräche am Mittagstisch fördern die Sprachkompetenz und geben den Kindern Sicherheit im Umgang mit Sprache.

Die Stiftung Lesen zeigte in der Studie »Lesesozialisation von Kindern in der Familie«[7] schon im Jahr 2009, dass 84 % der Eltern glauben, dass es für ein Kind wichtig ist, möglichst viel zu lesen. Jedoch nur 30 % der Eltern nehmen darauf konkreten Einfluss. Im Gegensatz dazu sagen 97 %, dass sie auf das Benehmen, 90 % auf Fernsehzeiten und 74 % auf die Computerzeiten ihrer Kinder bewusst achten. Daraus ergibt sich also der interessante Rückschluss, dass so viele Eltern wie nie zuvor sagen, dass Lesen für die Entwicklung ihrer Kinder wichtig ist, jedoch so wenige wie nie zuvor ihre Kinder tatsächlich fördern. Laut Studie funktionieren die Voraussetzungen für Leseförderung nur in 30 % der Familien. Können diese Mängel und Ungleichheiten durch die Schule kompensiert werden? Den Ergebnissen der PIRLS-Studie[8] zufolge ist man nach der derzeitigen Datenlage eher skeptisch, dass die Maßnahmen der Leseförderung in der Schule die Lesekompetenzen der Kinder stärken können.

Am Ende der Grundschule können die Niveaus im Lesevermögen von Schülerinnen und Schülern bereits sehr weit auseinander liegen. Denn hier erkennen Leseexpertinnen und -experten einen bedeutenden Wendepunkt, einen jungen Menschen beim

---

5 Vgl. Falschlehner, G. (2012): Österreichischer Buchklub der Jugend (Hg.). Family Literacy. Bestandsaufnahme von nationalen und internationalen Projekten. Druckerei des BMUKK: Wien.

6 Vgl. Falschlehner, G. (2012): Österreichischer Buchklub der Jugend (Hg.). Family Literacy. Bestandsaufnahme von nationalen und internationalen Projekten. Druckerei des BMUKK: Wien.

7 Vgl. Stiftung Lesen. (2009): Lesesozialisation von Kindern in der Familie. Untersuchung zur familiären Lese- und Mediensozialisation in Deutschland. Stiftung Lesen: Mainz.

8 Vgl. Suchan, B./Wallner-Paschon, C./Schreiner, C. (2006): PIRLS. Die Lesekompetenz am Ende der Volksschule – Österreichischer Expertenbericht. Leykam: Graz.

Weiterlesen begleiten zu können oder sie oder ihn an die Gruppe der Nichtlesenden zu verlieren. Die Interessen junger Menschen im Alter von 10 bis 14 Jahren sind vielseitig, so auch ihre Interessen an Lektüre. Wenn die individuelle Lesemotivation aufgrund der vorhandenen Themen nicht berücksichtigt wird, wird es mit zunehmendem Alter immer schwieriger, die jungen Erwachsenen zu motivieren, freiwillig einen Text oder ein Buch in die Hand zu nehmen.

Wenn also die Schule nicht kompensieren kann, was die Familie versäumte, welche Möglichkeiten stehen dann zur Verfügung? Die Überlegungen gehen in Richtung frühkindlicher Sprachförderung im Kindergarten, wo die sprachlichen Fähigkeiten schon im Vorschulalter festgestellt und gezielt gefördert werden können. Eine andere Möglichkeit setzt, wie eingangs erwähnt, in der so wichtigen Familie an. In Family-Literacy-Programmen wird durch Aufklärungsarbeit in den Familien das Anliegen der Bildungsgerechtigkeit forciert. Die soziale Praxis, das Lesen und Schreiben in bildungsfernen Familien und die Unterstützung leseschwacher Kinder stehen hier im Mittelpunkt. Family Literacy beginnt vor dem Schuleintritt des Kindes und begleitet es auch während des Schreib- und Leseerwerbs in der Grundschule[9]. Und besonders wichtig: Family Literacy bedeutet nicht nur Romane und Sachbücher zu lesen. Es setzt überall dort an, wo wir Lesen und Schreiben brauchen. Dazu gehört auch der vielfältige Umgang mit alltäglichen Dingen wie Zeitunglesen, Formulare ausfüllen, E-Mails schreiben, im Internet surfen, in einem Comic blättern, am Smartphone Fotos verschicken oder ins Theater gehen. Im Endeffekt all das, was Spaß macht und nicht mit erhobenem Zeigefinger und erzwungenem Lesen zu tun hat. Die Zielgruppe und die Entwicklungsstufe des Kindes stehen im Fokus der Leseförderung.

Welche Lesezielgruppen kennen wir und wie können wir für ein gutes Leseklima sorgen?

Leseschwache junge Menschen[10] mussten in aller Regel im Laufe ihres Lebens schon viele Misserfolge hinnehmen. Beim »Lesen nach Aufruf« die Zeile verloren und beim sogenannten »Fehlerlesen« gerade einmal einen Satz geschafft – da müssen wir ehrlich sein –, diese Art von Leseübung in der Schule kann für eine erfolgreiche Leseförderung nur demotivierend sein. Hingegen könnte das *stille Lesen,* im selbst gewählten Tempo und

---

9   Vgl. Falschlehner, G. (2012): Österreichischer Buchklub der Jugend (Hg.). Family Literacy. Bestandsaufnahme von nationalen und internationalen Projekten. Druckerei des BMUKK: Wien.

10 Vgl. Pitzer, H. (2006): Lesenetzwerk Oberösterreich. Was man mit Büchern alles machen kann, Projekt Lesefit, Unterrichtsmaterialien für Lehrer, Download nicht mehr möglich.

in einer wohlwollenden Atmosphäre, ein Schlüssel sein, das persönliche Lese- und Lebensgefühl zu finden. Das eigene Tempo können wir nur selbst herausfinden, egal in welchem Alter und in welcher Entwicklungsstufe. Gerade leseschwache Menschen lesen langsamer und gönnen sich Pausen. »Denn die *Lesegeschwindigkeit* steht nicht im Zusammenhang mit der *Lesequalität*, also ob wir sinnerfassend lesen oder nicht«[11]. Mit der eigenen Lesegeschwindigkeit entscheiden wir selbst, wann und wie wir dem Gelesenen nachspüren, ob wir Textstellen wiederholen, überspringen oder weiterdenken. So können wir unser Lesetempo unserem ganz natürlichen Lebenstempo anpassen. Das Fernsehprogramm ist zeitlich festgelegt, beim Lesen hingegen können wir selbst Ort und Zeit flexibel gestalten.

Begehen wir nicht den Fehler, Menschen mit nichtdeutscher Muttersprache vorschnell gleich wie lese- und lernschwache Menschen zu verstehen. Sowohl PISA als auch PIRLS[12] zeigen eindeutig, dass mangelnde Lesekompetenz in der Familie soziale und nicht ethnische Hintergründe hat.

Die Förderung der Erstsprache ist dabei entscheidend. Verfügen die Kinder in ihrer Erstsprache über genügend semantische und grammatikalische Strukturen, ist das Erlernen der Sprache und des Lesens auch in anderen Sprachen leichter. Das erklärt auch das Phänomen, dass Kinder mit Migrationshintergrund der dritten Generation bei Lesetests oft schlechter abschneiden als Kinder der ersten und zweiten Generation. In der Praxis bedeutet das, dass die schwindenden Kenntnisse der ursprünglichen Erstsprache auf die defizitären Deutschkenntnisse als Zweitsprache treffen. Das ernüchternde Ergebnis zeigt, dass die Kinder keine der Sprachen so richtig gut beherrschen[13].

Das Problem liegt also nicht an der Lesefähigkeit, sondern an der Sprache an sich. Deutschsprachige Texte sind für Menschen mit Migrationshintergrund nun einmal fremdsprachliche Texte. Und wir alle wissen, wie es sich anfühlt, Schritt für Schritt eine andere Sprache zu erlernen und sinnerfassend einzusetzen. Hier spielt vor allem die Länge des Textes eine Rolle. Kurze Texte erhöhen den Leseerfolg und das mündliche Besprechen von Inhalten hat zweifache Bedeutung. Es geht dabei nicht nur um die Sinnerfassung, sondern auch um das Anwenden der Schlüsselwörter.

Auch das *Geschlecht* spielt in der Lesetätigkeit eine bedeutende Rolle. Aus Untersuchungen weiß man, dass weibliche Leserinnen eher an fiktionalen Texten interessiert

---

11   Pitzer, H. (2006): Lesenetzwerk Oberösterreich. Allgemeine Bedingungen für die Leseförderung, Projekt Lesefit, Unterrichtsmaterialien für Lehrer, S. 4, Download nicht mehr möglich.

12   Suchan, B./Wallner-Paschon, C./Schreiner, C. (2006): PIRLS. Die Lesekompetenz am Ende der Volksschule – Österreichischer Expertenbericht. Leykam: Graz.

13   Vgl. Falschlehner, G. (2012): Österreichischer Buchklub der Jugend (Hg.). Family Literacy. Bestandsaufnahme von nationalen und internationalen Projekten. Druckerei des BMUKK: Wien.

sind, während männliche Leser eher sachbezogene Informationen bevorzugen[14]. So gehört also auch die Auswahl an Themen genauso zur zielgruppengerechten Leseförderung wie die Beschaffenheit des Textes.

Lesen als elementare Kulturtechnik?

Um überhaupt über Leseförderung und den damit prognostizierten Leseerfolg sprechen zu können, stellt man sich die grundsätzliche Frage, wie denn das Lesenlernen funktioniert. Wie lässt sich das Lesen als Prozess erklären und wie finden wir Gefallen daran?

Per Definition ist Lesen: »Geschriebenes, einen Text wahrnehmen und mit dem Verstand erfassen«[15]. Deutsch lesen bedeutet die Erkennung von Sprachsymbolen, also 26 Buchstaben an der Zahl. Die Buchstaben ergeben ein Wort und mehrere Worte eine Sinneinheit, also einen Satz. Mehrere sinnvoll zusammengesetzte Sätze ergeben einen Text, der verstanden wird[16]. Die Wahrnehmung nimmt dabei eine große Rolle ein. Wir nehmen nicht nur Buchstaben und Wörter wahr, sondern lesen auch durch die Interpretation von Bildern, Symbolen, Gerüchen oder Witterungsverhältnissen. Ein Beispiel: Wenn im Winter draußen der Wind weht, wissen wir, dass der Wind die Temperatur gefühlt kälter erscheinen lässt.

Die Folge: Wir packen vor dem Verlassen der Wohnung eine Kopfbedeckung ein. Lesen bedeutet also auch ein Wahrnehmen mit allen Sinnen, sonst könnten ja blinde Menschen gar nicht lesen.

Lesen in anderen Kulturen und Ländern funktioniert auch anders. Zum Beispiel müssen in der chinesischen Sprache Schriftzeichen als Bildzeichen entschlüsselt werden. Ein Prozess, der parallel zum Laut erfolgt. Lesen gilt also als Kulturtechnik und ist alles andere als natürlich gegeben. Ein Ausflug in die neuropsychologische Forschung zeigt, dass unser Gehirn grundsätzlich nicht für das Lesen gebaut ist. Lesen zu können ist eher das Ergebnis tausender Stunden Übung als »Höchstleistung neuronaler Informationsverarbeitung«[17].

Die Automatisierung der Lesefertigkeit passiert im Laufe des ersten Schuljahres. Positiverweise entsteht dabei Lesefreude. Fehlen aber die Erfolgserlebnisse, könnte

---

14   Vgl. Pitzer, H. (2006): Lesenetzwerk Oberösterreich. Was man mit Büchern alles machen kann, Projekt Lesefit, Unterrichtsmaterialien für Lehrer, Download nicht mehr möglich.

15   König, M. (o. J.): Neuropsychologische und entwicklungspsychologische Aspekte des Lesens, S. 1.

16   Vgl. Puchbauer-Schnabel, K. (2002): Die 111 besten Lern-Tipps. Öbv & hpt VerlagsgesmbH & Co. KG: Wien.

17   König, M. (o. J.): Neuropsychologische und entwicklungspsychologische Aspekte des Lesens, S. 1–2.

das Kind eine stockende Leserin oder Leser bleiben und die Freude am Lesen verlieren, die sie oder er nur ganz schwer im Laufe des Lebens wiedererlangen kann.

Die Voraussetzungen für das Lesen- und Schreibenlernen sind vielfältig. Eine gewisse Sensibilität für die Merkmale schriftlicher Texte und auch ein Verständnis dafür, was Lesen eigentlich bedeutet und wozu es notwendig ist, sind besonders wichtig. Ein Mangel an der phonologischen Bewusstheit wird von vielen Expertinnen und Experten als eine der Ursachen für Lernschwierigkeiten gesehen. Es wird dabei auch unterstrichen, dass Kinder nur dann vom Leseunterricht in der Schule profitieren können, wenn sie sich diese Fähigkeiten schon vor der Schule angeeignet haben, was das so oft zitierte Erfordernis der Family Literacy einmal mehr betont.

Im Rahmen von PIRLS wird der Begriff Lesekompetenz nicht nur durch das Leseverständnis oder die Leseleistung der Schülerinnen und Schüler definiert, sondern auch die motivierenden Merkmale wie die Einstellung zum Lesen (Lesefreude, Leseinteresse) und das Leseselbstkonzept (Einschätzung der eigenen Lesefähigkeiten). Diese Aspekte werden als zentrale Merkmale einer erfolgreichen Leseerziehung in der Familie und in der Schule hervorgehoben[18].

Wie hat sich das Lesen verändert?

Neben dem persönlichen Leseumfeld sollte auch das veränderte Medienumfeld näher betrachtet werden. So lesen Menschen anders als noch vor der Digitalisierung der Informationswelt. Grundlegend verändert hat sich unsere Fähigkeit zum Multitasking. Das selektive Lesen hat einen stärkeren Stellenwert als das konzentrierte Lesen. Wir kommen durch das bloße »Screenen« von Texten auf Webseiten, am Smartphone, am Tablet oder in den Tageszeitungen sehr schnell und oberflächlich zu Informationen, um am raschen Gesellschaftsleben teilhaben zu können. Wenn man es noch deutlicher ausdrücken möchte, lesen wir mehr informativ als belletristisch. In diesem Kontext nicht außer Acht lassen darf man auch den Einsatz der neuen Medien im Rahmen der Anschlusskommunikation durch E-Mails und Kurznachrichten. Wir haben quantitativ mehr Möglichkeiten zu lesen, müssen uns aber qualitativ entscheiden, was wir lesen möchten. Gerhard Falschlehner stellt daher fest, »wir lesen nicht weniger oder schlechter, sondern anders«[19]. Die Lesehäufigkeit und auch die Lesedauer von klassischen Büchern sinken zugunsten anderer Medien, was

---

18   Vgl. Suchan, B./Wallner-Paschon, C./Schreiner, C. (2006): PIRLS. Die Lesekompetenz am Ende der Volksschule – Österreichischer Expertenbericht. Leykam: Graz.

19   Falschlehner, G. (2014): Die digitale Generation. Jugendliche lesen anders. Ueberreiter: Wien.

aber keinen Einfluss auf die Verteilung der Leserinnen und Leser gegenüber früheren Generationen hat.

Daraus lässt sich schließen, dass wir die Leselektüre in der Förderung möglichst breit und realitätsnah aufstellen müssen. Denn wir lesen schon lange nicht mehr nur altbewährt ein Buch, in dem wir still Seite für Seite weiterblättern. Wir lesen auch am E-Reader oder ›lesen‹ Hörbücher, in dem wir uns Texte von einer wohlklingenden Stimme vorlesen lassen. Auch diese Möglichkeiten können in der Leseförderung sehr gut und gezielt eingesetzt werden.

Ist Family Literacy die Grundlage für die schulische Lesesozialisation?

Wie eingangs erwähnt, wird die Einbindung des Lesen- und Schreibenlernens im soziokulturellen Familienalltag in zahlreichen Studien als wesentlicher Beitrag zur Lesesozialisation bestätigt. Nationale und internationale Projekte zur Leseförderung können mittlerweile auch ihren Social Return on Investment (SROI) nachweisen und somit auf eine anerkannte Kennzahl verweisen. Folgt man dem britischen Booktrust, bringt gezielte Leseförderung dem Staat und der Öffentlichkeit das eingesetzte Geld mehrfach zurück. Der Booktrust legt das Verhältnis dafür mit 1:25 dar. Für jedes eingesetzte Pfund spart die englische Regierung demnach 25 Pfund an Folgekosten, die für Maßnahmen zur Kompensation der Lesekompetenzen infolge von Schulversagen und beruflichen Defiziten junger Menschen investiert werden müssen[20].

Eine eindrucksvolle Zahl, wenn staatliche Family-Literacy-Programme es wirklich schaffen, dort anzusetzen wo es nötig ist. Die erfolgreiche Umsetzung bedeutet die Einbindung von Erziehungsberechtigten aus dem familiären Umfeld wie Eltern, Großeltern, Verwandten und Lesepatinnen und -paten aus dem örtlichen Umfeld. Die soziale Praxis bedeutet aber auch gut ausgestattete Bibliotheken in den Gemeinden und Städten sowie Schulbibliotheken, die als zentrale Orte der sprachlichen Begegnung zum Verweilen einladen.

Im schulischen Bereich steht das fächerübergreifende Lesen[21] und Schreiben im Vordergrund der Programme. Schulbücher werden auf komplexe kompetenzorientierte Aufgabenstellungen hin adaptiert, und das Erlernen von Grammatik, Rechtschreiben und Lesen findet nicht nur im Deutschunterricht statt, sondern auch in

---

20   Vgl. Falschlehner, G. (2012): Österreichischer Buchklub der Jugend (Hg.). Family Literacy. Bestandsaufnahme von nationalen und internationalen Projekten. Druckerei des BMUKK: Wien.

21   Pitzer, H. (o. J.): Schlüsselkompetenz Lesen. Lesen in allen Unterrichtsgegenständen, http://www.vernetzteslesen.at/unterlagen/schluesselkompetenzlesen.html, 30. Jänner 2015.

anderen Fächern. Lesen und Verstehen bilden laut dem Gemeinsamen Europäischen Referenzrahmen für Sprache[22] eine Einheit. Der schriftliche und mündliche Spracherwerb gehören im Erwerb einer Fremdsprache zusammen, so auch in der Muttersprache.

Während in der Schule die Lehrperson entscheidet, welche Texte aus welcher Kompetenzstufe sich gut zum Lesen in verschiedenen Entwicklungsstufen eignen, stehen im außerschulischen Bereich zwar ebenfalls Materialen in Print- und Onlineversionen zur Verfügung, jedoch fehlt es oft an einer Entscheidungshilfe was die Qualität des Textes betrifft. Um als Lernende oder Lernender selbst einschätzen zu können, auf welcher Verständlichkeitsstufe man sich gerade befindet, kann in Sprach- oder Einstufungstests ausprobiert werden, wo man gerade steht. Lesematerialien können dann nach dem Testergebnis adäquat ausgewählt werden. Die Auswahl entsprechender Lesematerialien fällt umso leichter, wenn man sich schon als kompetente Leserin oder Leser wahrnimmt.

Dies sollte nicht nur bei gezielt ausgewählten Lesematerialien geschehen, sondern vor allem auch in der Alltagskommunikation möglich sein. Da könnte zum Beispiel ein Mietvertrag oder die Gebrauchsanweisung des Küchengeräts leichter verständlich getextet sein und wir hätten alle weniger Mühen beim Lesen und Verstehen.

Ein konkretes Fallbeispiel dafür, dass es auch lange nach der Schulzeit möglich ist, lesen zu lernen, entstammt der Erfahrung aus einer Ausbildung zur Peer-Qualitätsbeauftragten in Baden Württemberg.[23] Eine Ausbildungsteilnehmerin mit Lernschwierigkeiten schaffte es zur Überraschung ihrer bisherigen Betreuerinnen, lesen zu lernen, obwohl sie bis dato schon zahlreiche erfolglose Versuche dazu hinter sich hatte. Einige wenige Faktoren waren diesmal anders als sonst: die starke Eigenmotivation, durch die Ausbildung eine interessante und bezahlte Arbeit zu bekommen; das Erkennen, dass Lesekenntnisse diese berufliche Chance massiv erhöhen würden und die Gelegenheit, anhand von Schulungsunterlagen im Leicht Lesen-Format die neue Fertigkeit auf einem passenden Sprachniveau zu entwickeln, und das zugleich anhand von Lesestoff, dessen unmittelbare Relevanz für den angestrebten Beruf auch für die betreffende Person klar erkennbar war.

Eine Chance für einen Orientierungsrahmen sind Leicht Lesen-Texte. So hätten wir konkrete Möglichkeiten der Anschlusskommunikation. Denn wie schon eingangs erwähnt, verhält es sich beim Lesen anders als beim Fahrradfahren. Einmal als Kind

---

22   Vgl. Goethe Institut. (2001): Gemeinsamer europäischer Referenzrahmen für Sprachen, http://www.goethe.de/z/50/commeuro/i8.htm, 1. Februar 2015.

23   Quelle: mündlicher Bericht zur nueva Ausbildung für Peer-Qualitätsbeauftragte in Stuttgart; April 2015.

erlernt, können wir auch im späteren Leben mit dem Fahrrad fahren, auch wenn wir dies nicht täglich tun. Beim Lesen ist es nicht so. Wenn wir nicht laufend in der Anwendung stehen und üben, können wir das Lesen auch wieder verlernen.

Können Leicht Lesen-Texte dazu beitragen, Lust am Lesen (wieder) zu gewinnen?

Leicht Lesen ist eine Bezeichnung für Texte, die leicht verständlich für Menschen mit Lern- und Leseschwierigkeiten sind. Sie unterstützen damit die Barrierefreiheit von Informationen. Leicht Lesen-Texte werden dem Ansatz von capito folgend in Anlehnung an den Gemeinsamen Europäischen Referenzrahmen für Sprachen in unterschiedlichen Verständlichkeitsstufen zur Verfügung gestellt und richten sich in ihrem Niveau und Erscheinungsbild an Erwachsene[24].

Die am leichtesten verständliche Stufe ist A1. Hier werden nur bekannte Wörter verwendet, die Sätze sind besonders kurz, die Grammatik sehr einfach und nur die wichtigste Aussage wird vermittelt. Häufig wird nicht nur auf Textebene informiert, sondern auch mit Fotos, Tönen und Filmen. Informationen auf der Stufe A1 sind für fast alle Menschen verständlich. Informationen auf der Stufe A2 sind ausführlicher. Sie ermöglichen den Leserinnen und Lesern sich mit einem Thema so weit auseinanderzusetzen, dass die wesentlichen Konsequenzen verstanden werden.

Anwendungsbeispiele dafür sind etwa Bescheide oder Arbeitsanweisungen. Übersetzungen auf der Stufe B1 bauen auf Vorwissen oder dem Wortschatz geübter Alltagsleserinnen und Alltagsleser auf. Sie vermeiden jedes »Fachchinesisch«. Sie sind daher überall dort zu finden, wo es darum geht, Nichtfachleute zu informieren.

Exkurs: Das Feuerwehrbeispiel

Der Ausgangstext (auf Sprachniveau B2) entstammt den Sicherheitsanweisungen einer Baumarktkette: »Die 4 m breite Feuerwehrzufahrt sowie der Reversierplatz für das Feuerwehrfahrzeug sind in jedem Fall freizuhalten. Es darf auch kurzfristig keine Ware in diesem Bereich gelagert werden.«

Auf Verständlichkeitsstufe B1 sieht der Text so aus:

---

24   capito. (2015): http://www.capito.eu.

»Feuerwehr-Zufahrt:
Die 4 Meter breite Feuerwehr-Zufahrt
muss immer freigehalten werden.
Auch der Reversierplatz,
den das Feuerwehrfahrzeug zum Umdrehen benötigt,
muss immer freigehalten werden.
Es darf dort niemals etwas abgestellt
oder gelagert werden –
auch nicht für kurze Zeit.«

Und auf der Verständlichkeitsstufe A2 so:

»Die Feuerwehr-Zufahrt:
Bei allen Märkten gibt es
eine 4 Meter breite Feuerwehr-Zufahrt.
Außerdem gibt es einen Platz,
auf dem das Feuerwehr-Fahrzeug
leicht umdrehen kann.
Dieser Platz heißt »Reversierplatz«.
Dieser Platz und die Feuerwehr-Zufahrt
müssen immer freigehalten werden!
Es darf dort niemals etwas abgestellt
oder gelagert werden.
Auch nicht für kurze Zeit.«

Sowohl der Text auf B1 als auch jener auf A2 werden zusätzlich mit dem Foto eines Halte- und Parkverbotsschildes mit Zusatztafel »Feuerwehrzufahrt, Halteverbot« illustriert. Denn genau so sieht die Beschilderung vor Ort tatsächlich aus.

In beiden Beispielen hat der Text nun eine Überschrift, die sagt, worum es hier geht, nämlich um eine Feuerwehrzufahrt. Aus 4 m sind nun 4 Meter geworden. Lange zusammengesetzte Hauptwörter werden mit Bindestrich getrennt, das Wort Reversierplatz wird erklärt, die Zeilenumbrüche werden früher gesetzt, der Schriftgrad ist (in der Originalversion) größer. Aber: die Sätze sind noch immer sehr lang und es gibt Nebensätze.

Auf A2-Niveau hat die Feuerwehrzufahrt nun einen Artikel vorangestellt bekommen. Eine große Hilfe für Menschen, die erst Deutsch lernen, denn am Artikel erkennen sie schnell, dass es sich um ein Hauptwort handelt. Der Schachtelsatz für den Reversierplatz ist aufgelöst. Der Begriff Reversierplatz wird genauer erklärt. Und auch der letzte Satz wurde vom Gedankenstrich befreit. Die Sätze sind gekürzt.

Das ist nun schon für sehr viele Menschen sehr leicht verständlich. Aber nun ist der Text auch sehr lang geworden.

Ist Lernen keine Intention des Textes, sondern will dieser vielmehr als bloße Handlungsanweisung funktionieren, dann empfiehlt sich nach dem capito Stufenmodell ein A1 Text (wieder mit Foto des Hinweisschildes):

»Dieser Platz ist für die Feuerwehr.
Hier darf nie etwas stehen.«

Der Text beschränkt sich in diesem Fall auf den Kern der Botschaft. Zielgruppen-orientierte und situationsadäquate Aufbereitung heißt in diesem Fall: Man muss nicht lernen, was ein Reversierplatz ist, um die Regel einhalten zu können, dass man hier nichts hinstellen darf. Im Gegenteil, diese Zusatzinformation erschwert es, den Kern zu erfassen.

Ginge es hier aber um eine Bildungsmaßnahme, etwa um einen Text der Feuerwehrschule für angehende Brandschutzbeauftragte, dann wäre der Reversierplatz wichtig und gehörte zum Text dazu. (Exkurs Ende)

Texte, die entsprechend den Schwierigkeitsstufen A1, A2, B1 aufbereitet sind und von Menschen mit Lernschwierigkeiten auf Verständlichkeit geprüft wurden, können mit dem Gütesiegel für Leicht Lesen gekennzeichnet werden. Das Leicht Lesen-Gütesiegel wurde 2012 vom TÜV Austria zertifiziert. Durch das Kenntlichmachen von Texten im Print- und Onlinebereich kann auf den ersten Blick die Auswahl des Textes nach der richtigen Verständlichkeitsstufe erleichtert werden. Das Wesentliche dabei ist, dass die Leserin oder der Leser selbst entscheidet, auf welcher Stufe man einsteigt; eine Steigerung nach positivem Erfolgsverlauf ist dadurch möglich.

Bildlich vorstellbar wird Leicht Lesen durch das capito Stufenmodell. Im Sinne dieses Stufenmodells ist es auch möglich, einen Text so aufzubauen, dass man auf Stufe 1 beginnt und danach für alle, die weiter in die Materie einsteigen wollen, die Möglichkeit anbietet, in die nächsthöhere Stufe aufzusteigen. So können auch Menschen, die Probleme beim Lesen haben, Stück für Stück höher gehen. Dies ist eine Vorgehensweise, die sich besonders für Internetseiten anbietet.

Leicht verständlich geschriebene Texte im leicht lesbaren Layout können die Lesetechnik fördern, Wörter und Sätze Schritt für Schritt zu erlesen. Leicht Lesen-Texte können dazu beitragen, die Lesegenauigkeit und Leseflüssigkeit herzustellen, damit es in Folge wieder zur themenunabhängigen Lesesicherheit kommt.

Das Fazit dieses Artikels lautet somit: Verlorene Lesefähigkeit muss nicht zwingend auf Dauer verloren gegeben werden. Eine ausreichende Fülle von Informationen,

Lesen verlernt – können Leicht Lesen-Texte ein Weg zurück sein?

119

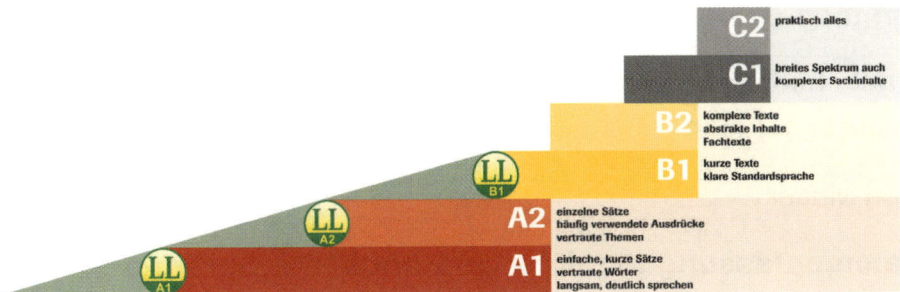

Abbildung 6: Das capito Stufenmodell

die der Zielgruppe und ihrer jeweiligen Verständlichkeitsstufe angepasst sind, kann einerseits die Funktion der Informationen gewährleisten und andererseits den Wiedererwerb von Lesekompetenz ermöglichen. Leicht Lesen-Texte können also die Lesemotivation und Leseleistung in jeder Alters- und Zielgruppe fördern und so einen wertvollen Beitrag zur Sprach- und Lesekompetenz leisten.

Wenn man das Lesen verlernt hat

**Können Leicht Lesen-Texte dabei helfen,
es wieder zu lernen?**

Marion Moser

Zusammenfassung in leicht verständlicher Sprache

Die Level One-Studie der Universität Hamburg hat gezeigt,
dass in Österreich und Deutschland immer mehr Menschen
Schwierigkeiten beim Lesen haben.

Dieser Beitrag weist darauf hin, dass das Lesen
in unserer Gesellschaft einen sehr hohen Stellenwert hat.
Wer nicht gut lesen kann,
tut sich in vielen Bereichen des Alltags schwer.
Zum Beispiel wenn wir ein Formular ausfüllen müssen,
einen Beipackzettel lesen oder einen Mietvertrag verstehen wollen.

Lesen ist nicht wie Fahrrad fahren.
Wir können es im Laufe unseres Lebens wieder verlernen,
wenn wir es nicht trainieren und anwenden.

Dieser Artikel beschreibt,
wie und wann ein Kind lesen lernt.
Wichtig ist, dass nicht nur die Schule allein dafür verantwortlich ist.
Daher hat die Familie eine große Bedeutung.
Wenn zum Beispiel die Eltern ihren Kindern vorlesen,
können Kinder später besser mit Sprache umgehen.
Sogenannte Family Literacy-Programme nutzen genau das.
Sie fördern das Lesen im Umfeld des Kindes.

Lesen zu fördern bedeutet auch, auf die Zielgruppen zu achten.

Nicht alle lesen gleich schnell
und Frauen und Männer interessieren sich
für unterschiedliche Themen.

Außerdem lesen wir heute anders als früher.
Wir lesen nicht nur Bücher.
Wir surfen im Internet, am Tablet oder am Handy.
Oder wir lassen uns Hörbücher vorlesen.
Wir lesen mit allen Sinnen.

Am Ende stellt der Beitrag Informationen in Leicht Lesen
als Möglichkeit dar, das Lesen wieder zu erlernen,
wenn man es im späteren Leben nicht mehr so gut kann.
Denn dabei kann die Leserin oder der Leser selbst entscheiden,
welche Information in welcher Verständlichkeitsstufe
sie oder er lesen möchte.
Die Freude am Lesen kann so gesteigert werden.
Das Alter oder die Zielgruppe spielen dabei keine Rolle.

Übertragung in leicht verständliche Sprache von capito

Literatur

Böck, M. (1998): Leseförderung als Kommunikationspolitik. Zum Mediennutzungs- und Leseverhalten sowie zur Situation der Bibliotheken in Österreich. Österreichischer Kunst- und Kulturverlag: Wien.

capito. (2015): http://www.capito.eu.

Falschlehner, G. (2014): Die digitale Generation. Jugendliche lesen anders. Ueberreiter: Wien.

Falschlehner, G. (2012): Österreichischer Buchklub der Jugend (Hg.). Family Literacy. Bestandsaufnahme von nationalen und internationalen Projekten. Druckerei des BMUKK: Wien.

Goethe Institut. (2001): Gemeinsamer europäischer Referenzrahmen für Sprachen, http://www.goethe.de/z/50/commeuro/i8.htm, 01. Februar 2015.

Groeben, N. & Hurrelmann, B. (2004): Lesesozialisation in der Mediengesellschaft. Ein Forschungsüberblick. Juventa: Weinheim und München.

Groeben, N. & Hurrelmann, B. (2004): Lesekompetenz, Bedingungen, Dimension, Funktionen. Juventa: Weinheim und München.

Groot, W./Maassen van den Brink, H. (2006): Stil vermogen, een onderzoek naar de maatschappelijke kosten van laaggeletterdheid. Amsterdam: Stichting Lezen en Schrijven.

Grotlüschen, A. & Riekmann, W. (2012): Funktionaler Analphabetismus in Deutschland. Ergebnisse der ersten leo. – Level-One Studie, http://blogs.epb.uni-hamburg.de/leo/files/2014/01/9783830927754-openaccess.pdf, 16. Februar 2015.

König, M. (o. D.). Neuropsychologische und entwicklungspsychologische Aspekte des Lesens.

Pitzer, H. (2006): Lesenetzwerk Oberösterreich. Was man mit Büchern alles machen kann, Projekt Lesefit, Unterrichtsmaterialien für Lehrer, Download nicht mehr möglich.

Pitzer, H. (2006): Lesenetzwerk Oberösterreich. Allgemeine Bedingungen für die Leseförderung, Projekt Lesefit, Download nicht mehr möglich.

Pitzer, H. (o. J.). Schlüsselkompetenz Lesen. Lesen in allen Unterrichtsgegenständen, http://www.vernetzteslesen.at/unterlagen/schluesselkompetenzlesen.html, 30. Jänner 2015.

Puchbauer-Schnabel, K. (2002): Die 111 besten Lern-Tipps. Öbv & hpt VerlagsgesmbH & Co. KG: Wien.

Stiftung Lesen. (2009): Lesesozialisation von Kindern in der Familie. Untersuchung zur familiären Lese- und Mediensozialisation in Deutschland. Stiftung Lesen: Mainz.

Suchan, B., Wallner-Paschon, C. & Schreiner, C. (2006): PIRLS. Die Lesekompetenz am Ende der Volksschule – Österreichischer Expertenbericht. Leykam: Graz.

Helmut Ebert

»Leichte Sprache«

Nachdenken über das spannungsreiche Verhältnis von Sprache, Bildung und Kommunikationskultur

Das mit der »Leichten Sprache« verbundene Ziel ist es, Menschen, denen es aus unterschiedlichen Gründen schwerfällt, Texte zu lesen und zu verstehen, zu einem möglichst gleichgestellten Leben in der Gesellschaft zu verhelfen. Dem Konzept der »Leichten Sprache« liegt keine ausgefeilte Theorie zugrunde, sondern es handelt sich dabei eher um rein intuitiv formulierte Regeln mit Anleihen aus der Lesbarkeitsforschung und aus diversen Verständlichkeitstheorien.[1]

Die Grundthese dieses Beitrages lautet: Um die gutgemeinten Bemühungen zu einem Erfolg zu führen, sind drei Dinge zu tun. Erstens sind die erheblichen theoretischen Defizite des Konzeptes der »Leichten Sprache« zu überwinden. Zweitens brauchen wir dringend mehr evidenzbasierte und zielgruppenspezifische Textwirkungsanalysen.[2] Drittens muss der Blick auf die Phänomene geweitet werden: Die Fixierung auf die »Sprache« – als scheinbar alleiniger Weg zur Lösung eines

(Verstehens-)Problems – muss überwunden werden. Neben der Sprache spielen weitere Dinge eine wichtige Rolle beim Schreiben und Verstehen von Texten: das im Text dargestellte Wissen, der Denk- und Erkenntnisprozess, der kommunikative und disziplinäre Kontext, innerhalb dessen ein Text verwendet wird, und das Medium einschließlich Design und Haptik.[3] Letztlich sind mit Blick auf die Forderung nach demokratischer Teilhabe (aller Bürger) auch die Sprach-, Kommunikations- und Wissenskulturen einer Gesellschaft zu reflektieren, und zwar vor allem in den Bereichen Politik, Recht und Verwaltung, aber auch im Bereich von Bildung und Erziehung.

Kurz: Der Beitrag möchte als Plädoyer dafür verstanden werden, die komplexen Probleme des Textverstehens nicht durch vordergründige »Lösungen«, wie sie die Verfechter der »Leichten Sprache« propagieren, auszublenden. Das »Leichte Spra-

---

1   Vgl. Bettina Bock (2014): Leichte Sprache: Abgrenzung, Beschreibung, Problemstellung. In: Sprache barrierefrei gestalten: Perspektiven aus der Angewandten Linguistik. Hg. v. S. Jekat et al. Berlin: Franke & Timme, 17–52.

2   Vgl. Christiane Zehrer, Forschungsstelle Leichte Sprache [der Universität Hildesheim] (21.5.2014) http://www.uni-hildesheim.de/fb3/institute/institut-fuer-uebersetzungswiss-fachkommunikation/ forschung/leichtesprache/forschung/(Abruf v. 25.3.2015)

3   Vgl. Otto Kruse (2007): Keine Angst vor dem leeren Blatt. 12. Aufl. Frankfurt: Campus, 25.

che«-Konzept sollte im Licht alternativer Ansätze sowie einer umfassenden Sprachkulturkritik unter Einschluss bildungswissenschaftlicher und entwicklungspsychologischer Theorien diskutiert und evaluiert werden. Es sollten die Bürger und ihre Mitwirkungsrechte gerade auch »hinter« der Sprache ernst genommen werden, und zwar auf eine Weise, von der alle profitieren, nicht nur Menschen mit Lern- oder sonstigen Beeinträchtigungen.

Theoriedefizite des Konzepts der »Leichten Sprache«

Sprachkritik ersetzt nicht Sprachwissenschaft
Die Diskussion über »Leichte Sprache« wird gegenwärtig sehr stark vom Standpunkt der Sprachkritik geführt. Die Dominanz sprachkritischer, also meinungsbetonter Beiträge, birgt die Gefahr, dass das Konzept der »Leichten Sprache« gerade von jenen, die einen wichtigen Beitrag zu seiner Entwicklung leisten könnten, nicht ernst genommen wird. Eine Konsequenz ist, dass der notwendige Austausch zwischen institutionell-professionellen Experten und gesellschaftlich-semiprofessioneller Selbsthilfe blockiert werden kann und politische Entscheider neben gutem Willen, hübscher Fassade (Image) und Konformitätsdruck (*political correctness*) keine wissenschaftlich fundierten Argumente für »Leichte Sprache« haben.

Unklare wissenschaftliche Fundierung

Mangel an begrifflicher Klarheit
Die Bezeichnung »Leichte Sprache« ist doppelt suggestiv: Zum einen wird eine Art und Weise sprachlichen Handelns wie »leicht lesen« oder »leicht verstehen« zur Eigenschaft der Sprache selbst gemacht (»Leichte Sprache«); zum anderen suggeriert die Bezeichnung, dass es um ein Sprachsystem *(langue)* ginge. Tatsächlich handelt es sich aber bei »Leichter Sprache« nicht um eine Sprache im Sinne eines Systems, sondern um eine »bestimmte Art des Sprachgebrauchs«[4], wobei die Forschungsstelle »Leichte Sprache« der Universität Hildesheim dafür plädiert, den Ausdruck »Leichte Sprache« für die konzeptionell schriftliche Realisierung barrierefreier Kommunikation zu verwenden. Zum Konzept der »Leichten Sprache« gehört der Anspruch, »verständliche Texte in allen Kommunikationsbereichen [zu] ermöglichen. Das bedeutet, dass alle Textsorten, alle Sprachhandlungen, alle Ausdrucksintentionen und Funktionen mit ih-

---

4   Vgl. Bock (2014: 20).

ren Mitteln realisierbar sein müssen«.[5] Mithin muss die Frage beantwortet werden, was
es für die Praxis der »Leichten Sprache« und ihre Benutzer bedeutet, wenn funktional-
stilistische Merkmale, die Bescheide, Predigten, Wahlprogramme etc. unterscheiden
helfen, neutralisiert werden.[6] In sprachkritischen Beiträgen werden die mit dieser Praxis verbundenen Probleme ausgeklammert. Es mangelt an fundiertem sozio-, pragma-
und kognitionslinguistischem Wissen. Dieser Mangel zeigt sich auch an der begrifflichen Unschärfe, mit der gearbeitet wird. So werden nicht nur die Begriffe »Sprache«
und »Sprachgebrauch« immer wieder verwechselt, sondern es fehlt auch an Wissen
über Sprachvarietäten. Beispielsweise wenn die Sprache der schriftlichen Mitteilungen
des Deutschen Bundestages als »Umgangssprache« bezeichnet wird.[7]

Heterogene Zielgruppen[8]
Das Angebot der »Leichten Sprache« wendet sich an eine sehr heterogene Zielgruppe,
die von (funktionalen) Analphabeten über Menschen mit Behinderungen bis zu Menschen mit bildungsfernem Hintergrund reicht. Gemeint sind damit alle, »für die stan-
dardsprachliche Texte eine Verständnisbarriere darstellen«.[8] Dabei wird eingeräumt,
dass über die tatsächlichen Bedürfnisse dieser heterogenen Gruppe von Menschen
»mit Bezug auf die konkrete Gestaltung von Texten in »Leichter Sprache« noch keine
systematischen Erkenntnisse«[9] vorliegen. Eine Ausnahme ist die Gruppe prälingual
Gehörloser, eine »gut erforschte Gruppe, die nicht geistig behindert und damit voll
geschäftsfähig ist.«[10] Unter Umständen ist also damit zu rechnen, dass große Teile der
anvisierten »Zielgruppe« mit »Leichter Sprache« gar nicht erreicht werden.

Was heißt Verständlichkeit?
»Leichte Sprache« soll das Lesen erleichtern, sie soll aber auch das Textverstehen fördern. Die Frage, was eigentlich geschieht, wenn wir vorgeben, einen Text zu verstehen,
gehört freilich zu dem »Vertracktesten, was Sprach- und Kommunikationswissenschaft
zu bieten haben.«[11] – Diese entscheidende Frage wird man nur zielgruppenspezifisch

---

5   Bock (2014: 27).
6   Hier neigt die Praxis gelegentlich zu einem sprachideologischen Habitus, den man als »Leichte Spra-
    che für heile Welt« charakterisieren könnte. Zum Konzept der Sprachideologien vgl. Brigitta Busch
    (2013): Mehrsprachigkeit. Wien: UTB, 81–126.
7   Vgl. Gernot Brauer (2014): Leichte Sprache. In: Kommunikationsmanagement. Hg. v. G. Bentele, M.
    Piwinger u. G. Schönborn. Köln: Luchterhand, Art.-Nr. 8.75, 4.
8   Vgl. Anatol Stefanowitsch (2014): Leichte Sprache, komplexe Wirklichkeit. In: ApuZ 9–11/2014,
    11–18.
9   Vgl. Forschungsstelle Leichte Sprache (s. o.).
10 Vgl. Forschungsstelle Leichte Sprache (s. o.)
11 Vgl. Forschungsstelle Leichte Sprache (s. o.)

beantworten können. Ein weiterer Forschungsbedarf besteht darin, den Unterschied zwischen Leseverstehen und Sinnverstehen hinreichend zu klären und die Frage nach dem Zusammenwirken von Zeichenträgern für unterschiedliche Informationsschichten im Text[12] und Verstehensprozesse (Aktualgenese) im Kopf des Lesers zu klären. Insbesondere mit Blick auf das Leseverstehen und die Ergebnisse von PISA-Schulleistungsstudien ist darauf hinzuweisen, dass textseitige Einflussfaktoren auf das Verstehen und das Verarbeiten von Informationen im Kontext mentaler Modellbildung »bisher unterbelichtet sind«, sie werden zwar in Rechnung gestellt, »sie gehen aber wegen Messschwierigkeiten nicht mehr als unabhängige Variable in Lesekompetenzmodellierungen ein«.[13] Dieses Defizit ist also auch mit Blick auf die Erforschung der »Leichten Sprache« zu überwinden. Verstehen wird von zwei Seiten gesteuert, von der Gestaltqualität eines Textes und von der Aktualgenese, d. h. der Konstruktion von Sinn durch einen Leser. Über die Gestaltqualität eines Textes entscheiden Zeichen und Zeichenverbindungen (Wortgruppen, Sätze, Absätze) unterschiedlichster Art (Modus, Tempus etc.) und Qualität (morphologische u. semantische Prägnanz). Da bei der Analyse von Sinngestalten die »korrelativen Begriffe *Gestaltqualität* und *Aktualgenese* eine zentrale Rolle«[14] spielen, ist schwer nachzuvollziehen, wie eine bestimmte a priori festgelegte (Sonder-)Sprache sowohl den funktionalen Erfordernissen von Texten einerseits als auch sich entwickelnden Fähigkeiten von Lesern andererseits Rechnung tragen kann. Vieles spricht dafür, in solchen Sprachen nicht nur »Übersetzungen« zu sehen, sondern auch »Hilfsmittel« für Leser, ihre Verstehenskompetenz zu entwickeln.

Vorherrschen subjektiver Theorien

Subjektive Theorien, auch Alltagstheorien genannt, sind Annahmen, die auf persönlicher Erfahrung, Plausibilitätsurteilen und Intuition beruhen. Die folgende Liste stellt eine kleine Auswahl von subjektiven Theorien über Sprache und Verstehen vor, die in der Debatte um »Leichte Sprache« immer wieder vorkommen:

Die Idee der Sprachökonomie und die damit verbundene Vorstellung der Planbarkeit von Sprachen ist nicht neu. Zu fragen ist dabei stets, für wen eine Sprache ökonomisch ist, für den Schreiber oder den Leser, den Experten oder den Laien? Und

---

12   Vgl. Clemens Knobloch (2005): »Sprachverstehen« und »Redeverstehen«. In: Sprachreport 1, S. 5.
13   Vgl. Wilhelm Köller (1988): Philosophie der Grammatik. Stuttgart: Metzler, 335–362 (u. a. zu Information u. Metainformation, Inhalts- u. Beziehungsebene, Illokution u. Proposition, Haupt- u. Nebeninformation).
14   Vgl. Wilhelm Köller (1988): Philosophie der Grammatik. Stuttgart: Metzler, 335–362 (u. a. zu Information u. Metainformation, Inhalts- u. Beziehungsebene, Illokution u. Proposition, Haupt- u. Nebeninformation).

zu fragen ist auch, wie ökonomisch die verständliche Textfassung einer überflüssigen Vorschrift ist? So betrachtet, ist es nicht zwingend, ausschließlich bei der Sprache anzusetzen. Sprachökonomische Maßnahmen laufen ins Leere, wenn sie nicht von Bemühungen um Bildung und von einer Institutionen- und Gesellschaftskritik begleitet werden.

Verständlichkeit wird meist als Eigenschaft der Textoberfläche (kurze Wörter, kurze Sätze) verstanden sowie als ein Anspruch an die Textproduzenten. Es wird also die »rhetorische« Bringschuld betont und gleichzeitig die hermeneutische »Holschuld« und »Holfähigkeit« der Betroffenen nicht in dem Maße erforscht, wie es notwendig wäre, um zu differenzierten Empfehlungen über den gesamten Rezeptionsprozess zu gelangen. Anders gesagt: Die Konzentration auf Eigenschaften der Textoberfläche bei gleichzeitigem Mangel an Wissen über das Instruktionspotenzial sprachlicher Zeichen verkennt den grundsätzlich dialogischen Charakter von Texten.[15] Oft wird zudem angenommen, es gäbe eine einfache Unterscheidung zwischen Verstehen und Nichtverstehen. Daneben gibt es jedoch vielfältige Formen des Teilverstehens und Missverstehens. Diesen Abstufungen beim Verstehen sollte auch bei der Erforschung der Effekte von »Leichter Sprache« nachgegangen werden.

Auch in der Diskussion über »Leichte Sprache« finden sich noch überholte Vorstellungen darüber, was Bedeutung eigentlich ist. Bedeutung wird meist (nur) lexikalischen Zeichen (Wörtern) zugesprochen, wobei so getan wird, als hätten Wörter eine Bedeutung an sich, deren Kenntnis beim Verstehen immer schon vorausgesetzt wird. Dabei wird übersehen, dass Wörter und Wortverbindungen keine Bedeutungen an sich enthalten, sondern Anspielungen auf vorausgesetztes Wissen sind. Mit der Vorstellung, Wörter hätten Bedeutung an sich, verbindet sich die Vorstellung, man müsse lediglich »richtige« sprachliche Zeichen (z.B. einfache Wörter) auswählen, um das Verständnis zu sichern. Dabei wird übersehen, dass der Ort, an dem Bedeutung als Anweisungspotenzial für innere Handlungen des Verstehens entsteht, der Äußerungszusammenhang ist. Entsprechend wird verkannt, dass sprachliche Zeichen Anweisungscharakter haben, die auf ein vorhandenes Wissen angewendet werden (Inferenzen und Aufbau mentaler Modelle). Die Frage kann nicht lauten »Welche Bedeutung hat ein Wort, Satz oder Text?« Sondern sie muss lauten: »Welches Wissen ist notwendig, um ein Wort, einen Satz oder einen Text zu verstehen?«[16]

Da Wörter Wissensrahmen evozieren, kommt man nicht umhin, das Wissen der Anwender von »Leichter Sprache« und ihre Fähigkeit, Schlüsse zu ziehen, zu un-

---

15 Gerhard Rupp (2010): Textseitige Einflussfaktoren auf die Leseleistung. In: Gedankenstriche – Reflexionen über Sprache als Ressource. Hg. v. N. Hinrichs u. a. Limburg: Tübingen: Stauffenburg, 112.

16 Vgl. Köller (1988: 327).

tersuchen. Der »Sender« muss sich beim Sprachgebrauch davon leiten lassen, ob die von ihm gewählten Zeichen beim Leser ein bestimmtes Wissen aufrufen oder nicht. Die Frage, ob ein sprachliches Zeichen ein Fremdwort ist oder nicht (vgl. »Computer« vs. »Rechner«), ob es ein mehrgliedriges Kompositum oder ein Kurzwort ist (vgl. »Fußballweltmeisterschaft« vs. »WM«), ist demgegenüber zweitrangig. Da sprachliche Zeichen keine »Behälter« für Bedeutungen sind, sondern Anweisungen für Verstehensprozesse, konstruieren Leser auf der Basis von textlich gegebenen Daten nicht nur neues Wissen, sondern sie verbessern auch ihre Textverstehensleistung (Lernen).

Praxis der »Leichten Sprache«

Probleme des Regelwerks

Die Regeln der »Leichten Sprache« sind »aus der Praxis heraus und ohne wissenschaftliche Fundierung entstanden«.[17] Entsprechend unklar ist der Status vieler Regeln. Wie ist sichergestellt, dass der Regelgebrauch zum gewünschten Ziel führt? Aus sprachwissenschaftlicher Sicht fallen viele unzulässige Verallgemeinerungen im Regelwerk auf. Beispielsweise wird die Satzlänge als bedeutendes Kriterium für die Verständlichkeit gewertet. Freilich muss man hier genauer hinschauen, wie das folgende Beispiel in »Leichter Sprache« zeigt: *Alle Menschen brauchen Informationen. Wir wollen wissen, was in unserer Familie und bei den Freunden passiert. Oder bei den Nachbarn und bei der Arbeit.* Dieser Text ist syntaktisch einfach gebaut, enthält aber eine Ellipse. Das heißt, es muss der Satz »*wir wollen wissen*« aktiv im Gedächtnis gehalten werden, um ihn auch auf die Ellipse »*oder bei den Nachbarn und bei der Arbeit*« anwenden zu können. Hier zeigt sich, »dass die Komplexität von Sätzen nicht von der Menge der Wörter zwischen Interpunktionszeichen abhängig ist. Auf der Oberfläche mag man durch die Setzung von Interpunktionszeichen zwar den Eindruck erwecken, dass die einzelnen Sätze überschaubar sind, faktisch jedoch erreichen sie bisweilen gerade in solchen elliptischen Konstruktionen einen recht hohen Komplexitätsgrad.«[18] Dass den Regeln und Regelformulierungen weitere Forschungsbemühungen gelten müssen, zeigen auch unzulässige Verallgemeinerungen wie z.B. die als Regel gedachte Behauptung »Ein verständlicher Satz besteht aus Subjekt + Prädikat + Objekt«. Hier wäre die Frage zu klären, warum objektlose Sätze wie »*es regnet*« schwerer zu verstehen sein sollen. Gleiches gilt für das Verstehen von Eigenschaftsprädikaten (»*ich rauche*« = ›ich bin

---

17 Vgl. Gerd Fritz (2013): Dynamische Texttheorie. Gießener Elektronische Bibliothek. Vgl. zum dialogischen Charakter auch der Verwaltungssprache Fluck (2010: 301).

18 Vgl. Dietrich Busse (2009): Semantik. Paderborn: W. Fink/UTB, 81.

Raucher‹) im Vergleich mit dem Verstehen von Tätigkeitsprädikaten (»*ich rauche jetzt eine Zigarette*«). Andere Probleme des Regelwerkes sind ungewollte semantische Nebeneffekte wie im Falle der lange Zeit präferierten Bindestrichschreibung bei konventionalisierten oder metaphorischen Komposita wie »*Bundes-Tag*« oder »*Zucker-Watte*«. Der Bundestag ist kein Tag und die Zuckerwatte ist keine Watte, sondern Zucker in der Form von Watte.[19]

Probleme der Wahrhaftigkeit

Das Gesprächsprinzip der Wahrhaftigkeit ist ein fundamentales Prinzip der kommunikativen Kooperation. Wird es systematisch verletzt, drohen Gesellschaften auseinanderzufallen. In einer Demokratie wird dem Wahrhaftigkeitsprinzip dadurch Rechnung getragen, dass unterschiedliche Sehweisen oder »Wahrheiten« zugelassen, ja gewollt sind. Auch und gerade bei Texten in »Leichter Sprache« haben die Textproduzenten eine hohe kommunikationsethische Verpflichtung. Beispielsweise ist in einem Wahlprogramm die für das Verstehen fundamentale Sprechereinstellung »wir wollen x« oder »wir wünschen x« über alle Textpassagen hinweg präsent zu halten, sonst werden Absichtserklärungen oder Forderungen wie Tatsachenbehauptungen gelesen: *Gott ist wichtig. Und die Kirchen sind wichtig. Für alle Menschen in der Europäischen Union* (aus einem Parteiprogramm zur Europawahl). Wie problematisch eine rein formale Umsetzung von politisch und rechtlich umstrittenen Sachverhalten in »Leichte Sprache« ist, zeigt das folgende Beispiel eines Textes der Gebühreneinzugszentrale (GEZ): *Man musste früher jedes Rund-Funk-Gerät anmelden. Einen Fernseher. Oder ein Radio. Oder einen Computer. Man musste für jedes Rund-Funk-Gerät Geld bezahlen. Das Geld heißt Rund-Funk-Beitrag. Aber: Seit dem 1. Januar 2013 gibt es einen neuen Rund-Funk-Beitrag. Jetzt ist es egal: Wie viele Rund-Funk-Geräte Sie in der Wohnung haben. Jetzt gilt: Eine Wohnung zahlt einen Rund-Funk-Beitrag. Der Rund-Funk-Beitrag ist jetzt für jede Wohnung gleich.*[20] Abgesehen davon, dass die Metonymie »Eine Wohnung zahlt einen Rund-Funk-Beitrag« nicht verstanden werden dürfte, besteht das Dilemma dieses Textes darin, dass er auf unethische Weise den »Witz« des Sprachspiels (Werbung, Propaganda) verbirgt und beansprucht, als aufrichtige Aufklärung »gelesen« zu werden. Fazit, es kann in allen Sprachen gelogen werden, bzw. es kann Sprache bei fehlendem ethischen Bewusstsein immer auch zu Herrschaftszwecken missbraucht werden.[21]

---

19 Christiane Zehrer, Forschungsstelle Leichte Sprache (s. o.)

20 Alexander Lasch (2013): »Leichte« Nachrichten. In: Sprachpunkt (Quelle: https://alexanderlasch. wordpress.com/2013/01/leichte-nachrichten).

21 Zit. nach Gernot Brauer (2014), S. 13.

Probleme der Verwaltungssprache

Da »Leichte Sprache« gesellschaftliche Teilhabe ermöglichen soll, sind Verwaltungs-
texte bzw. amtliche Schreiben ein häufiger Anwendungsfall für die »Übersetzung« in
»Leichte Sprache«. Der Verwaltungssprache wird immer wieder attestiert, unverständlich zu sein – und dies obwohl »Klarheit und Präzision als wesentliche Anforderungen
an die Verwaltungssprache zu gelten haben, um Missverständnisse und Verstehens-
probleme zu vermeiden«.[22] Gemeint ist hier nicht die reine Fachsprache, sondern die
Sprache des fachexternen Bereichs der Kommunikation zwischen Verwaltung und
Bürger.[23] Dass die Kommunikationspraxis oft an der Forderung nach Klarheit vor-
beigeht, ist nicht zu leugnen. Insofern bietet »Leichte Sprache« eine Gelegenheit, die
herrschende Praxis der Verwaltung-Bürger-Kommunikation grundsätzlich zu reflektieren. Auch Bürger mit entwickelter Lese- und Textverstehenskompetenz haben mit
Rechts- und Verwaltungstexten ihre Probleme, und es werden sprachliche Erschei-
nungen wie z.B. der komprimierte Satzbau mit Recht als schwer verständlich beurteilt
und deshalb abgelehnt, dies jedoch ohne explizit deren Funktionen und die insgesamt
»kompliziert gewordene […] Sprachkultur«[24] mit ihren komplexen Inhalten und mit
ihrer komprimierenden Sprachökonomie angemessen zu reflektieren und zu hinter-
fragen. Mit Blick auf die Notwendigkeit, für die Adressaten von Texten in »Leichter
Sprache« auch die inhaltliche Komplexität von Verwaltungsschreiben zu reduzieren,
muss festgestellt werden, dass Abstriche an der thematischen Vollständigkeit dazu
führen, dass manche Fachleute die Texte für nicht mehr justiziabel halten.[25] Auch in
diesen Fällen heißt »Leichte Sprache« zu verwenden weit mehr, als nur andere Worte
zu benutzen und kürzere Sätze zu bauen. Letztlich handelt es sich um eine fachlich
anspruchsvolle didaktische Aufgabe: »Es geht darum, Zugänge zu komplexen Sachzusammenhängen zu ermöglichen, die Zusammenhänge aber nicht unangemessen zu
vereinfachen, sondern auf das Wesentliche hin zu konzentrieren, gewissermaßen eine
Essenz des Textes zu erstellen. Eine inhaltliche Verknappung ist hierbei unumgänglich,
sollte aber transparent gehalten werden.«[26]

---

22   http://www.rundfunkbeitrag.de/e175/e803/Der_Rundfunkbeitrag_erklaert_in_leichter_Sprache.pdf.
23   Ebert, Helmut (i. Dr.): Vertrauen in der Unternehmenskommunikation. In: Handbuch Sprache in
     der Wirtschaft (Sprache und Wissen 13). Hg. v. D. Biadala u. Markus Hundt. Berlin, New York: de
     Gruyter.
24   Vgl. Hans-R. Fluck (2010): IDEMA (Internetdienst für eine moderne Amtssprache) – ein dialogo-
     rientiertes Projekt zur Optimierung von Verwaltungstexten. In: Gedankenstriche – Reflexionen über
     Sprache als Ressource. Hg. v. N. Hinrichs u. a. Limburg: Tübingen: Stauffenburg, 298.
25   Vgl. Fluck (2010: 299).
26   Peter von Polenz (2008): Deutsche Satzsemantik. Berlin, New York: de Gruyter, 47f.

Fazit

Die hier dargelegten Überlegungen können wie folgt zusammengefasst werden:

Das Konzept der »Leichten Sprache« hat beim jetzigen Stand der Diskussion erhebliche theoretische Defizite. Dazu gehören u. a. ein Mangel an Zielgruppendifferenzierung und eine unangemessene Trennung von (Zeichen-)Bedeutung und (Welt-)Wissen.

Um das Konzept der »Leichten Sprache« zu verbessern und es mit anderen Ansätzen zu vergleichen, sind evidenzbasierte Textwirkungsanalysen dringend erforderlich. Bei solchen Textwirkungsanalysen dürfen textseitige Einflussfaktoren auf das Lese- und Sinnverstehen (Aufbau mentaler Modelle) nicht wegen Messschwierigkeiten ausgeblendet werden. Verstehen »ereignet« sich im Zusammenwirken von Text und Rezipient.

Verstehen bedeutet nicht nur, einem Text Informationen zu entnehmen (Verstehen erster Ebene oder Leseverstehen). Verstehen heißt auch, den »Witz« eines Sprachspiels (L. Wittgenstein) zu durchschauen. Sprachspiele sind z.B. Predigen, Taufen, Mahnen, Werben, Tadeln oder Erzählen. Solche funktionalstilistischen Markierungen (vgl. die Märcheneinleitung »es war einmal«) sind ebenso wie Sprechereinstellungen (Für-Wahr-Halten, Bewerten, Verneinen, Wollen) und Beziehungsinformationen (Kontaktformeln, Aufmerksamkeitssteuerung, Verständnissicherung u. a.) bei der »Übersetzung« in »Leichte Sprache« zu berücksichtigen.

Beim Nachdenken darüber, wie man gesellschaftliche Teilhabe und Mitwirkungsmöglichkeiten fördert, ist es zu kurz gedacht, nur an der Sprache anzusetzen und eine Hilfs- oder Sondersprache unabhängig vom jeweiligen Erkenntnisstand des Lesers zu konzipieren. Das ist im Kern bildungsfeindlich.[27] Neben die Notwendigkeit, Menschen in die Lage zu versetzen, sich weiterzuentwickeln und sich zu bilden, tritt die Notwendigkeit, unsere Expertenkulturen (Recht, Politik, Verwaltung, Medizin etc.) kritisch zu reflektieren. Der verständlichste Text ist ein Text, der nicht geschrieben werden muss (Bürokratieabbau). Inklusion ist kein Fall für eine Randgruppe, sondern Inklusion betrifft alle. Denn nicht nur Bürger mit Beeinträchtigungen, sondern alle Bürger – im Sinne von ›nicht organisierten‹ Bürgern – sind immer noch weitgehend aus der Erarbeitung politischer Agenden ausgeschlossen.[28]

Schließlich ist zu beherzigen, dass wir nicht in der Welt leben, sondern in der Sprache. Daraus folgt eine ganz besondere Verantwortung für all jene, die Sprachen planen

---

27 Vgl. Christiane Maaß, Forschungsstelle Leichte Sprache (s. o.)

28 Simone Seitz: Leichte Sprache? Keine einfache Sache. In: bpb, Bundeszentrale für politische Bildung[unvollständige Angabe?]

wollen oder müssen. Insofern die Grenzen unserer Sprache die Grenzen unserer Welt darstellen (L. Wittgenstein), heißt Spracherweiterung Welterweiterung.[29]

---

29 Vgl. Interview mit Rainer Bremer vom 8.9.2014 (Quelle: http://www.nzz.ch/wissenschaft/bildung/ schlimmer als-realsatire–1.18378993.

29 Tjard de Cock Bunig (2010): Four steps to stimulate meaningful communication on sensitive issues in societal   debate: the case of a research agenda for biotechnology and food in the Netherlands. In: Roeland in't Veld (Ed.): Knowledge Democracy. Berlin, Heidelberg: Springer, 241–254.

Das Verhältnis von Sprache, Bildung und der Art, wie wir miteinander reden

Helmut Ebert

Leicht Lesen

Zusammenfassung in leicht verständlicher Sprache

Die Idee der »Leichten Sprache« hat im Moment schwere Mängel.
Zum Beispiel wird viel zu wenig darüber nachgedacht,
welche unterschiedlichen Zielgruppen es gibt.
Um einen Text einfach nur lesen zu können,
muss die Leserin oder der Leser
nur die Buchstaben und Zeichen kennen.
Aber das reicht nicht, wenn jemand einen Text auch wirklich
verstehen will.
Dazu ist auch Wissen über die Welt notwendig.

Aber bei der »Leichten Sprache« gibt es ein Problem:
Sie trennt zu sehr zwischen der Bedeutung der Buchstaben
in einem Text und dem notwendigen Wissen,
damit man den Text auch verstehen kann.

Es ist dringend notwendig,
dass Texte in »Leichter Sprache« daraufhin überprüft werden,
ob sie die Zielgruppe wirklich richtig versteht.
Für das Verstehen von einem Text ist es wichtig,
dass der Text und die Leserinnen und Leser
richtig zusammenpassen.
Man muss die Texte auf jeden Fall prüfen,
auch wenn das schwierig sein kann.

Für das richtige Verstehen ist es nicht nur wichtig,
dass die Informationen in einem Text klar sind.

Die Leserinnen und Leser müssen auch durchschauen,
in welchen Zusammenhang sie den Inhalt verstehen müssen.

Es ist wichtig, dass eindeutig klar wird,
was mit einem Text ausgedrückt werden soll.
Zum Beispiel darf man manche Texte nicht wörtlich nehmen,
wie Witze oder Werbetexte.

Wenn wir erreichen wollen,
dass alle Menschen an unserer Gesellschaft teilhaben können,
dürfen wir nicht einfach eine leichte Hilfssprache erfinden,
die nichts mit dem Wissen der Leserinnen und Leser zu tun hat.
Das ist gegen die Idee, dass Menschen Bildung bekommen.

Es ist notwendig, dass sich Menschen
weiterentwickeln und bilden können.
Aber es ist auch notwendig, dass wir uns überlegen,
ob die komplizierte Sprache in vielen Fachgebieten wirklich
notwendig ist.
Zum Beispiel die Sprache von Ärztinnen und Ärzten
oder in der Politik.
Es sind auch nicht so viele verschiedene Informationen notwendig.

Inklusion betrifft alle Menschen, nicht nur eine kleine Gruppe.
Denn viele Menschen haben keine Möglichkeit,
politische Angelegenheiten mitzubestimmen.
Das betrifft nicht nur Menschen mit Beeinträchtigungen.

Wir müssen auch immer daran denken,
dass unsere Sprache enorm wichtig ist,
damit wir die Welt verstehen können
und uns in unserer Gesellschaft gut bewegen können.

Je besser ein Mensch mit Sprache umgehen kann,
desto mehr Möglichkeiten hat er.

Übertragung in leicht verständliche Sprache von capito

Was braucht es zum Mitreden?

So sehen es Menschen mit Lernschwierigkeiten selbst

Monika Rauchberger

Wie es bei verschiedenen Sitzungen abläuft

Ich war schon bei vielen
verschiedenen Sitzungen.
Ich habe gute und schlechte
Erfahrungen gemacht.

Zum Beispiel habe ich
gute Erfahrungen bei den Sitzungen
vom Bundes-Monitoring-Ausschuss
gemacht.

Das war bei den Sitzungen dort gut:
Alle wichtigen Dinge, die gesagt wurden,
sind mitgezeichnet worden.
Das nennt man visualisieren.
Die Bilder helfen Dinge besser zu verstehen.
Ich war auch schon bei Sitzungen,
bei denen die Dinge die gesagt wurden,
groß auf der Wand dargestellt waren.
Das hat mir auch gut geholfen.
Es gibt rote STOPP-Tafeln.
Die helfen auch.
Mit ihnen kann man aufzeigen,
wenn man eine Frage hat
oder etwas nicht versteht.

Oder wenn es zu schnell geht.
Für mich sind bei Sitzungen auch
Zusammenfassungen sehr wichtig.
Am besten mit Bildern.
Die helfen beim Verstehen und damit
kann man sich auch besser erinnern.

Ich habe auch schlechte Erfahrungen
bei verschiedenen Sitzungen gemacht:
Nicht gut ist,
wenn bei Sitzungen alles zu schnell geht.

Oft reden die Leute bei Sitzungen
in schwerer Sprache.
Und auch zu schnell.
Sie reden oft sehr kompliziert.
Ich habe die Erfahrung gemacht,
dass ich dann nicht mehr weiß,
um welche Themen es geht.
Ich habe mich am Anfang nicht getraut zu sagen,
dass ich nicht verstehe, was sie reden.
Ich habe lange nichts gesagt,
weil ich mich dumm gefühlt habe.
Ich brauche nämlich manchmal länger, etwas zu verstehen.
Weil ich eine Lernschwierigkeit habe.
Und auch länger, etwas zu sagen,
da ich beim Reden Unterstützung brauche.
Weil ich mit der Buchstabentafel rede.
Ich habe die Erfahrung gemacht,
dass für mich zu wenig Zeit war in den Sitzungen,
das zu sagen, was für mich wichtig ist.

Wenn wenig Zeit ist,
kann es oft passieren,
dass ich überhört werde.

Meine Unterstützerin macht mir Mut,
dass ich Stopp sage,
wenn es zu schnell ist und verwirrend.
Ich sage oft, sie sollen in Leichter Sprache reden.
Dass ich es auch verstehe.
Meine Unterstützerin muss mir oft die Dinge
nochmal erklären.
Sie müssen noch lernen,
dass nicht alle Menschen die schwere Sprache verstehen.
Sie müssen erst lernen, langsam zu reden und in Leichter Sprache.
Es ist wichtig,
dass sie begreifen,
was Leichte Sprache bedeutet.
Um dann auch in Leichter Sprache
zu reden.
Schwere Sprache ist ein Hindernis
für viele Menschen.
Schwere Sprache schließt
viele Menschen aus.

So sollten Sitzungen für Menschen mit Lernschwierigkeiten sein:
Es braucht Zeit, um sich auf Sitzungen gut vorzubereiten.

Die Themen der Sitzungen
sollen die Teilnehmerinnen
und Teilnehmer früh genug wissen.
Am besten 2 Wochen vor der Sitzung.
Es soll immer ein Thema nach dem anderen
bearbeitet werden.

Es ist wichtig,
dass man immer wieder nachfragt,
ob es alle verstanden haben.
Und ob es noch eine Frage gibt.
Es ist wichtig, dass man mitschauen kann.
Zum Beispiel auf einem Plakat.
Es wäre gut, wenn immer mit Bildern gearbeitet wird.
Es ist wichtig,
dass es immer wieder eine kurze
Zusammenfassung
in Leichter Sprache gibt.
Es braucht genügend Pausen.
Und es braucht genug Zeit für Fragen.

So kann Selbstvertretung gut gehen.
Das sollen gute SelbstvertreterInnen können:
Aufmerksam sein und sich einbringen.
Gut zuhören und immer nachfragen,
wenn sie etwas nicht verstehen.
Sie müssen Selbstvertrauen haben
und selbstbewusst auftreten.

Es braucht auch eine gute Moderation
und einen guten Überblick.
Dass wir gut mitbekommen,
um was es geht.
Dazu braucht es auch Bilder
auf dem Beamer.
Damit Sie bei Sitzungen
gut mitreden können,
müssen Sie das beachten:
Es ist wichtig,
dass man immer in Leichter Sprache redet.
Es braucht eine gute Sitz-Ordnung,
dass man gut hören und sehen kann.
Es braucht Bilder zum Erklären.
Man muss genügend Zeit einplanen.
Wenn jemand etwas nicht versteht,
muss man es anders erklären,
bis man es versteht.
Man muss nachfragen,
ob es alle verstanden haben.
Man muss Geduld haben.
Man muss aus
seinen eigenen Fehlern lernen.

Es ist wichtig,
dass immer ein Protokoll geschrieben wird.
Das Protokoll muss in Leichter Sprache
und mit Bildern sein.

Das Protokoll muss so geschrieben sein,
damit sich andere Menschen mit Lernschwierigkeiten
auskennen.
Damit Sie sich gut für Ihre Interessen einsetzen können,
müssen Sie das beachten:
Es ist sehr wichtig,
dass wir unsere Meinung einbringen
und uns nicht unsicher machen lassen.
Wir dürfen uns nicht beeinflussen lassen,
wenn jemand eine andere Meinung hat.
Wir können nur mit-reden,
mit-entscheiden
und auch mit-bestimmen,
wenn wir wissen, worum es geht.

Es ist auch wichtig,
dass man immer in Leichter Sprache
redet.
Und immer wieder eine kurze
Zusammenfassung macht,
so weiß man immer, wo man ist und
um was es gerade geht.

Die Autorin hat diesen Text selbst in Leichter Sprache geschrieben.

Petra Flieger

Verteilt Leicht Lesen die Macht neu?

The barriers to progress are considerable and complicated.
The weight of history is burdensome.
James I. Charlton[1]

*Diesen Beitrag widme ich Michaela Koenig, mit der ich 1997 zum ersten Mal einen Text –
den Linzer Appell für ein Gesetz zur Gleichstellung von Menschen mit Behinderungen –
von schwieriger in einfachere Sprache übersetzt habe.[2] Michaela Koenig ist im Jahr 2014
verstorben, sie war als Schriftstellerin mit Lernschwierigkeiten und als engagierte Selbstvertreterin in Österreich eine Pionierin.*

Wissen ist Macht. Diese weitläufig bekannte Redewendung drängt sich intuitiv auf,
wenn im Zusammenhang mit »Leichter Sprache« von Macht die Rede ist. Aber was
ist Macht? Woran lässt sich festmachen, wo beziehungsweise bei wem viel oder wenig
Macht ist? Was hat Macht mit behinderten Menschen zu tun? Und lässt sich erkennen, ob durch die Produktion von Texten in »Leichter Sprache« Macht anders verteilt
ist als zu jener noch nicht allzu lange vergangenen Zeit, in der es noch kein Leicht
Lesen gab? Diesen Fragen soll im folgenden Beitrag nachgegangen werden.

Was ist Macht und wo befindet sie sich?

Michel Foucault, ein französischer Philosoph und Soziologe, beschäftigte sich in vielen Texten, Stellungnahmen und Interviews eingehend mit der Frage, was Macht ist
und welche Funktion sie in der Gesellschaft hat. Macht stellt für Foucault ein Merkmal des Lebens in Gesellschaft dar und beinhaltet immer die Möglichkeit, »dass die
einen auf·das Handeln der anderen einwirken«.[3] Foucault entwickelte im Laufe seines
Lebens ein positiv konnotiertes Verständnis von Macht. Er bezeichnete sie als produktives Netz, das sich durch den gesamten Gesellschaftskörper zieht und u. a. Wissen
produziert: »Dass die Macht Bestand hat, dass man sie annimmt, wird ganz einfach

---

1   Charlton (1998), S. 120.
2   Vgl. Flieger /Koenig (1997), S. 26f sowie Flieger (2006)
3   Foucault (2005b), S. 258.

dadurch bewirkt, dass sie nicht bloß wie eine Macht lastet, die Nein sagt, sondern dass sie in Wirklichkeit die Dinge durchläuft und hervorbringt, Lust verursacht, Wissen formt und einen Diskurs produziert; man muss sie als ein produktives Netz ansehen, das weit stärker durch den Gesellschaftskörper hindurchgeht als eine negative Instanz, die die Funktion hat zu unterdrücken.«[4] Trotz dieser positiven Grundbewertung wurde Foucault nicht müde, verfestigte oder institutionalisierte Machtverhältnisse zu kritisieren. Er betonte, dass Machtbeziehungen in (gesellschaftlichen) Institutionen wesentlich zum Fortbestand dieser Institutionen beitragen. Machtbeziehungen seien oft derart verfestigt, »dass sie auf Dauer asymmetrisch sind und der Spielraum der Freiheit äußerst beschränkt ist.«[5] Gleichzeitig betonte er, dass Machtbeziehungen in ihren bestehenden Formen keineswegs zwingend notwendig seien oder »unabwendbares Schicksal«[6]. Foucault war davon überzeugt, dass es »keine Machtbeziehung ohne Widerstand, ohne Ausweg oder Flucht, ohne möglichen Umschwung« gibt.[7]

Macht bedeutet also, dass eine Person auf eine Sache oder auf eine andere Person Einfluss hat bzw. über sie bestimmt, was unterschiedliche – positive wie negative – Auswirkungen haben kann. Machtvorgänge spielen sich zwischen Menschen in allen Bereichen der Gesellschaft ab. Mehr oder weniger Macht ist einerseits mit sozialen Positionen wie bestimmten Berufen oder politischen Funktionen verbunden, andererseits wird sie durch gesellschaftliche Institutionen wie z.B. das Bildungssystem, durch politische Instanzen oder Ämter repräsentiert, aufrechterhalten und fortgesetzt. Macht wird oft in Symbolen ausgedrückt, etwa durch Titel, durch Gebäude oder durch den Einsatz von Sprache. In der Gesellschaft ist Macht nicht gleichmäßig verteilt, d. h., nicht alle Menschen haben gleich viel Macht und können Einfluss nehmen auf die Gestaltung der gesellschaftlichen Verhältnisse. Pierre Bourdieu, ein anderer Soziologe aus Frankreich, hat sich sehr genau mit der Analyse dieser Phänomene und ihres Funktionierens befasst. Um detailliert zu beschreiben, wie Macht eingesetzt und weitergegeben wird, führte er einen erweiterten Begriff von Kapital ein. Kapital in seinen unterschiedlichen Formen ist ein »Machtmittel«[8], mit dem eine Person in der Gesellschaft Einfluss, Bedeutung und Ansehen hat und wirksam einsetzen kann. Bourdieu unterschied zuerst zwischen ökonomischem, kulturellem und sozialem Kapital[9] und ergänzte später zusätzlich den Begriff symbolisches Kapitel.[10] Er betont, dass sich

---

4   Foucault (2005a), S. 93.
5   Foucault (2005c), S. 289.
6   Foucault (2005b), S. 259.
7   Ebd., S. 261.
8   Bourdieu zit. nach Schwingel (1995), S. 81.
9   Vgl. Bourdieu (1983)
10   Vgl. Schwingel (1995), S. 87.

die gesellschaftlichen Verhältnisse und Machtstrukturen historisch entwickelt und verändert haben, und meint in Bezug auf die Verteilung der verschiedenen Formen von Kapital: »Die zu einem bestimmten Zeitpunkt gegebene Verteilungsstruktur verschiedener Arten und Unterarten von Kapital entspricht der immanenten Struktur der gesellschaftlichen Welt, d. h. der Gesamtheit der ihr innewohnenden Zwänge, durch die das dauerhafte Funktionieren der gesellschaftlichen Wirklichkeit bestimmt und über die Erfolgschancen der Praxis entschieden wird.«[11]

Für die in diesem Beitrag anzustellenden Überlegungen liegt die Verknüpfung mit der Idee des kulturellen Kapitals an, bei dem Bourdieu drei Formen unterscheidet:[12]

1. Objektiviertes kulturelles Kapital, z.B. in Form von Büchern, Gemälden, Kunstwerken oder technischen Instrumenten;
2. Inkorporiertes kulturelles Kapital, womit v. a. Fähigkeiten und Wissen gemeint sind, die Menschen durch Bildung im weitesten Sinn erworben haben; sowie
3. Institutionalisiertes kulturelles Kapital in Form von anerkannten und legitimen Bildungstiteln.

Für die langfristige Etablierung und Wirksamkeit von kulturellem Kapital ist besonders entscheidend, ob dieses gesellschaftlich anerkannt, legitimiert und institutionalisiert ist.[13] Erst »durch den schulischen oder akademischen Titel wird dem von einer bestimmten Person besessenen Kulturkapital institutionelle Anerkennung verliehen.«[14] Bestes Beispiel dafür sind anerkannte Bildungsabschlüsse, die einen an die Person gebundenen und nicht übertragbaren Titel bewirken. Solche Titel eröffnen ihrem Träger bzw. ihrer Trägerin Zugang zu Positionen und Rollen mit politischer und gesellschaftlicher Macht. Menschen ohne entsprechenden Titel können diese Positionen nicht einnehmen, auch wenn sie dafür kompetent wären und sich das notwendige Wissen, z.B. im Eigenstudium außerhalb einer legitimierten Bildungseinrichtung, angeeignet hätten.

Bevor nun näher darauf eingegangen wird, ob Texte in »Leichter Sprache« im Sinne Bourdieus als kulturelles Kapital von Menschen mit Lernschwierigkeiten verstanden werden können und welche Konsequenzen dies hätte, soll im nächsten Abschnitt zuerst allgemein kurz beleuchtet werden, wie sich für Menschen mit Behinderungen Fragen zu gesellschaftlichen Machtverhältnissen generell darstellen.

---

11 Bourdieu (1983), S. 184.
12 Vgl. dazu Bourdieu (1983); Schwingel (1995), S. 83ff.
13 Vgl. Schwingel (1995), S. 85f.
14 Bourdieu (1983), S. 190.

Macht und Menschen mit Behinderungen

Behinderte Frauen und Männer kritisieren weltweit und seit langem asymmetrische gesellschaftliche Machtverhältnisse, die zu ihren Ungunsten wirken, sie unterdrücken und benachteiligen.[15] Ein klassisches Beispiel dafür ist die institutionelle Kultur in Einrichtungen der Behindertenhilfe, die dazu führen kann, dass Menschen mit Behinderungen ihr Leben als stark fremdbestimmt und sich selbst als ohnmächtig erleben. Z. B. können erwachsene Personen ihren Tagesablauf nicht selbst gestalten, denn Organisations-, Entscheidungs- und Gestaltungsmacht liegen beim meist nicht behinderten Personal und orientieren sich an den Organisationsstrukturen der Einrichtung. Solche Asymmetrien beobachtet und dokumentiert in Österreich neuerdings v. a. die Volksanwaltschaft[16], und folgende Zitate aus Lebensgeschichten von Frauen und Männern mit Lernschwierigkeiten veranschaulichen sie: »Beim Wohnen im Wohnheim durfte ich früher nicht kochen, was ich wollte. Wann der Freund kommen darf, bestimmten die Betreuerinnen und Betreuer. Und ich musste immer um 22 Uhr zuhause sein«, berichtet Rosalinde Scheider.[17] Johannes Georg erzählt aus seinem Alltag in einer Behindertenwerkstätte: »Wenn jemand aufs Klo muss und die Betreuerinnen und Betreuer gerade keine Zeit haben, muss er oder sie warten. Er oder sie muss 5 Minuten warten. Damit wir nicht so oft während dem Arbeiten aufs Klo gehen müssen, gehen alle, die Unterstützung brauchen, aufs Klo, bevor wir zu arbeiten beginnen. Wenn ich während dem Arbeiten aufs Klo gehen muss, dann gehe ich. Ich sage zu den Betreuerinnen und Betreuern: `Darf ich aufs Klo gehen?´ Er oder sie sagt dann: `Ja.´«[18] Dass alltägliche Interaktionen und die damit verbundenen Sprachhandlungen zwischen Personal und behinderten Menschen – ob in Leichter oder schwerer Sprache – ein »zentraler Ausgangsort von gesellschaftlichen Asymmetrien«[19] sind, beschreibt eindrücklich Melanie Hupfauf: »Sie sagen, ich werde nie so sein wie sie. Sie sagen, ich kann nichts. Sie sagen, ich bin und bleibe behindert.«[20] Die sehr ungleiche Verteilung der Macht kommt in der Publikation schließlich auch deutlich dadurch zum Ausdruck, dass die Frauen und Männer mit Lernschwierigkeiten ihre Geschichten unter einem Pseudonym veröffentlicht haben, aus Angst vor negativen Reaktionen von Betreuerinnen und Betreuern oder Angehörigen. Dazu noch einmal Johannes Georg: »Meinen richtigen Namen will ich nicht sagen. Wenn

---

15   Vgl. Charlton (1998)
16   Vgl. Volksanwaltschaft (2014), 69.
17   Scheider (2012), S. 11.
18   Georg (2012), S. 15f.
19   Herrmann /Kuch (2007), S. 7.
20   Hupfauf (2012), S. 80.

ich meinen richtigen Namen sage, habe ich Angst, dass sich die Betreuerinnen und Betreuer aufregen.«[21]

Ausgehend von der Kritik an den benachteiligenden und unterdrückenden Verhältnissen nicht nur in der Behindertenhilfe, sondern gesamtgesellschaftlich, schlossen sich behinderte Bürger und Bürgerinnen seit den 1970er-Jahren weltweit zu Selbstbestimmt-Leben-Initiativen zusammen. Ihr Ziel war und ist es, behindernde Machtverhältnisse zu verändern und selbst mehr Macht zu erhalten, ihre Spielräume der Freiheit zu erweitern.[22] Dabei kristallisierte sich als wichtiges und konkretes Argument in der politischen Auseinandersetzung die Forderung nach Barrierefreiheit heraus. So heißt es etwa in einem Forderungskatalog der Alternativgruppen von Behinderten und Nichtbehinderten Österreichs aus dem Jahr 1982: »Es geht darum, alle gesellschaftlichen Lebensbereiche so zu gestalten, daß Behinderte daran teilnehmen können.«[23] Analog der Forderung nach Barrierefreiheit der gestalteten Umwelt von Menschen mit Mobilitäts- und Sinnesbehinderungen stand und steht für politisch aktive Menschen mit Lernschwierigkeiten die Forderung nach gut verständlicher Information in »Leichter Sprache« im Vordergrund. Barrierefreiheit als Grundsatz und Leitprinzip findet sich schließlich in der von Österreich im Jahr 2008 ratifizierten UN-Konvention über die Rechte von Menschen mit Behinderungen. Barrierefreiheit wird hier sehr umfassend definiert und beinhaltet neben baulichen, sozialen, ökonomischen und kommunikativen Barrieren auch Barrieren bei der Information durch schwere oder schwer verständliche Sprache. Die Behindertenrechtskonvention ist das erste internationale Übereinkommen, das in »Leichter Sprache« veröffentlicht werden muss.[24]

Neben der bloßen Verfügbarkeit und Zugänglichkeit von Information ging es den Selbstvertreterinnen und Selbstvertretern mit Lernschwierigkeiten zentral immer auch darum, für sich selbst sprechen und sich politisch aktiv einbringen zu können. »Die Beschaffung von Information bedeutet demnach Zugang zu gesellschaftlichen Teilhabebereichen und bildet eine der Voraussetzungen für das Sprechen für sich selbst und das selbstbestimmte Vertreten der eigenen Ansprüche.«[25] Menschen, die über Jahrhunderte als sprachlos gegolten hatten, denen nicht zugetraut und nicht zugestanden worden war, für sich selbst entscheiden und sprechen zu können, ermächtigten sich der Sprache und definierten ihre eigene Sprache. Sie wehrten sich dagegen, als sprachlos zu gelten, und emanzipierten sich mit der Forderung nach Zugang zu

---

21 Georg (2012), S. 12.
22 Vgl. Miles-Paul (1992) und Charlton (1998)
23 Alternativgruppen von Behinderten und Nichtbehinderten Österreichs (1982), im Internet.
24 Vgl. Schulze (2011), S. 16.
25 Hazibar (2013), im Internet.

Wissen und Information in »Leichter Sprache«. Selbstvertreter und Selbstvertreterinnen beendeten die stillschweigende Akzeptanz der jahrhundertelangen Unterdrü-
ckung und entwarfen alternative Weltsichten aus der Perspektive von Menschen mit
Lernschwierigkeiten.[26] Dabei lassen sich zwei sehr unterschiedliche Prototypen von
Texten ausmachen: Einerseits gibt es literarische Texte von Frauen und Männern mit
Lernschwierigkeiten, die autobiografisch oder sachbezogen berichten und reflektieren;
abseits autobiografischer Texte sind auch weitere literarische Gattungen zu finden[27].
Andererseits entstehen Texte, die von schwerer Sprache in »Leichte Sprache« über-
setzt und veröffentlicht werden, um gezielt Information und Wissen für Menschen
mit Lernschwierigkeiten zugänglich zu machen. Eine genauere Diskussion über Wesen, Funktion und Wirksamkeit dieser beiden Prototypen wäre interessant, würde den
Rahmen dieses Beitrags jedoch sprengen.

»Leichte Sprache«, kulturelles Kapital und gesellschaftliche Machtverhältnisse

Texte, die von oder für Menschen mit Lernschwierigkeiten in »Leichter Sprache« produziert und veröffentlicht werden, können im Sinne Bourdieus als objektiviertes kulturelles Kapital verstanden werden. Da es diese Texte erst seit knapp zwanzig Jahren und
verstärkt öffentlich sichtbar überhaupt erst seit Kurzem gibt, ist hier möglicherweise
eine neue Form kulturellen Kapitals im Entstehen. Dass Übersetzungen von schwierigen oder akademischen Texten in Leicht Lesen immer häufiger zu finden sind, sei es
als eigene Publikation, sei es als Zusammenfassung eines Beitrags vorab oder als eigener
Bereich auf einer Homepage, deutet darauf hin, dass ein Veränderungsprozess in Gang
ist. Als Michaela Koenig und ich vor 18 Jahren den Linzer Appell in einfache Sprache
übersetzten[28], war das im deutschen Sprachraum etwas völlig Neues, mittlerweile ist dafür ein Markt entstanden und es gibt bereits Unternehmen, die sich darauf spezialisieren.
Die Forderung nach der Verwendung von und der Übersetzung in »Leichte Sprache«
liegt originär in der emanzipatorischen Selbstvertretungsbewegung von Menschen mit
Lernschwierigkeiten, daher kann die wachsende Verbreitung von »Leichter Sprache«
als gesellschaftlicher Anerkennungsakt[29] nicht nur der Texte selbst, sondern überhaupt

---

26 Vgl. Schultheis (2008), S. 31.
27 Vgl. z.B. Selbstbestimmt Leben Innsbruck /Wibs (2012) für autobiografische Texte; für Beispiele
    anderer literarischer Gattungen vgl. Texte, die für den Literaturpreis Ohrenschmaus entstanden sind,
    (http://ohrenschmaus.net/).
28 Vgl. Flieger /Koenig (1997)
29 Vgl. Schwingel (1995), S. 89.

von Menschen mit Lernschwierigkeiten als gesellschaftliche Gruppe verstanden werden. Das Bereitstellen von schwieriger Information in »Leichter Sprache« drückt ihnen gegenüber Anerkennung und Wertschätzung aus, es macht Menschen mit Lernschwierigkeiten in der Öffentlichkeit symbolisch sichtbar und präsent. Für eine Bevölkerungsgruppe, die historisch durch systematisches Aussondern und Wegsperren bis hin zur Vernichtung unsichtbar gemacht wurde, ist dies eine beachtliche Errungenschaft.

Doch reicht die bloße Übersetzung und Veröffentlichung von schwierigen Texten in »Leichter Sprache« aus, um die weiter oben beschriebenen asymmetrischen Machtverhältnisse in ihrer Komplexität und Wirkmächtigkeit nachhaltig zu verändern? Können Texte in »Leichter Sprache« Menschen mit Lernschwierigkeiten so viel Macht in Form von Wissen geben, dass über Jahrhunderte in der Gesellschaft etablierte Machtverhältnisse von Grund auf geändert und die Macht zugunsten von Menschen mit Lernschwierigkeiten neu verteilt wird? Bislang, so bleibt zu befürchten, ist dieser Effekt nicht eingetreten, und es wäre wohl auch naiv, davon auszugehen, dass dies so einfach möglich wäre. Um hier mit Bourdieu weiterzudenken: »Leichte Sprache« kann sich in Form von Texten als objektiviertes kulturelles Kapital möglicherweise gut etablieren, aber vom Status institutionalisierten und legitimen kulturellen Kapitals für seine Nutzer und Nutzerinnen ist es weit entfernt. Texte in »Leichter Sprache« alleine eröffnen Menschen mit Lernschwierigkeiten keine gesellschaftlichen, wirtschaftlichen oder politischen Positionen mit Definitions-, Gestaltungs- und Entscheidungsmacht. Durch die Bereitstellung von Information in Leicht Lesen wird der stigmatisierende Effekt von Sonderschulbesuch oder dem Vermerk des Sonderschullehrplans in Zeugnissen aus Integrationsklassen ebenso wenig überwunden wie die Herabsetzung von behinderten Menschen durch ihren Status als Klient oder Klientin in Beschäftigungstherapien oder Wohneinrichtungen. Es käme einer völligen Unterschätzung der Komplexität der Verhältnisse gleich, sollte die effektive Veränderung der gesellschaftlichen Machtverhältnisse auf die Bereitstellung von Information in »Leichter Sprache« reduziert werden. Dass die Barrieren zur Überwindung der Machtasymmetrien zwischen behinderten und nicht behinderten Menschen erheblich sind und das historische Erbe eine große Belastung ist, bringt James Charlton, ein amerikanischer Journalist und Aktivist der Selbstbestimmt-Leben-Bewegung, in dem diesem Beitrag vorangestellten Zitat mehr als deutlich zum Ausdruck. Um als kulturelles Kapital langfristig erfolgreich etabliert zu sein, müssen sich schließlich die erfolgreiche Weitergabe und Reproduktion von Texten in »Leichter Sprache« erst beweisen. Und dennoch: »Die symbolische Überschreitung einer sozialen Grenze hat aus sich heraus eine befreiende Wirkung, weil sie das Undenkbare praktisch heranführt.«[30] In

---

30   Bourdieu zit. nach Krais (2008), S. 56.

diesem Sinn können Texte in »Leichter Sprache« vielleicht am besten als Puzzlesteine oder ein wichtiger Faktor im großen emanzipatorischen Kampf um Gleichstellung und Anerkennung von Menschen mit Lernschwierigkeiten verstanden werden. Texte in »Leichter Sprache« haben große Bedeutsamkeit im Gesamtprozess, ihre alleinige Wirkung sollte aber nicht überschätzt werden. Um für Menschen mit Lernschwierigkeiten die Machtverhältnisse derart zu verändern, dass sie Zugang zu allen von Bourdieu beschriebenen Formen von Kapital hätten, fehlen noch viele Puzzlesteine. Die bereits genannten – Diskreditierung durch Sonderschulbesuch oder -zeugnis und Herabsetzung durch KlientInnenstatus in der Behindertenhilfe – sowie vor allem Änderungen im österreichischen Sachwalterrecht zählen sicherlich dazu. Erst durch die Kumulierung von Kapital in seinen verschiedenen Formen könnten Menschen mit Lernschwierigkeiten jenes symbolische Kapital erringen, das ihnen ausreichend Einfluss auf die effektive und nachhaltige Veränderung der Verhältnisse eröffnen würde. Denn: »Mit der Durchsetzung einer symbolischen Macht konstituieren sich Sinn- und Bedeutungsverhältnisse, welche die objektiven Kräfte- und Mächteverhältnisse reproduzieren oder, im Falle symbolischer Subversion, transformieren.«[31]

Resümee

Texte in »Leichter Sprache«finden immer weitere Verbreitung und gewinnen zunehmend Platz und Bedeutung in der Öffentlichkeit. Sie sind eine Errungenschaft der Selbstvertretungsbewegung von Frauen und Männern mit Lernschwierigkeiten. Über ihren eigentlichen Zweck – die Herstellung von Barrierefreiheit bei der Bereitstellung und Vermittlung von Information – hinaus signalisieren sie die gesellschaftliche Sichtbarmachung und Anerkennung von Menschen mit Lernschwierigkeiten als gleichberechtigte Bürger und Bürgerinnen. Dies ist im Sinne der Kritik an den bestehenden Verhältnissen als wichtiger Schritt und symbolische Subversion zu verstehen. Dennoch wäre es vermessen zu behaupten, Information in »Leichter Sprache« alleine würde die asymmetrischen Machtverhältnisse zwischen Menschen mit Lernschwierigkeiten und nicht behinderten Menschen bereits grundlegend ändern, zu komplex und wirkmächtig sind die historisch gewachsenen Benachteiligungs- und Unterdrückungsstrukturen in der gesamten Gesellschaft.

---

31 Schwingel (1995), S. 115.

Literatur

Alternativgruppen von Behinderten und Nichtbehinderten Österreichs (1982): Forderungskatalog, in: Forster, R. /Schönwiese, V. (Hg.): BEHINDERTENALLTAG – wie man behindert wird, Wien, S. 391–400, Wiederveröffentlichung im Internet: http://bidok.uibk.ac.at/library/alternativgruppen-forderungskatalog.html

Bourdieu, P. (1983): Ökonomisches Kapital, kulturelles Kapital, soziales Kapital, in: Reinhard Kreckel (Hg.), »Soziale Ungleichheiten« (Soziale Welt Sonderband 2), Göttingen 1983, S. 183–198.

Charlton, J. I. (1998): Nothing about us without us. Disability oppression and empowerment, Berkeley, Los Angeles, London.

Flieger, P. (2006). Wegbegleiterinnen und Grenzüberschreiter – ein persönlicher Rückblick, in: Zusammen. Behinderte und nichtbehinderte Menschen. Vol. 26, 5/06, kompakt S. 14–15.

Flieger, P. /Koenig, M.: (1997). Linzer Appell – leicht zu lesen, in: domino 2/1997, S. 26–27.

Foucault, M. (2005a): Gespräch mit Michel Foucault, in: Foucault, M.: Analytik der Macht. Frankfurt/Main, S. 83–107.

Foucault, M. (2005b): Subjekt und Macht, in: Foucault, M.: Analytik der Macht. Frankfurt, S. 240.

Foucault, M. (2005c): Die Ethik der Sorge um sich als Praxis der Freiheit, in: Foucault, M.: Analytik der Macht. Frankfurt, S. 274–300.

Georg, J. (2012): Irgendwann will ich bei meiner Freundin leben, in: Selbstbestimmt Leben Innsbruck/Wibs (Hg.), a. a. O., S. 12–19.

Hupfauf, M. (2012): Sie sagen, Ordnung muss sein! in: Selbstbestimmt Leben Innsbruck/Wibs (Hg.), a. a. O., S. 76–81.

Hazibar, K. (2013). Leichte Sprache, in: Inklusion Lexikon, im Internet: http://www.inklusion-lexikon.de/index1.html.

Herrmann, S. K. /Kuch, H. (2007): Verletzende Worte. Eine Einleitung, in: Herrmann, S. K. / Kuch, H. (2007). Verletzende Worte. Die Grammatik sprachlicher Missachtung. Bielefeld, S. 7–30.

Krais, B. (2008). Zur Funktionsweise von Herrschaft in der Moderne. Soziale Ordnungen, symbolische Gewalt, gesellschaftliche Kontrolle, in: Schmidt R. /Wolterdorff, V. (Hg.): Symbolische Gewalt. Herrschaftsanalyse nach Pierre Bourdieu, Konstanz, S. 45–58.

Miles-Paul, O. (1992). Wir sind nicht mehr aufzuhalten! Behinderte auf dem Weg zu mehr Selbstbestimmung. Beratung von Behinderten durch Behinderte – Peer Support: Vergleich zwischen den USA und der BRD, München, Wiederveröffentlichung im Internet: http://bidok.uibk.ac.at/library/miles_paul-peer_support.html.

Selbstbestimmt Leben Innsbruck/Wibs (Hg.) (2012): Das Mutbuch. Lebensgeschichten von Frauen und Männern mit Lernschwierigkeiten, Neu-Ulm.

Scheider, R. (2012): Meine eigene Kapitänin sein, in: Selbstbestimmt Leben Innsbruck/Wibs (Hg.), a. a. O., S. 10–11.

Schultheis, F. (2008). Symbolische Gewalt. Zur Genese eines Schlüsselkonzepts der bourdieuschen Soziologie, in: Schmidt R. /Wolterdorff, V. (Hg.): Symbolische Gewalt. Herrschaftsanalyse nach Pierre Bourdieu, Konstanz, S. 25–44.

Schulze, M. (2011): Menschenrechte für alle: Die Konvention über die Rechte von Menschen mit Behinderungen, in: Flieger, P. /Schönwiese, V. (Hg.): Menschenrechte – Integration – Inklusion. Aktuelle Perspektiven aus der Forschung, Bad Heilbrunn, S. 11–25.

Schwingel, M. (1995): Bourdieu zur Einführung, Hamburg.

Volksanwaltschaft (2014): Bericht an den Nationalrat und an den Bundesrat 2013, Wien.

Verteilt Leicht Lesen die Macht neu?

Petra Flieger

Zusammenfassung in »Leichter Sprache«

Macht ist überall in der Gesellschaft.
Macht heißt:
Ein Mensch bestimmt über einen anderen Menschen
oder über eine Sache.
Es gibt verschiedene Erklärungen für Macht.
Die Erklärungen sind oft schwierig.

Macht ist in der Gesellschaft nicht gleich verteilt.
Menschen ohne Behinderungen haben oft mehr Macht
als Menschen mit Behinderungen.
Menschen ohne Behinderungen haben oft Macht über Menschen
mit Behinderungen.
Menschen mit Behinderungen kämpfen um mehr Macht
in der Gesellschaft.
Der Kampf ist schwierig.

Information ist ein Teil von der Macht in der Gesellschaft.
Menschen mit Information haben mehr Macht als Menschen ohne
Information.
Daher ist gute Information wichtig.
Menschen mit Lernschwierigkeiten kämpfen um Information
in Leichter Sprache.
Sie fordern Leichte Sprache.
Information in Leichter Sprache hilft,
dass Menschen mit Lernschwierigkeiten mehr Macht haben.

Übertragung in »Leichte Sprache« durch die Autorin

Marianne Schulze

Verstehen als Menschenrecht

Der Schlüssel zur Welt für alle

Einleitung

Wenn man bei den Vereinten Nationen verstanden werden will, wenn man sicherstellen möchte, dass ein Anliegen tatsächlich begriffen wird, dann lobt man eine eigene Besprechung aus. In den Abendstunden oder auch während der Mittagszeit. Man nimmt sich Zeit, um dem Gegenüber die Dringlichkeit eines Anliegens, die spezifischen Auswirkungen einer Formulierung und andere Dimensionen einer Forderung zu vermitteln. Rechtsfähigkeit von Menschen mit Behinderungen, Zugang – und zwar barrierefrei – zu Sexual- und Reproduktivmedizin für Menschen mit Behinderungen, die Wichtigkeit, den Plural von Gebärdensprache anzuerkennen … Die Liste an Anliegen, die bei solchen Abend- und Mittagsterminen eingehend diskutiert wurden, ist lang. Im Prinzip findet sich in jeder der nun bekannten Bestimmungen der Konvention über die Rechte von Menschen mit Behinderungen eine Vielzahl an Details, die zunächst nicht verstanden wurden, deren Bedeutung erst klar gemacht werden musste.

Für keine andere Bestimmung kann die Förderung von Verständnis zur Sicherstellung von »Verstehen« so plakativ dargestellt werden wie für Artikel 13 der Konvention über die Rechte von Menschen mit Behinderungen: Zugang zum Recht. Die israelische Nichtregierungsorganisation Bizchut, spezialisiert auf die Unterstützung von Menschen mit hohem Assistenzbedarf, wollte eine eigene Bestimmung zum Umgang mit Menschen mit Behinderungen in Gerichtsverfahren. Das Unverständnis war gewaltig und daher war die Veranstaltung zur Mittagszeit extrem gut besucht. Wozu eine eigene Bestimmung zur Verständlichkeit von Gerichtsverfahren, warum ein Spezialparagraf zum Zugang zum Recht? Was ist »da« so besonders, wieso braucht es das?

Im alten Gebäude der Vereinten Nationen, wo in den Konferenzräumen schon dann und wann das Wasser durchzutropfen begann, in durchgesessenen Sesseln und bei schummrigem Licht – wozu die Verständlichkeit durch gute Beleuchtung erhöhen, wenn die Renovierung »bald« beginnen würde – eine Erklärungsrunde zu »Zugang zum Recht.« Die Teilnehmerinnen und Teilnehmer um einen großen ovalen Tisch versammelt, fragte die Mitarbeiterin von Bizchut, Tirza Leibovitz, nach einem Freiwilligen oder einer Freiwilligen. Die Verhandlungsleiterin der kanadischen Regierung meldete sich sehr bereitwillig. Es wurde ihr – wie allen anderen auch – ein Zettel mit

20 Begriffen ausgeteilt. Darauf fanden sich Worte wie Rose, Gießkanne, mieten und so fort. Tirza Leibovitz erläuterte, dass nunmehr ein Gerichtsverfahren fingiert würde. Wir sollten alle annehmen, in einem Gerichtssaal zu sein und die Verhandlungsleiterin würde nun als eine der wichtigsten Zeuginnen in einem Mordprozess vernommen werden. Nachdem sichergestellt war, dass alle die Instruktionen verstanden (sic!) hatten, wurde die relativ vorhersehbare Frage gestellt: »Wo waren Sie, als der Schuss auf das spätere Mordopfer fiel?«

So simpel die Frage, so weitreichend die Kreativität und Vorstellungskraft der kanadischen Kollegin: mit den 20 Wörtern – dem Sprachschatz der fingierten Zeugin – war kein Satz zu bilden, konnte man nichts in Beantwortung der Frage nach dem Verbleib im Mordmoment beitragen, war rein gar nichts zu kommunizieren, was auch nur annähernd passend für den nun eingetretenen Moment schien. Alle schauten verdutzt auf das vor ihnen liegende Blatt – zu gern hätte man der Kollegin zur Seite gestanden, erstens weil es die Kinderstube gebietet, zweitens weil das Prinzip der Assistenz in den Konventionsverhandlungen sehr rasch Verbreitung gewann und drittens weil die betreffende Diplomatin ungemein beliebt war.

Es war zum Haare raufen: keine Chance. Nichts zu machen. Die Frage war unter den gegebenen Umständen unbeantwortbar. Im selben Moment war aber auch deutlich: eine eigene Bestimmung betreffend die Gewährleistung des Zugangs zum Recht hatte eine Existenzberechtigung erlangt, weil die praktischen Auswirkungen so augenfällig waren, dass es weh tat.

Zu diesem Zeitpunkt hatten die Delegierten – also die Beteiligten der Konventionsverhandlungen von Regierungsseite – schon zur Kenntnis nehmen müssen, dass ihre Vorstellungen über das Leben von Menschen mit Behinderungen gehörig durcheinander gewirbelt worden waren. Allen voran die Annahme, dass bestehende Menschenrechtsverträge die Bedürfnisse von Menschen mit Behinderungen hinreichend berücksichtigen würden, dass die Forderung einer eigenen Konvention überzogen sei und auch, dass man die Konvention »unter sich« – also in diplomatischen Kreisen aushandeln würde, weil man ja wisse, was »die« brauchen. Der Sinneswandel war vor allem das Verdienst zahlreicher unermüdlicher Experten und Expertinnen in eigener Sache. Robert Martin aus Neuseeland zum Beispiel, der über seine Zeit in einer Institution und seinen schwierigen Weg an die Spitze einer Selbstbestimmt-Leben-Organisation Zeugnis ablegte. Sehr eindringlich schilderte er, wie es sich anfühlt, wenn man den neuseeländischen Nationalsport – Football – nicht von Kind an aufsaugt, nicht regelmäßig von der Tribüne mitjubelt, nicht weiß, was es bedeutet, ein Team anzufeuern. »Verstehen Sie mich?«, fragte er am Ende einer seiner Interventionen die Diplomatinnen und Diplomaten aus gut 150 Staaten.

»Verstehen Sie mich?«

Verständnis ist ein weitreichender Begriff, der kommunikative, soziale und emotionale Komponenten hat. Verstanden zu werden, hat auch einen sehr klaren hierarchischen Aspekt: sich hinter Formulierungen verschanzen, sich einer Sprache zu bedienen, die eben genau nicht verstanden werden soll. Menschen die Augenhöhe verweigern, indem man so spricht, dass andere nicht mitkommen können. Kaltblütige Machtdemonstrationen, die ob ihres bewussten oder unbewussten Einsatzes nicht weniger spürbar sind, nicht weniger wehtun. Sprache und Verständnis als Mittel von Abgrenzung, als Methode der Ausgrenzung.

Menschenrechte haben vielerlei Funktionen, darunter auch die des Machtausgleichs, ist doch die Sicherstellung von Gleichbehandlung – »alle Menschen sind frei und gleich an Würde und Rechten geboren« tönt die Allgemeine Menschenrechtserklärung – oberstes Prinzip. Die barrierefreie und inklusive Ausformulierung der Menschenrechte, die im Mittelpunkt der Konvention über die Rechte von Menschen mit Behinderungen steht, berührt diesen Aspekt des Machtausgleichs, des Einforderns von Respekt und Augenhöhe, des Gewährleistens von Verständlichkeit in vielen ihrer Bestimmungen. Fangen wir – ausnahmsweise – von hinten an: es ist dies der erste Menschenrechtsvertrag, der verpflichtend vorsieht, dass »der Wortlaut dieses Vertrags in barrierefreien Formaten zur Verfügung gestellt wird.«[1] Die Forderung des Artikels 49 kann man auch mit »zugänglichen« Formaten umschreiben, gemeint ist jedenfalls eine Vielfalt in der Darstellung des Texts, die es allen Menschen möglich macht, diesen zu verstehen.

Die Formatvielfalt wird insbesondere durch die umfassende Definition des Begriffs »Kommunikation« deutlich, diese umfasst:
- Sprachen
- Textdarstellung
- Brailleschrift
- taktile Kommunikation
- Großdruck
- barrierefreies Multimedia
- schriftliche Formen, Mittel und Formate
- auditive Formen, Mittel und Formate
- in einfache Sprache übersetzte Formen, Mittel und Formate
- durch Vorleser zugänglich gemachte Formen, Mittel und Formate
- barrierefreie Informations- und Kommunikationstechnologie.[2]

---

1   Artikel 49 Konvention über die Rechte von Menschen mit Behinderungen.
2   Artikel 2 Konvention über die Rechte von Menschen mit Behinderungen.

Artikel 2 der Konvention, dem die Definition entnommen ist, sieht unter anderem »in einfache Sprache übersetzte« Formen, Mittel und Formate vor. Leichter verständliche Sprache und »Leichte Sprache« sind damit menschenrechtlich anerkannte Dimensionen barrierefreier Kommunikation. Beachtlich ist hier die Mehrdimensionalität von Barrierefreiheit, die nicht nur in ihrem herkömmlichen Sinn als baulicher Aspekt verstanden werden muss, sondern wichtigerweise in einer sozialen Dimension: Die sogenannten »einstellungsbedingten Barrieren« sind mithin die größte Hürde für die Chancengleichheit von Menschen mit Behinderungen. Die Barrieren in den Köpfen, die falschen Vorstellungen darüber, was »die« Menschen mit Behinderungen können, welches Verhalten für Menschen mit Behinderungen »typisch« ist und all die kleinen Mutmaßungen, Schimpfworte und Sticheleien, die ein Schlechtreden und ein Schlechtmachen von Menschen mit Behinderungen zu einer unreflektierten Selbstverständlichkeit machen.

Die Konvention fordert hier einen radikalen Umsturz in den Köpfen der 85 % der Bevölkerung, von der angenommen wird, dass sie Zeit ihres Lebens nicht unmittelbar eine Behinderung haben oder möglicherweise mittelbar durch Familienmitglieder oder Freundinnen und Freunde mit einer solchen in Berührung kommen. Stigmata, Stereotype und Vorurteile vis-à-vis Menschen mit Behinderungen sind nicht nur stark verbreitet, sie entwickeln in ihrer starken Abstraktion eine unglaubliche Kraft, die wiederum eine eigene Macht darstellt. Menschen »Leichte Sprache« zu verweigern, (un) bewusst einen Sprachduktus zu wählen, der andere ausschließt: eine Machtdemonstration, die auch die Folge von sozialen Verhaltensweisen ist.

Meinungsfreiheit

Die Verwirklichung von barrierefreier Kommunikation hat – wenig überraschend – für die Verwirklichung sämtlicher Menschenrechte zentrale Bedeutung. Ist das Kommunizieren, das Sich-Verständigen, Sich-verständlich-Machen, doch der Schlüssel zu den Abläufen des täglichen Lebens, die von Menschen erdacht und geplant wurden und werden, die die Barrierefreiheit derselben nicht als zentral erachten. Bei Kommunikation denkt man unter anderem auch an Meinung und damit das Menschenrecht auf Meinungsfreiheit. Diese umfasst das Recht, ohne Beeinflussung eine Meinung zu haben sowie diese zu ändern, wann immer man das möchte und auch aus beliebig vielen Gründen. Wobei jede Form der Meinung, also jene, die man eigentlich hat, aber auch jene, die angenommen, ja unterstellt wird, geschützt ist. Sämtliche Meinungen, seien diese politischer, wissenschaftlicher, historischer oder auch moralischer und religiöser Natur, sind vom Schutz erfasst. Folglich kann auch niemand wegen einer bestimmten Meinung strafrechtlich verfolgt werden; in Österreich gibt es dazu eine Einschränkung aufgrund des Verbotsgesetzes, das die Verwendung nationalsozialistischen Gedankenguts ahndet. Eine Person aufgrund ihrer Meinung zu bedrohen oder einschüchtern zu wollen, ist eine Verletzung der Meinungsfreiheit.

Die Meinungsfreiheit von Menschen mit Behinderungen wird wohl in den meisten Fällen nicht »bedroht« oder »eingeschüchtert«, wohl aber regelmäßig in subtileren Formen »abgeändert.« Da ist zum einen die Haltung, wonach man Menschen mit Behinderungen gar nicht erst um ihre Meinung fragt, weil »die« es ja »so genau nicht wissen.« Oder auch »weil das jetzt zu komplex ist.« Oder »weil das jetzt zu viel Zeit braucht.« Zwischen der Unterstellung, dass Dinge »zu komplex« seien und damit per se unverständlich für Menschen mit Behinderungen, und der – vermeintlich gut gemeinten – Herangehensweise, dass es zu »ihrem Besten« ist, wenn das für sie entschieden wird, gibt es ein ganzes Spektrum an Haltungen, das im Ergebnis das Menschenrecht auf Meinungsfreiheit im Sinne eines Rechts auf adäquate, also verständliche Information hintertreibt und oftmals verletzt.

Ein selten diskutierter Aspekt in diesem Kontext ist das Briefgeheimnis, das in Österreich eine sehr lange Tradition hat, wurde es doch schon von Kaiser Franz Josef anerkannt. Behördenschreiben, aber auch Briefe, die die Person »aufwühlen« – also emotional belasten könnten, sind demnach jedenfalls nur für solche dritte Personen zugänglich, die sich viel zu wenig Gedanken darüber machen, in welch fundamentales Recht sie da eingreifen.

Die Behördensprache ist für die allermeisten Menschen in Österreich eine unüberwindbare Hürde. Das Antragsformular für Verfahrenshilfe – ausgerechnet! – ist so komplex formuliert, dass selbst Rechtskundige meinen, dass es ohne Unterstützung nicht auszufüllen ist. Die mangelnde Barrierefreiheit zahlreicher Formulare ist für einen stetig wachsenden Anteil der Bevölkerung hochproblematisch. Das Faktum, dass in Österreich zuletzt (2014) die Zahl der Sachwalterschaftsbestellungen, um Formulare auszufüllen, signifikant angestiegen ist, ist bezeichnend für eine Behördenkultur, die die Wichtigkeit von Barrierefreiheit im kommunikativen Sinn noch nicht verstanden hat.

Rechts- und Geschäftsfähigkeit

Das Recht, seine eigenen Belange selbst zu entscheiden, ist mit der Willens- und Meinungsbildung verbunden. Die Sachwalterschaft,[3] die zum gesetzlichen Ziel hat,

---

3   In Deutschland: Betreuung.

Menschen, die zum Beispiel aufgrund einer intellektuellen Beeinträchtigung, psychischer oder psychiatrischer Beeinträchtigung oder auch aufgrund von Demenz gewisse Dinge nicht selbst regeln oder »entscheiden« können, zur Seite zu stehen, hat in der Praxis eine stark einschränkende Dynamik entwickelt. Menschen, die eine/n Sachwalter/in haben, berichten von der Unmöglichkeit, selbst die kleinsten Aspekte ihres Lebens, Dinge die höchst intim sind, für die die Sachwalterschaft – rein gesetzlich – gar nicht vorgesehen ist, nicht selbst entscheiden zu können. Es wird ihnen vielfach unterstellt, dass ihr Verständnis – der Grad ihres Vermögens, zu »verstehen« – nicht ausreicht, um Entscheidungen zu treffen und vor allem: Entscheidungen alleine zu treffen.

Die Verwirklichung von Selbstbestimmung ist das Kernanliegen von Menschenrechten. Wer die Forderung nach einer Maximierung der Selbstbestimmung von Menschen mit intellektueller Beeinträchtigung zunächst ablehnt, möge sich kurz darauf zurückbesinnen, wie historisch ganze Bevölkerungsgruppen entrechtet wurden und sukzessive ihre Selbstbestimmung erlangt haben. Die Entrechtung von Knechten und Mägden, die Sklaverei in ihren verschiedenen transkontinentalen Formen, aber auch die Emanzipation von Frauen, die in Österreich noch vor wenigen Jahrzehnten akzeptieren mussten, dass der Ehemann automatisch »Haushaltsvorstand« war.

Rechtliche Bestimmungen dieser Art haben Auswirkungen, die weit über den Bereich reichen, für den sie ursprünglich angedacht waren. Die Unterstellung, dass Menschen »gewisse Dinge« nicht verstehen können und daher nicht selbst entscheiden sollen, erzeugt vielfach eine Dynamik, in der dann *ganze Bereiche* nicht mehr selbst entschieden werden können. Der Trend der Zeit, der Effizienz und Tempo zu Trophäen mutiert, tut da sein Übriges: »Es geht halt rascher …«

Experten und Expertinnen in eigener Sache geben unter anderem folgende Hürden in der Verwirklichung ihres Rechts, selbst zu entscheiden, an:

– »Familie und andere Personen machen es schwer, eigene Entscheidungen zu treffen, sie sind überbeschützend,«
– »Ich werde noch immer wie ein Kind gesehen und wie ein solches behandelt,«
– »Die Menschen meinen, ich würde sie nicht verstehen,«
– »Die Betreuer sollten mich unterstützen, aber sie bestimmen mein Leben,«
– »Menschen rund um mich glauben nicht, dass ich selbst entscheiden kann,«
– »Ich weiß nicht, welche Auswahlmöglichkeiten ich habe.«[4]

---

4   Inclusion International, Independent but not alone, 67.

Die Konvention über die Rechte von Menschen mit Behinderungen hält all dem ein anderes Paradigma entgegen: das Ziel der Selbstbestimmung kann mit Assistenz und Unterstützung erreicht werden, Menschen können in die Lage versetzt werden, eigene Entscheidungen zu fällen. Dafür muss die Entscheidungsgrundlage verständlich sein, die Informationen, die zu Entscheidungszwecken herangezogen werden, müssen klar formuliert sein, heruntergebrochen werden und – wo nötig – erklärt werden. Verstehen als Menschenrecht, als Grundlage für Selbstbestimmung. Die Aufbereitung von Information, vor allem aber auch das Vertrauen in die Personen, die Informationen erklären, ist dafür unerlässlich.

Wer meint, dass das »speziell« sei und damit »besondere Bedürfnisse« erfüllt würden, die völlig überzogen und im Prinzip utopisch sind: Bundeskanzlerinnen und Ministerinnen haben einen Beraterstab, Experten für fast alle Aspekte ihres Aufgabenfeldes. Diese Personen erfüllen Schlüsselfunktionen in der Aufbereitung von Information und in der Unterstützung der Entscheidungsfindung. Der wesentliche Unterschied zu Sachwalterschaft? Beraterstäbe sind handverlesen ausgesucht (so sagt man zumindest) und offiziell sind die Minister nicht weisungsgebunden und damit selbstbestimmt. Der Prozess der Unterstützung jedoch ist de facto ident. In *einem* Szenario ist es ein Ausweis von Macht, im *anderen* Fall wird es – noch – als eine Utopie erlebt. De facto ist es die Verwirklichung des Menschenrechts, zu verstehen, verstanden zu werden und selbst zu entscheiden.

Würde des Risikos

Die Grundhaltung vis-à-vis Menschen mit Behinderungen, vor allem Menschen mit intellektueller Beeinträchtigung oder psychischer und psychiatrischer Beeinträchtigung, hat über die Jahrzehnte tiefe Spuren gezogen. Die Grundintention, Menschen vor der Übermacht der Gesellschaft zu schützen, hat einen Paternalismus zur Folge, der sich in viele Winkel vorgearbeitet hat. Eine der Konsequenzen ist eine Vielzahl an Vorschriften zur Minimierung von Gefahren, zur Reduktion von Risiken: »Es soll nix passieren.« Die Idee, Menschen vor den Widrigkeiten des Lebens zu schützen, mutet zunächst sehr nett an, ist aber im Ergebnis verheerend. Menschsein, ohne Fehler zu machen, ist schwierig, man möchte sagen: unmöglich. Informationen misszuverstehen, Situationen falsch einzuschätzen, trotz guter Informationen eine Entscheidung zu treffen, die retrospektiv falsch ist: Das gehört zum Leben. Es ist auch ein – wesentlicher – Aspekt der Würde des Menschen, Fehler zu machen, ein Risiko einzugehen.

Medizinische Behandlung

Restrisiko ist ein zentraler Begriff medizinischer Behandlungen. In diesem Feld trifft die Überwältigung mit unverständlichen Informationen auf oft überbordende Ängste und lässt Menschen völlig hilflos zurück. Die Rechtswissenschaften haben die Gefahr der Überwältigung erkannt und versuchen dieser mit der »freien Einwilligung«, mit der »informierten Entscheidung« die Stirn zu bieten. Zu diesem Zweck wird der Inhalt eines ganzen Medizinstudiums, angereichert mit versicherungsmathematischen Haftungsausschlüssen, in einigen wenigen Minuten präsentiert. Verstehen tun es die wenigsten, aber bei Menschen mit intellektueller Beeinträchtigung, vor allem aber mit hohem Unterstützungsbedarf und geringer Verbalität, wird dann oft auf die Begleitperson zurückgegriffen. Das Recht auf bestmögliche Gesundheitsversorgung – auch das ist ein Menschenrecht[5] – umfasst auch die informierte Einwilligung und damit wieder das Menschenrecht zu verstehen. Es ist nachgerade ein Paradebeispiel für die Behauptung, dass Barrierefreiheit im kommunikativen Sinn allen Menschen zugute kommt. Ein Nachlesen von Beipackzetteln in der Hausapotheke möge als weiterer Beweis der mangelnden Barrierefreiheit herhalten.

Wahlrecht

Ein zentrales Menschenrecht, dessen Verwirklichung mit dem Recht, zu verstehen und verstanden zu werden, ursächlich zusammenhängt, ist das Recht, in öffentliche Angelegenheiten involviert zu sein und diese auch mitzubestimmen. Das Wahlrecht in seiner passiven, aber auch aktiven Form ist der Kern dieses Menschenrechts. Die Unterstellung, dass Menschen nicht wüssten, was sie wählen würden, ist in den Tagen nach Wahlgängen nicht nur in Parteizentralen weitverbreitet, in der übrigen Zeit wird sie auf Menschen mit intellektueller Beeinträchtigung fokussiert: das Unvermögen, sich über Parteiprogramme und Wahlziele eine abschließende – informierte – Meinung zu bilden, wird hier sehr pauschal abgesprochen. Das Faktum, dass die meisten Menschen die Wahlprogramme der Parteien wenig bis gar nicht lesen, wird da sehr souverän außer Acht gelassen. Leichter verständliche Wahlprogramme, in vielen Län-

---

5   Artikel 12 Pakt für wirtschaftliche, soziale und kulturelle Rechte, Absatz 1: «Die Vertragsstaaten anerkennen das Recht eines jeden auf das für ihn erreichbare Höchstmaß an körperlicher und geistiger Gesundheit;« siehe auch Artikel 25 Allgemeine Erklärung der Menschenrechte sowie Artikel 24 Kinderrechtskonvention, Artikel 12 Frauenrechtskonvention und Artikel 25 Konvention über die Rechte von Menschen mit Behinderungen.

dern auch leichter verständliche Wahlzettel, würden die Qualität der Mitbestimmung für viele Menschen stark erhöhen.

Die demokratische Mitbestimmung, die Partizipation an Entscheidungsprozessen auf den verschiedenen administrativen Ebenen und in den zahlreichen Belangen einer Gemeinde-, Landes- oder Bundesverwaltung erfordert neben erhöhter Transparenz auch ein größeres Maß an Zugänglichkeit, an Verständlichkeit. Das Budget für eine Gemeinde zu lesen ist de facto eine Wissenschaft, Methoden des Herunterbrechens gibt es zuhauf – sie zu nutzen, ist ein notwendiger Beitrag zur Stärkung der Demokratie und damit der De-facto-Chancengleichheit.

Verstehen als Menschenrecht

Sich verständlich zu machen, verstanden zu werden, Informationen zu verstehen, ist ein wichtiger Bestandteil sämtlicher Menschenrechte: das Recht auf Arbeit oder das Recht auf Privatsphäre funktionieren ohne Verständnis, ohne nachvollziehbare Information genauso wenig wie das Recht auf Bildung oder die Versammlungsfreiheit. Sich eine Meinung zu bilden, bedarf vor allem umfassender Barrierefreiheit, dem Abbau von Hürden, die sich zum Beispiel durch Fachwörter oder komplexe Formulare äußern. Die Meinungsfreiheit, die wichtigerweise auch das Recht umfasst, keine Meinung zu haben, wirkt also wesentlich weiter, als man in einer ersten Assoziation meint. Und Barrierefreiheit hat eine breitere Bedeutung, als man zunächst vermutet.

Abschließend ein Auszug aus einer Rede von Nellie Riesen, einer Selbstvertreterin aus der Schweiz, die Unterstützte Kommunikation verwendet:

ICH KONNTE NICHT SPRECHEN. UND ICH KONNTE MEINE BEDÜRFNISSE NICHT ANDERS AUSDRÜCKEN, ALS ENTWEDER ZU SINGEN ODER ZU JAMMERN UND ZU WEINEN ODER MICH GAR ZU SCHLAGEN. DAS WAR FÜR ALLE SCHWIERIG.

ICH BIN BEHINDERT. MEIN KÖRPER MACHT OFT ETWAS GANZ ANDERES, ALS MEIN GEIST UND MEINE SEELE ES WOLLEN. JAMMERN UND WEINEN KANN BEI MIR AUCH BEDEUTEN, DASS ICH GLÜCKLICH BIN ODER MEINE SEELE BERÜHRT WIRD. DAS IST FÜR MEINE UMGEBUNG DANN NICHT EINFACH ZU VERSTEHEN UND DIE REAKTIONEN DER MITMENSCHEN IRRITIEREN DANN WIEDERUM MICH, WEIL SIE ÜBERHAUPT NICHT MEINEM INNENLEBEN ENTSPRECHEN.

MEINE UNFÄHIGKEIT, ZU SPRECHEN, MACHT DAS NICHT EINFACHER. DAS EINZIGE WORT, DAS ICH KANN, IST »JA«. DAS KANN ABER AUCH »NEIN« HEISSEN. ZUM GLÜCK

LERNTEN WIR VOR 10 JAHREN DIE GESTÜTZTE KOMMUNIKATION, FACILITATED COMMUNICATION, FC, KENNEN. ICH LERNTE DIESE METHODE RELATIV SCHNELL. WOHER ICH ALLERDINGS DIE BUCHSTABEN KANNTE, ENTZIEHT SICH MEINER KONKRETEN ERINNERUNG.

DIE AUSWIRKUNG DER KOMMUNIKATION IST GEWALTIG.

ÄUSSERLICH: ICH KANN SAGEN, WAS ICH WILL, WAS MICH BESCHÄFTIGT. ICH KANN HEUTE STATT IN EIN HALBGUTES KLASSISCHES KONZERT AUCH MAL WAS JAZZIGES ODER ROCKIGES BESUCHEN. KANN MAL EINEN JAMES BOND FILM GENIESSEN. DAS IST SO HERRLICH UNREALISTISCH, DASS ES SPASS MACHT.

ABER NOCH VIEL WICHTIGER: ICH KANN MICH EINBRINGEN. KANN IN DEN WÖCHENTLICHEN KONFERENZEN MICH AKTIV UND DIFFERENZIERT ÄUSSERN ZU ALLEN FRAGEN, DIE NICHT NUR MICH, SONDERN UNSERE GEMEINSCHAFT, UNSERE GESELLSCHAFT BETREFFEN.

DAS FÜR MICH WICHTIGSTE IST ABER ETWAS INNERLICHES: MEIN DENKEN HAT SICH DURCH DAS AKTIVE ERRINGEN DER SPRACHE VERÄNDERT. WAR ES BILDLICH UMSCHRIEBEN FRÜHER NEBLIG UND WIE EIN VORBEIZIEHENDER DUFT, VÖLLIG UMKREISIG, SO IST ES HEUTE KONZENTRIERT UND DIFFERENZIERT. DIE SPRACHLICHEN BEGRIFFE HABEN STRUKTUREN GESCHAFFEN.

FÜR MICH IST DIE SPRACHE GÖTTLICH.

———————————————

Verstehen als Menschenrecht

Der Schlüssel zur Welt für alle

Marianne Schulze

Zusammenfassung in leicht verständlicher Sprache

Verständlichkeit ist ein großer Begriff,
der aus vielen verschiedenen Teilen besteht.
Zur Verständlichkeit gehören zum Beispiel Sprache,
Vermittlung, Wissen oder auch Gefühl.

Manchmal verwenden Menschen schlechte Verständlichkeit,
damit sie Macht über andere ausüben können.
Wenn jemand für Informationen unverständliche
und unnötig schwierige Sprache verwendet,
will er vielleicht bewusst erreichen,
dass bestimmte Menschen diese Information nicht verstehen.

Unverständliche Sprache kann erreichen,
dass Menschen das Gefühl bekommen,
weniger wert zu sein.

Menschen werden durch unverständliche Sprache
absichtlich aus der Gesellschaft ausgegrenzt.

Die Menschenrechte haben viele Aufgaben.
Unter anderem sollen sie die Gleichbehandlung
aller Menschen sicherstellen.
Die wichtigste Aussage der Menschenrechte ist:
»Alle Menschen sind frei
und gleich an Würde und Rechten geboren.«

Dazu gehört auch,
dass alle Menschen mit Respekt behandelt werden
und als gleichwertig angesehen werden.
Zum Beispiel indem sie Informationen bekommen,
die sie auch verstehen können.

Die Menschenrechte sind auch der Mittelpunkt
der UNO-Konvention
über die Rechte von Menschen mit Behinderungen.
Es ist daher ein wichtiger Teil der Gleichbehandlung,
dass die Menschrechte barrierefrei
und für alle Menschen verständlich erklärt werden.

Übertragung in leicht verständliche Sprache von capito

Literatur

Inclusion International, Independent but not alone – a global report on the right to decide (2014)

Leibovitz, Tirza, Living in the Community, Access to Justice: Having the Right Makes All the Difference, in Sabatello, Maya/Schulze, Marianne, Human Rights & Disability Advocacy, Pennsylvania University Press (2014), S. 45.

Riesen, Nelli, Autonomie und Abhängigkeit – aus Sicht eines Menschen mit Beeinträchtigung, Kadertagung des Eidgenössischen Justiz- und Polizeidepartements, November 2013

Schulze, Marianne, Telefonauskünfte zur vermuteten Unmöglichkeit von Barrierefreiheit, in: juridikum 4/2013, S. 409.

Schulze, Marianne, Supported Decision-Making: For Prime Ministers only?, Journal of Applied Research in Intellectual Disabilities Volume 27, Issue 4, S. 289, Juli 2014

Leealaura Leskelä

Von Selko zu Leicht Lesen

Ein nordischer Blick auf die praktische Durchsetzung eines Bürgerrechtes

Einleitung

Selko ist Finnisch und bedeutet Klarheit und Verständlichkeit. Mit diesem Wort wird in Finnland jene Arbeit bezeichnet, die man in anderen Ländern unter den Titeln *Easy to Read* (Englisch), *lättläst* (Schwedisch) oder *Leicht Lesen* (Deutsch) fördert. Leicht Lesen (LL)[1] hat in den nordischen Ländern Finnland, Schweden, Norwegen und Dänemark eine lange Tradition. LL-Literatur, Nachrichten auf LL oder Leicht Hören, gesellschaftliche Information auf LL, Ausbildung und Beratung von LL-Schreibern und LL-Verlagen, Entwicklung eines Konzepts für LL und gesellschaftspolitische Arbeit für LL gibt es in Skandinavien seit mehreren Jahrzehnten.

Aufgrund dieser Tradition könnte man vermuten, dass »Leichte Sprache« allmählich in den nordischen Ländern Mainstream geworden wäre. Bedauerlicherweise muss ich aber zugestehen, dass wir noch viel zu tun haben. In Festreden spricht man gerne über die Wichtigkeit der verständlichen Sprache für die Inklusion der Migranten, für Menschen mit Lernschwierigkeiten oder ältere Menschen mit Gedächtniskrankheiten, aber leicht lesbare Materialien sind immer noch in Bezug auf den Bedarf gering verbreitet. Man muss die Arbeit ausdauernd weiterführen, um die Politiker wie auch die Leiter der Organisationen, Verwaltungen und Unternehmen zu überzeugen, dass die oft relativ günstige Investition in LL sich lohnt.

In diesem Text möchte ich den Leserinnen und Lesern des deutschsprachigen Raumes einen nordischen Blick auf die Arbeit an LL nahebringen[2]. Jedoch muss mitbedacht werden, dass der jetzige Zeitpunkt für die Abfassung der folgenden Punkte nicht ganz einfach ist, weil es momentan in Finnland und in Schweden große organisatorische Veränderungen gibt, die sicherlich auch auf die Arbeit mit LL einen Ein-

---

1   In diesem Text werde ich die Begriffe *Leicht Lesen* und *Leichte Sprache* als Synonyme benutzen. Mit LL meine ich beide.

2   Weil ich als Finnin am besten die Situation in Finnland kenne, werden die finnischen Aspekte in meinem Text betont. Ich versuche dennoch, auch Auskünfte über Schweden und Norwegen zu geben, mit denen Finnland seit Jahrzehnten in der LL-Arbeit zusammenarbeitet.

fluss haben werden. So hat die Regierung in Schweden beschlossen, die Stiftung für das Zentrum für Leicht Lesen (Centrum för Lättläst) zu schließen und die Aufgabe, LL zu fördern, seit dem 1.1.2015 in das Amt für barrierefreie Medien (Myndigheten för tillgängliga medier) zu integrieren. In Finnland hat der Nationalverband für intellektuelle Behinderungen (Kehitysvammaliitto) sich entschieden, die selbstständige Position des Finnischen Zentrums für LL (Selkokeskus) zu beenden und das Zentrum Anfang des Jahres 2015 in einer größeren Abteilung für Barrierefreiheit unterzubringen.

Es ist zu früh, festzustellen, wie sich diese Veränderungen auf das Feld LL im Norden auswirken werden. Was aber unverändert bleibt, ist der beständige Bedarf für LL in jedem Land. Die Arbeit für LL ist keine Kuriosität, die man zeitweise und laienhaft fördern könnte, sondern eine entscheidende gesellschaftliche und professionelle Bemühung, ein grundlegendes Bürgerrecht durchzusetzen.

Ausgangspunkt: Gleichberechtigung

Das erste Land in Europa mit Interesse an LL war Schweden, in dem die ersten LL-Materialien schon in den 1960er-Jahren publiziert wurden. In Finnland hat die Entwicklung in den 1980er-Jahren mit Publikationen der ersten LL-Bücher und der Gründung des LL-Magazins *Leija* für Menschen mit Lernschwierigkeiten angefangen. 1990 wurde die erste Finnische LL-Zeitung *Selkouutiset* (jetzt *Selkosanomat*) ins Leben gerufen und im Jahr 1992 wurden die ersten leichten Radionachrichten gesendet. In Norwegen hat man 1990 die LL-Zeitung *Klar Tale* gegründet. Nachrichten auf LL, sei es in Form einer gedruckten Zeitung, einer Webzeitung oder als eine Radiosendung, werden zurzeit in allen vier nordischen Ländern Schweden, Finnland, Norwegen und Dänemark publiziert.

Das Konzept für LL hat während der Jahrzehnte große Veränderungen erlebt. Die Gruppen der Menschen, die LL benötigen, sind jetzt zahlreicher, als am Anfang gedacht. LL-Materialien werden nicht nur für Menschen mit Lernschwierigkeiten produziert, sondern auch für ältere Menschen mit Demenz, für Neueinwanderer, die Finnisch, Schwedisch, Norwegisch oder Dänisch als zweite Sprache lernen, oder für Kinder und Jugendliche mit besonderen sprachlichen Bedürfnissen oder Leseschwierigkeiten (Dysphasie). Auch andere Gruppen, die LL nur von Zeit zu Zeit oder in gewissen Situationen benötigen, werden manchmal berücksichtigt.

»Leichte Sprache« ist auch nicht mehr als *eine besondere Sprache* anzusehen, die ganz spezielle und von normaler Standardsprache völlig abweichende Regeln beinhalten würde. Eher betrachtet man LL als eine *vereinfachte Sprachform*, die viele gleiche Anforderungen und Eigentümlichkeiten wie jede andere Sprachform enthält. Ein guter Text auf LL ist vor allem ein Text, der gut geschrieben ist: Er beachtet die Bedürfnisse und Perspektiven seiner Leser und Leserinnen und bietet ihnen Informationen oder Erlebnisse, die für sie interessant und wichtig sind. Um professionell LL-Texte zu schreiben, muss man also zuerst ein professioneller Schreiber sein. Im Großen und Ganzen ist die Entwicklung von *überbetonter Einfachheit* zu *einfach-aber-doch-wie-alle-anderen* Texten verlaufen; man kann dies auch als Normalisierung des Konzeptes für LL bezeichnen.

Der Ausgangspunkt – Gleichberechtigung und Zugänglichkeit – hat sich aber nicht verändert. Nicht alle Menschen in unserer Gesellschaft haben die gleichen sprachlichen Fähigkeiten, aber sie haben, wie jeder Bürger, Bedürfnisse zu befriedigen und Pflichten zu erfüllen, für die sie eine sprachliche Unterstützung brauchen. Die Gesellschaft muss sich also auch sprachlich in Richtung Barrierefreiheit verändern, um allen Menschen die gleichen Möglichkeiten zur Teilnahme zu bieten.

Die Arbeit für LL in Finnland, Schweden und Norwegen

Von den nordischen Ländern ist die Arbeit für LL in Finnland, Schweden und Norwegen einigermaßen etabliert. Die drei Länder kooperieren auch viel, um LL im Norden zu fördern. Im Folgenden werden die Hauptträger und deren Arbeit kurz erläutert.

Finnland

Selkokeskus[3], Zentrum für »Leichte Sprache« Finnlands, gegründet 2000, ist der Hauptträger bei der Entwicklung des leichten Finnisch und der LL-Anpassungen in Finnland. Selkokeskus hat ermittelt, dass in Finnland 8–12 % der Einwohner LL brauchen[4]. Selkokeskus arbeitet für Menschen, die LL wegen neurobiologischer Leseschwierigkeiten (wie z.B. Menschen mit Lernschwierigkeiten oder Dysphasie) oder Krankheiten brauchen (wie z.B. Demenz), und für Menschen, die Finnisch als zweite Sprache lernen. Selkokeskus ist ein Teil der finnischen Organisation für intellektuelle Behinderungen[5], arbeitet aber für alle Menschen mit sprachlichen Bedürfnissen. Finanziell unterstützt wird das Zentrum durch *The Finnish Slot-Machine Association*.

---

3   http://papunet.net/selkokeskus/in-english/(18.3.2015)

4   http://papunet.net/selkokeskus/fileadmin/tiedostot/Strategia_ja_tarve-arvio/Tarvearvio_2014_kevyt.
     pdf

5   http://www.kehitysvammaliitto.fi/in-english/homepage/

Bis Ende 2014 war Selkokeskus eine selbstständige Abteilung, wurde aber Anfang 2015 organisatorisch der Abteilung für Barrierefreiheit unterstellt. Selkokeskus gibt die finnische LL-Zeitung Selkosanomat[6] und deren schwedische Version LL-Bladet[7] (diese zusammen mit LL-Center) heraus. Selkokeskus organisiert die Ausbildung für LL-Schreiberinnen und Schreiber und koordiniert die nationale LL-Arbeit. Selkokeskus verlegt selbst keine LL-Bücher, berät aber Verleger und Schriftsteller und verteilt jährlich die staatlichen Stipendien des finnischen Bildungs- und Kulturministeriums für LL-Literatur.

LL-Center,[8] Zentrum für Leichtes Schwedisch in Finnland, arbeitet für die schwedisch sprechende Sprachminorität Finnlands (ca. 5 % der Bevölkerung). LL-Center ist eine selbstständige Abteilung der FDUV Inclusion Finland[9], die schwedischsprachige Organisation für Menschen mit Behinderungen in Finnland.

Der finnische Rundfunk bietet tägliche Radionachrichten in »Leichter Sprache«[10] für Menschen mit besonderen sprachlichen Bedürfnissen an. Die hauptsächliche Zielgruppe der LL-Nachrichten sind Migranten in Finnland. Der wichtigste Kanal des finnischen Rundfunks für LL-Nachrichten ist das Internet, in dem die Nachrichten sowohl als Audiofile als auch als Text erhältlich sind. Die Hörerinnen und Hörer können auch Fragen beantworten, um zu testen, wie gut sie die Nachrichten verstehen. Im Internet gibt es auch extraleichte Nachrichten, die im Radio überhaupt nicht gesendet werden. Vor allem Migranten, die Finnisch lernen, benutzen die Webpage der LL-Nachrichten. Als traditionelle Rundfunksendung im Radio werden die LL-Nachrichten vorwiegend von älteren Leuten, die z.B. wegen Gedächtniskrankheiten den Standardnachrichten nicht folgen können, gehört.

Das Magazin Leija[11], gegründet 1984, ist ein finnisches LL-Magazin für Menschen mit Lernschwierigkeiten. Leija wird von der Organisation für Menschen und Familien mit Behinderungen[12] publiziert.

Schweden

Centrum för lättläst, Zentrum für LL Schweden, war der Hauptträger bei der Entwicklung des Leichten Schwedisch und LL-Anpassungen in Schweden. Es war auch

---

6   http://selkosanomat.fi/
7   http://ll-bladet.fi/
8   http://www.ll-center.fi/sv/start/
9   http://fduv.fi/en/
10 http://yle.fi/uutiset/selkouutiset/
11 http://www.kvtl.fi/fi/me-itse/ajankohtaista/leija-lehti/
12 http://www.kvtl.fi/fi/etusivu/in-english/

bisher das größte LL-Zentrum der Welt. Bis Ende 2014 hat das Zentrum als selbstständige Stiftung gearbeitet, wurde aber Anfang 2015 von der schwedischen Regierung geschlossen. Die Aufgabe, LL in Schweden zu fördern, ist jetzt dem Amt für barrierefreie Medien (MTM)[13] übergeben worden. Zum ersten Mal weltweit hat LL in Schweden damit Behördenstatus. Das Zentrum hat ermittelt, dass in Schweden 6–8 % der Menschen LL benötigen. Die Arbeit des Zentrums richtet sich an ungeübte Leserinnen und Leser, an Menschen mit Schwedisch als zweiter Sprache und an Menschen mit Behinderungen. Das Zentrum hat jahrzehntelang LL-Bücher, Gesellschaftsinformation in LL und die schwedische LL-Zeitung *8 Sidor* publiziert. Momentan ist es aber unklar, welche Form diese Arbeit im MTM annehmen wird.

Der schwedische Rundfunk sendet Radionachrichten[14] in LL von Montag bis Freitag.

Fria Tidningar publiziert die LL-Zeitungen *Nyhetstidningen*[15] und *Sesam*[16], die sich an Menschen richten, die Schwedisch als zweite Sprache lernen.

In Schweden gibt es wenig oder keine LL-Publikationen für die Minoritätssprachen Schwedens (wie z.B. Finnisch).

Norwegen

Leser søker Bok (LsB)[17], gegründet 2002, ist eine Allianz von 20 Organisationen, die das Lesen fördern (z.B. Schriftstellerorganisationen, Vereine der Zielgruppen usw.). LsB hat ermittelt, dass 20 % der Einwohner in Norwegen Leseschwierigkeiten haben. LsB macht kultur- und literaturbetonte Arbeit als selbstständige Organisation für ungeübte Leserinnen und Leser, für Menschen mit Norwegisch als zweiter Sprache und für Menschen mit Behinderungen. LsB publiziert keine LL-Bücher, verteilt aber staatliches Geld für Verleger, Autorinnen und Illustratoren, die an LL-Büchern arbeiten. Es hat eine konsultierende und kontrollierende Funktion bei der Produktion der norwegischen LL-Bücher. LsB publiziert keine LL-Zeitung und auch keine offizielle Information.

Es gibt in Norwegen wenig oder keine LL-Arbeit für die Minoritätssprachen Norwegens.

Klar Tale[18], gegründet 1990, publiziert von der Stiftung Klar Tale, ist eine LL-Zeitung für Leser mit verschiedenen Leseschwierigkeiten.

---

13 http://www.mtm.se/english/
14 http://sverigesradio.se/sida/default.aspx?programid=493
15 http://www.nyhetstidningen.nu/
16 http://www.sesam.nu/
17 http://lesersokerbok.no/
18 http://www.klartale.no/

Anpassungen von LL

Im Lauf der Jahre hat man das Konzept für LL in den nordischen Ländern an verschiedene Zwecke angepasst. Die dahinterstehende Idee war, solche Anpassungen von LL zu entwickeln, die den Alltag der Menschen mit besonderen sprachlichen Bedürfnissen betreffen. Das heißt schließlich alles, was ein Bürger oder eine Bürgerin in einer Gesellschaft zu lesen hat; zum Beispiel Literatur, Nachrichten und Gesellschaftsinformation in allen Medien. Man hat aber auch bemerkt, dass es nicht reicht, nur geschriebene Texte auf LL zu modifizieren. Man braucht LL-Anpassungen, die hörbar sind, zum Beispiel im Radio oder in anderen Formen gesprochener Kommunikation.

LL-Literatur

Leicht lesbare Literatur gehört zu den ersten LL-Anpassungen in Skandinavien. In Schweden wurden die ersten LL-Bücher bereits in den 1960er-Jahren publiziert, in Finnland erst am Anfang der 1980er-Jahre. In Norwegen begann man mit der Produktion von LL-Büchern Anfang des neuen Jahrtausends. Das dahinterstehende Prinzip bei der LL-Literatur heißt: Bücher gehören allen. LL-Bücher sollen nicht nur Information bieten, sondern auch Erfahrungen, Erlebnisse und Unterhaltung. Wenn man Bücher liest, besonders Fiktion, lernt man sich einzufühlen, in das, was andere Menschen fühlen, erleben und denken. Es erlaubt einem, sich mit der Rolle eines anderen Menschen zu identifizieren. Fiktion hilft dabei, seine eigene Kultur wie auch fremde Kulturen besser zu verstehen. Darüber hinaus öffnet sich einem die Möglichkeit, zu begreifen, wo man selbst in der Kultur, Geschichte und Gesellschaft steht.

Es ist wichtig, dass die LL-Literatur sowohl Hochliteratur (Nationalepen und literarische Meilensteine) als auch neue Bestseller und leichtere Literatur enthält. Hochliteratur gibt den Lesern und Leserinnen die Möglichkeit, die literarische Kultur und Geschichte ihres Landes kennenzulernen. Neue Literatur bietet ihnen eine Gelegenheit, an solchen Themen und Gesprächen teilzunehmen, die in der Gesellschaft momentan aktuell und in Mode sind. In Schweden und in Norwegen ist es gut gelungen, die neuen, bekannten Schriftsteller dazu zu bringen, LL-Bücher zu schreiben. In Finnland ist man mit dieser Bemühung noch nicht sehr weit.

In Finnland werden jährlich 10–15 LL-Bücher publiziert, in Norwegen 10–19. Es gibt mehrere Verlage. In Schweden ist die Anzahl der LL-Bücher jährlich sogar auf 50 LL-Bücher von 3–4 Verlagen gestiegen. Doch wie gesagt, ist es jetzt unklar, wie viele und von wem die zukünftigen LL-Bücher in Schweden publiziert werden. Laut der schwedischen Regierung darf das Amt für barrierefreie Medien nur solche LL-Bücher herausgeben, die marktwirtschaftlich nicht profitabel sind. Wie man dieses Kriterium bei der Behörde prüfen will, ist noch nicht klar.

Im Norden hat man viel über die Einstufung der LL-Bücher nach Schwierigkeitsgrad diskutiert. In Finnland wendet man keine Schwierigkeitsstufen bei LL-Büchern an, in Schweden sehr wohl: Centrum för lättläst hat eine Skala von Stufe 1 (leichteste LL-Bücher) bis Stufe 3 (schwierigste LL-Bücher) benutzt. In Norwegen existieren zwei Kategorien: LL-Bücher mit sprachlichen und inhaltlichen Vereinfachungen sowie LL-Bücher mit lediglich sprachlichen Vereinfachungen.

In nordischen Ländern werden LL-Bücher für Leserinnen und Leser jeden Alters veröffentlicht. Es sind Bücher aus den Bereichen Romanliteratur, Klassiker, Märchen und Erzählungen, Jugendbücher, Krimis und Thriller, Schauspiel, romantische Literatur, Sachbücher und Handbücher, Nationalepen, Poesie und Erbauungsbücher. In der LL-Literatur finden sich Bücher, die direkt in einfacher Sprache geschrieben sind, und Bücher, die aus der Standardsprache in einfache Sprache übertragen wurden. In den letzten Jahren sind auch die ersten LL-Internetbücher dazugekommen.

LL-Literatur wird in Finnland, Schweden und Norwegen vom Staat finanziell unterstützt. Laut finnischen Verlegern und Schriftstellerorganisationen wäre die Herausgabe von LL-Büchern ohne diese Subventionen unmöglich. Die Leser von LL-Büchern sind, wieder laut den Verlegern, zögernde Leser, die oft schlechte oder keine Erfahrungen mit Büchern haben und zudem mit wenig Geld auskommen müssen, keine ideale Gruppe vom Blickwinkel der Buchvermarktung aus gesehen. So gibt es in Finnland staatliche Stipendien für LL-Schriftstellerinnen und Illustratoren und finanzielle Beiträge für Verlager. Die Stipendien und Beiträge werden jährlich von einer LL-Literaturarbeitsgruppe für die Bearbeitung von solchen unpublizierten Handschriften vergeben, die die nationalen Prinzipien für ein LL-Buch erfüllen. Die Arbeitsgruppe arbeitet unter der Leitung des Zentrums für einfache Sprache (Selkokeskus), aber das Geld kommt vom Ministerium für Ausbildung und Kultur.

Nachrichten

Aktive Bürgerschaft verlangt, dass man die Aktualitäten der Gesellschaft einigermaßen kennt. Neueinwanderern geben die LL-Nachrichten die Möglichkeit, sich mit den aktuellen Ereignissen und gesellschaftlichen Veränderungen der neuen Heimat bekannt zu machen, auch dann schon, wenn sie die Sprache noch nicht gut beherrschen. Die Nachrichten auf LL sind auch vom Blickwinkel der Inklusion und Gleichberechtigung der Menschen mit Lernschwierigkeiten wichtig: wenn man weiß, was in der Gesellschaft los ist, kann man selbstständige, begründete Entscheidungen für sein eigenes Leben treffen.

Eine wichtige Aufgabe der LL-Nachrichten ist es, den Lesern und Leserinnen solche Informationen zu geben, damit sie die oft komplizierten Weltereignisse verstehen können. Es ist jedoch wichtig, nicht nur Nachrichten mit ernstem und didaktischem Hintergrund, sondern auch solche mit leichterem und positivem Inhalt aufzunehmen. Leserinnen und Leser, die die standardsprachlichen Nachrichten nicht verstehen, machen sich sonst oft ein negatives und von Angst besetztes Bild der Weltereignisse. Positive Nachrichten geben ihnen ein vielseitigeres Bild der Welt.

Nachrichten in LL werden in Norwegen, Finnland, Dänemark und Schweden seit den 1990er-Jahren produziert. Gedruckte LL-Zeitungen gibt es in Finnland (Selkosanomat, Sprache Finnisch, und LL-Bladet, Sprache Schwedisch), in Norwegen (Klar Tale, Sprache Norwegisch) und in Schweden (8 Sidor, Sprache Schwedisch). Die LL-Zeitungen in Finnland, Norwegen und Schweden liegen auch digital als Webzeitungen vor, in Norwegen sogar in 3 verschiedenen Versionen. Es zeigt sich, dass die Entwicklung in der Branche LL-Nachrichten allmählich in Richtung Webpublikation geht.

Nachrichten in einfacher Sprache kann man auch im Radio hören. In Finnland sendet der finnische Rundfunk tägliche LL-Nachrichten (Yle Uutiset selkosuomeksi), in Schweden gibt es LL-Nachrichten (Klartext) von Montag bis Freitag. In Norwegen fehlt eine LL-Radiosendung. Im Fernsehen gibt es noch keine Nachrichtensendungen auf LL.

In Finnland, Schweden und Norwegen wird die Herstellung von LL-Nachrichten vom Staat finanziell unterstützt. In der aktuellen Situation der Zeitungsbranche ist diese Hilfe entscheidend.

Offizielle Information für Bürgerinnen und Bürger

Es gibt in jedem Land einen bestehenden Bedarf an offizieller LL-Information, die alle Bürger einer Gesellschaft betreffen. Offizielle Information spielt eine wichtige Rolle in modernen Gesellschaften, in denen die Menschen mit Lernschwierigkeiten nicht mehr in Institutionen wohnen, sondern selbstständig oder mit teilweiser Hilfe in ihrem eigenen Zuhause, wie alle anderen Einwohner auch. Für Neueinwanderer sollte die erste Information über die neue Heimat in »Leichter Sprache« sein, um bei der Integration zu helfen. Information in »Leichter Sprache« unterstützt auch ältere Menschen, länger selbstständig zu wohnen und zu leben.

In Finnland und in Schweden wird seit Anfang der 1990er-Jahre ein Teil der offiziellen Information der Behörden in LL herausgegeben. Wichtige Themen dabei sind: Wahlinformation, Gesetze und Information über die staatlichen Unterstützungen durch die Krankenkasse, Informationen über Regionalverwaltung, über kommunale Dienste, Sicherheit, Verkehr, Geldwesen und Haushalt, Gesundheitsfragen, über das Parlament und die parlamentarischen Rechte und Demokratie, über Kinderrechte, Arbeitsleben sowie Studium, Rente, Bibliotheken, Religionen, Lebensmittelhygiene, Spielsuchtprobleme oder Alkoholmissbrauch.

Leider gibt es LL-Information immer noch nicht in dem Maß, wie man sie brauchen würde. Die LL-Informationsmaterialien werden auch nicht oft genug erneuert und hochgeladen. Manche Materialien erscheinen auch auf solchen Webseiten, die nicht Informationen in »Leichter Sprache« enthalten und daher schwierig zu benutzen sind.

In Finnland können die Behörden und Verlager, die LL-Information publizieren wollen, sich um ein generelles nationales LL-Logo bewerben. Es ist kostenlos, aber LL-Material, das man publizieren will, muss im Selkokeskus (Zentrum für »Leichte Sprache«) kontrolliert werden. Das LL-Logo steht auch allen Verlagen und Organisationen zur Verfügung. Dabei hat man es für wichtig gehalten, dass das LL-Logo für alle kostenlos ist. Wichtig ist auch, dass es ein allgemeines Signum für LL-Material ist und nicht das eines speziellen Herausgebers oder einer Institution. Weil die Behörden oft die Prinzipien von LL zu wenig kennen, können sie die Materialien auch im Selkokeskus in »Leichte Sprache«übertragen lassen. Dieser LL-Textservice ist jedoch gebührenpflichtig.

Gesprochene »Leichte Sprache«

Die Prinzipien von »Leichter Sprache« waren ursprünglich für geschriebene Sprache und Texte gedacht. Der Bedarf, »Leichte Sprache« zu sprechen, ist jedoch genauso gegeben wie LL zu schreiben. Die Prinzipien für Leichtes Sprechen braucht man zum Beispiel beim Kundenservice, beim Unterrichten sowie auf Arbeitsplätzen, auf denen Menschen mit besonderen sprachlichen Bedürfnissen tätig sind.

Gesprochene »Leichte Sprache« hat viele gemeinsame Züge mit den Prinzipien des leicht lesbaren Textes, zum Beispiel was den einfachen oder schwierigen Wortschatz angeht. Als mündlich produzierte Sprache hat gesprochene »Leichte Sprache« jedoch Merkmale, die beim Schreiben nicht vorkommen, zum Beispiel Redetempo und Pausen, Wechselrede, Blicke und Gesten und ermutigende Begegnung mit dem Gesprächspartner. In Finnland hat man die Prinzipien für gesprochene »Leichte Sprache« auf der Basis von Gesprächsanalysen (Conversation Analysis) entwickelt, um auch die vielfältigen Aspekte der Interaktion zu berücksichtigen.

Neue Technik

iPads, Mobiltelefone und andere digitale Geräte und Anwendungen bieten eine neue Möglichkeit zur Produktion und Entwicklung von LL-Materialien. Entwicklungen, in denen man LL-Texte mit bewegter Animation, Videos und Stimme unterstützt, kann man auch für jeden Nutzer auf seine oder ihre persönlichen Bedürfnisse »zuschneiden«. Daher ist es wichtig, dass die LL-Prinzipien auch für neue Techniken adaptiert werden.

Vielfalt der Zielgruppen

In Skandinavien werden LL-Materialien für alle Menschen produziert, die die Standardsprache zu schwer finden. Am Anfang waren es vor allem Menschen mit Lernschwierigkeiten, die als die einzige LL-Zielgruppe berücksichtigt wurden. Bald hat man jedoch bemerkt, dass es auch andere Gruppen gibt, denen LL eine Möglichkeit gibt, ein aktives und selbstständigeres Leben zu führen, zum Beispiel ältere Menschen mit Demenzkrankheiten oder Neueinwanderer.

Die Zusammensetzung dieser Gruppen ist nicht immer problemlos gewesen, weil nicht alle es immer wollen, zusammengesetzt zu werden. In Finnland begegnet man diesem Problem schon lange mit Kompromissen. So möchten Neueinwanderer oft, dass die LL-Texte eher nur sprachlich vereinfacht werden, inhaltlich aber weniger. Finnisch lernende Neueinwanderer haben oft Schwierigkeiten mit der Grammatik, die Themen der Texte bereiten ihnen hingegen oft weniger Probleme. Menschen mit Lernschwierigkeiten dagegen möchten oft, dass die LL-Texte gerade inhaltlich vereinfacht und lieber auch mit Bildern und Illustrationen unterstützt werden. Sie haben aber als finnische Muttersprachler weniger Probleme mit dem komplizierten grammatikalischen Beugungssystem der finnischen Wörter. Hier einen Kompromiss zu finden, ist eine Herausforderung für viele LL-Autorinnen und -Autoren.

In kleinen Ländern wie in Skandinavien hat die Zusammensetzung der Gruppen jedoch auch große praktische Vorteile. So gibt es in Finnland bei einer Einwohnerzahl von etwa 5,2 Millionen etwa 40.000 Menschen mit Lernschwierigkeiten und etwa 270.000 Einwanderer. Wollen wir aber, dass LL Mainstream wird, also etwas, was finnische Politiker, Behörden, Lehrer und Lehrerinnen, Medien und andere in Finnland anstreben sollten, ist die Anzahl von 40.000 Menschen leider zu klein. Für eine solche Menge produziert man ab und zu ein paar Gesetze auf LL oder veröffentlicht einige LL-Bücher mit spezieller Thematik. Diese Anzahl reicht aber nicht, um genug Aufmerksamkeit in der Gesellschaft zu wecken und die Marginalisierung des LL-Themas abzubauen. Dazu braucht man viel mehr Menschen.

In Ländern mit größerer Bevölkerung ist diese praktische Frage vielleicht nicht so entscheidend, weil jede Gruppe an sich groß genug ist. LL-Materialien zu produzieren, ist sicherlich einfacher, wenn man die Bedürfnisse nur einer homogenen Gruppe von

Lesern und Leserinnen berücksichtigen muss. Die heterogene Zusammensetzung der Gruppen hat aber noch einen anderen Vorteil: Durch die Überlegung, was LL für alle Menschen mit Verständnisproblemen bedeutet, kommt man einen Schritt weiter beim Herausfinden, was alles in der Sprache einfach oder schwer verstehbar ist. Und diese Frage ist für LL entscheidend. Wenn wir lernen, welche grammatikalischen Formen, welcher Wortschatz, welche Texttypen und Ausdrucksweisen in Sprachen allgemein für diese verschiedenen Gruppen schwierig sind, sind wir bei der Konzeptualisierung der »Leichten Sprache« viel weiter.

Forschung und Entwicklung von LL

In allen nordischen Ländern hat der Schwerpunkt in der praktischen Arbeit bei LL dazu geführt, dass man die Entwicklungen der LL-Praxis schneller vorangetrieben hat als die zugrundeliegende Theorie. Das Lernen aus den dabei gemachten Fehlern und die Feedbacks der verschiedenen Zielgruppen haben die Entwicklung der LL-Praxis geprägt und ständig beeinflusst. Um LL weiterzubringen, braucht man aber in Zukunft eine enge Verbindung von Theorie und Forschung. Denn auf der einen Seite gibt uns die praktische Arbeit mit den Zielgruppen die Sicherheit, dass LL funktioniert, auf der anderen Seite brauchen wir aber auch wissenschaftliche Erklärungen, warum und wie sie funktioniert. Ansonsten lässt sich das Konzept für LL nicht weiterentwickeln.

LL hat dabei viele Beziehungen zu anderen Forschungsbereichen wie z.B. zu Linguistik, Pädagogik, Journalistik, Literaturwissenschaft, Disability Studies, Psychologie und Logopädie. Wenn sich die LL-Profis verschiedener Länder treffen, so sind oft fünf oder sechs Forschungsrichtungen und Professionen vertreten. Daraus ergeben sich natürlich interessante und vielseitige Gespräche, aber gleichzeitig ist es auch schwierig, gemeinsame internationale Forschungsinteressen zu finden. Diese multidisziplinäre Natur von LL hat dazu geführt, dass LL in keinem der traditionellen Forschungsbereiche eine richtige »Heimat« gefunden hat. Dies ist auch ein Grund für das Problem der fehlenden oder erst in den letzten Jahren voranschreitenden Forschung zu LL-Konzepten.

Die wenigen Dissertationen mit LL-Thematik, die schon erschienen sind, haben die praktische LL-Arbeit stark beeinflusst. So hat z.B. in Finnland die linguistische Dissertation von Auli Kulkki-Nieminen[19], in der sie die Nachrichten der STT (Fin-

---

19   Kulkki-Nieminen, Auli (2010): Selkoistettu uutinen. Lingvistinen analyysi selkotekstin piirteistä. Akateeminen väitöskirja, Tampereen yliopisto [News modified in Easy-to-read. A linguistic analy-

nische Nachrichtenagentur) mit den LL-Nachrichten von Selkosanomat vergleicht, das Ergebnis erbracht, die Möglichkeiten und Konsequenzen der Textgenretheorie in Bezug auf LL zu verstehen. Es ist auch wichtig, anzumerken, dass die Lesefähigkeitsstudien wie z.B. PISA und PIAAC uns wertvolle Information über die Gruppen von Menschen mit mangelndem Leseverständnis bieten.

Ein Hauptziel für die nahe Zukunft sollte sein, die LL-Forschung der verschiedenen Länder zusammenzuführen und in englischer Sprache zu präsentieren, um neue internationale Forschungen anzustoßen und neue Forscher und Forscherinnen in möglichst vielen Ländern zu finden.

Die Prinzipien für LL

Der Bedarf an LL, so lässt sich zusammenfassend sagen, ist überall mehr oder weniger gleich, weil es in jedem Land Menschen gibt, für die die standardsprachlichen Materialien zu schwer zu verstehen sind. Die Anzahl dieser Menschen hängt einigermaßen von der Menge der Einwanderer oder der Gruppe der älteren Menschen ab, generell ist aber der Bedarf an LL ein unübersehbares allgemeines Phänomen. Diese Universalität bringt es mit sich, dass man zur Standardisierung von LL gerne auch universelle LL-Prinzipien definieren möchte.

In diese Richtung sind zum Beispiel die Standards for Easy to read von Inclusion Europe gegangen, als sie im Jahre 2009 erneuert wurden. Gleichzeitig wurden diese Richtlinien auch strenger und eindeutiger definiert, um die Vielfalt und Qualitätsveränderungen der LL-Materialien zu reduzieren. Es ist aber andererseits problematisch, strenge Regeln für LL zu bestimmen, weil man diese Sprachform in sehr verschiedenen Text- und Publikationsformen benutzt. So taugt z.B. eine Regel für einen informierenden Webtext nicht für einen Kriminalroman oder einen anderen literarischen Text. Da die menschliche Sprache kreativ und vielfältig ist und sich gut für verschiedene Aufgaben eignet, da es zudem die Aufgabe der Sprache ist, die Leserinnen und Leser im Text mit Spannung weiterzuführen, können steife und dogmatische LL-Regeln gerade das wichtige Interesse am Lesen sogar behindern. Wer möchte einen Krimi in LL lesen, der in der Sprache einem offiziellen Behörden-Bulletin gleicht? Wenn man also die Prinzipien für LL bestimmen will, muss man die Vielfalt und Kreativität dieser Sprachform berücksichtigen.

Die andere bekannte internationale Richtlinie für LL heißt Guidelines for Easy to Read Materials, die von IFLA (International Federation of Library Associations)

---

sis of special characteristica of an Easy-to-read Text. Academic Dissertation, University of Tampere] http://uta32-kk.lib.helsinki.fi/bitstream/handle/10024/66618/978–951–44–8093–5.pdf?sequence=1

veröffentlicht worden ist. Sie beinhaltet keine strengen Regeln für LL, sondern eher allgemeine, zugrundeliegende Prinzipien, um die Vielfalt der verschiedenen LL-Materialien zu erfassen. Außerdem mahnen die IFLA-Richtlinien stark dazu, sich auf die Profis zu verlassen: so beim Text-Verfassen auf professionelle Schreiberinnen und Schreiber, beim Layout auf Graphikerinnen und Graphiker und bei Fiktion auf Schriftstellerinnen und Schriftsteller. Eine Schwierigkeit dieser Richtlinien besteht aber darin: Wenn man nur allgemeine Prinzipien aufstellt, bleibt unklar, was in einem Text für die Leserinnen und Leser einfach oder schwer verstehbar ist. Man muss es schaffen, die Prinzipien für LL bestimmen und begründen zu können und dabei den Wandel und die Vielfalt der LL-Sprache nicht zu kurz kommen zu lassen.

IFLA-Richtlinien wie auch die Inclusion Europe-Standards sind also ein Versuch, LL im internationalen Rahmen zu etablieren. Dies ist und bleibt eine wichtige und beachtete Bemühung. Aber in beiden Richtlinien bleibt nicht berücksichtigt, dass die Sprachen verschieden sind. Denn die Richtlinien sind auf der Basis indoeuropäischer Sprachen (wie Englisch, Deutsch, Schwedisch) entwickelt worden. Das stellt linguistisch gesehen ein Problem dar. Was in einer Sprache schwierig oder einfach ist, ist wenigstens teilweise sprachenspezifisch. Denn Sprachen unterscheiden sich grammatikalisch und haben verschiedene morphologische, syntaktische und lexikalische Regeln, die auch abwechselnd schwer oder einfach sein können. So ist z.B. Englisch morphologisch eher schlicht, lexikalisch aber komplizierter. Die finnische Sprache dagegen ist morphologisch eher kompliziert. Legt man nun die englische Sprache, die nur wenige Regeln für Wortbeugung kennt, für die LL-Richtlinien zugrunde, so fehlen für die finnische Sprache sehr wichtige Eigenschaften. Um Leichtes Finnisch zu schreiben oder zu sprechen, braucht man Regeln, die die zu verwendenden Beugungsformen angeben. Oder ein anderes Beispiel: Der im Englischen fehlende Genus und Kasus spielt gerade bei leichtem Deutsch eine große Rolle. So sind also bei der Formulierung von LL-Richtlinien die grammatikalischen und wortspezifischen Eigenschaften jeder einzelnen Sprache zu beachten.

Weil also diese internationalen Richtlinien nicht ausreichen, hat man sie für LL-Finnisch weiterentwickelt. Die Prinzipien für LL-Finnisch hat man in drei Ebenen eingeteilt. Auf der ersten Ebene stehen solche Prinzipien, die den Text als Ganzheit betreffen: z.B. wie man die Eigenschaften des Texttypus (Genre) beachtet, wie man die Motivation des Lesers weiterzulesen fördert, wie man ein Thema begrenzt und zusammenfasst, wie man das Wichtige herausstellt und unnötige Information vermeidet, wie man die Perspektive des Lesers findet und den Text nicht bloß aus der Perspektive des Schreibers behandelt usw.

Die zweite Ebene enthält Prinzipien, die die Benutzung der morphologischen und syntaktischen Strukturen im Finnischen betreffen: So gibt es eine Liste schwieriger

Beugungsformen und Satzstrukturen, die zu vermeiden sind, z.B. die Kasusformen von Abessiv, Komitativ und Instruktiv sowie sogenannte Satz-Ersetzungsstrukturen, die Haupt- und Nebensätze fusionieren.

Die dritte Ebene bezieht sich auf den Wortschatz: z.B. das Erkennen von allgemein frequentem Wortschatz, die Bevorzugung von konkreten Wörtern, die Vermeidung abstrakter Begriffe oder Wörter und die Erklärung, in welchen Kontexten der einheimische Wortschatz vor Fremdwörtern zu bevorzugen ist bzw. in welchen gerade nicht.

Die Prinzipien der ersten Ebene ähneln ziemlich jenen LL-Prinzipien, die man in Schweden für Leichtes Schwedisch und in Norwegen für Leichtes Norwegisch verwendet. Wie man einen guten LL-Text bildet, hängt also nicht so sehr von der Sprache ab.

Unterschiedlicher und mehr sprachenspezifisch sind die Prinzipien der zweiten Ebene. Was den Wortschatz betrifft, sind die Prinzipien beide universell und sprachenspezifisch. So muss man z.B. bei »Leichtem Deutsch« die Vielfalt der Funktionsverben bedenken. Bei »Leichtem Finnisch« hingegen die vielen Konjugierungsmöglichkeiten.

In Finnland hat man auch Prinzipien für das Sprechen der »Leichten Sprache« entwickelt sowie solche für das Layout, die grafische Gestaltung von LL-Publikationen und für barrierefreie LL-Webseiten.

Nachwort

Die nordischen Länder teilen eine gemeinsame Bemühung, LL in der Gesellschaft zu etablieren und zum Mainstream zu machen, obwohl diese Länder sich in manchen Aspekten voneinander unterscheiden. Am Ziel sind wir mit der Bemühung noch nicht, LL vom Rand der Gesellschaft in deren Mitte zu ziehen. Die sich schnell entwickelnde internationale Zusammenarbeit bringt uns aber gute Motivation und Inspiration, diese Arbeit weiterzuführen. Um LL in Europa zu fördern, sollen wir voneinander lernen und die verschiedenen Ausganspunkte in jedem Land respektieren. Dazu haben wir jetzt bessere Möglichkeiten als früher. LL erfährt in allen Ländern neues Interesse durch die allgemeine über die laut den Daten zurückgehende Lesefähigkeit in Europa. Ein wichtiger Teil dieser internationalen Arbeit betrifft die Begriffe in jeder Sprache. Es ist nicht egal, ob man auf Deutsch von Leicht Lesen, »Leichter Sprache« oder Einfacher Sprache redet. Die Begriffe müssen etabliert und von allen im Sprachraum akzeptiert werden und allen zur Verfügung stehen. Ähnliche Gespräche über Begriffe führt man auch in den nordischen Ländern. Beim Bestimmen der Begriffe kommt man auch dazu, zu klären, wie man LL begrenzt und von nahestehenden Sprachformen wie Standardsprache (plain language) trennt. Sprachformen sind immer vage Kategorien, die eher ein Kontinuum als eine klar begrenzte Rubrik beschreiben. Da muss man akzeptieren, dass die einfachste Standardsprache oft der schwierigsten »Leichten Sprache« sehr nahesteht und dass eine trennscharfe Kategorisierung oft nicht möglich ist.

Das hindert uns aber nicht, LL auch sprachwissenschaftlich zu bestimmen. Wichtig für die Zukunft ist die Weiterentwicklung von LL mit den Professionellen des jeweiligen Bereichs. Gleich wichtig ist, dass die Menschen, die LL benötigen, die LL-Materialien testen und an der Entwicklung teilnehmen. Ohne die Menschen, die LL benötigen, können wir diese Sprachform nicht sinnvoll weiterentwickeln. Das bedeutet Zusammenarbeit zwischen den akademischen Sachverständigen und den Menschen der jeweiligen Zielgruppe: Menschen mit Lernschwierigkeiten, Menschen mit Leseschwierigkeiten oder Gedächtnisproblemen und Menschen, die die Sprache eines Landes erst lernen. Die altmodische Entweder-oder-Denkweise muss verworfen werden.

Von Selko zu Leicht Lesen

Leealaura Leskelä

Zusammenfassung in »Leichter Sprache«

Selko ist Finnisch und bedeutet Leicht Lesen.
In Finnland, Schweden und Norwegen
hat man schon seit Jahrzehnten Leicht Lesen gefördert.
Man veröffentlicht Bücher und Nachrichten auf Leicht Lesen.
Man veröffentlicht auch offizielle Information auf Leicht Lesen.

Unser Ziel in den nordischen Ländern ist,
dass Leicht Lesen im Norden und überall in Europa üblich wird.
Dieses Ziel haben wir leider noch nicht erreicht.

In Finnland, Schweden und Norwegen denken wir,
dass Leicht Lesen vielen Menschen gut passt.
Es sind nicht nur Menschen mit Lernschwierigkeiten,
die Leicht Lesen brauchen.
Leicht Lesen passt auch für ältere Menschen
mit Gedächtniskrankheiten.
Leicht Lesen passt auch für Migrantinnen und Migranten.

In manchen Ländern in Europa macht man sich Sorgen,
dass nicht alle Menschen gut lesen können.
Leicht Lesen gibt uns eine Möglichkeit,
allen Menschen einfache Texte zu bieten.
Die internationale Zusammenarbeit
bringt uns neue Ideen und Inspiration,
Leicht Lesen zu entwickeln.
Wir müssen voneinander lernen.

In jedem Land gibt es Menschen, die Leicht Lesen brauchen.
Aber Sprachen sind unterschiedlich.
Deswegen braucht jede Sprache eigene Prinzipien
für Leichtes Lesen.
Was in Englisch oder in Deutsch Leicht Lesen ist,
ist das vielleicht nicht in Finnisch oder in Schwedisch.

Wir müssen Leicht Lesen entwickeln.
Noch wissen wir nicht genug,
was in einer Sprache einfach oder schwer ist.
Dazu brauchen wir Forschung.
Dazu brauchen wir auch Menschen,
die Leicht Lesen benötigen.

Übertragung in »Leichte Sprache« durch die Autorin

Martin Pantlitschko · Birgit Peböck

LL im oberösterreichischen Behördenalltag

Wie eine Landesverwaltung aus Theorie gelebte Praxis macht

Einführung

Nahezu jeder Mensch hat schon einmal mit einer Behörde zu tun gehabt. Und für viele von ihnen, insbesondere für Menschen mit Beeinträchtigungen, bedeutet alleine schon das Wort »Behörde« etwas Unangenehmes. »Dort wird oftmals Amtsdeutsch gesprochen und es werden Begriffe und Abkürzungen verwendet, die man nicht versteht.«

So oder so ähnlich sehen gängige Meinungen gegenüber der »Behörde« aus. Auch wenn viele Menschen mit Beeinträchtigungen (aber auch Nichtbeeinträchtigte) Angst oder eine gewisse Scheu vor einer Behörde zu haben scheinen, so braucht sie doch jeder Mensch ab und zu. Sei es, wenn man sich ein Haus bauen, einen Führerschein ausstellen lassen will und auch wenn man als Mensch mit Beeinträchtigungen eine Unterstützung oder eine Leistung braucht.

Ganz generell wird in den letzten Jahren oft angeführt, dass die Verwaltung effizienter, schlanker und bürgerfreundlicher werden muss. Gerade für Menschen mit Beeinträchtigungen ist es dabei aber wichtig, dass auf ihre Bedürfnisse geachtet wird. Es darf natürlich nicht passieren, dass Menschen mit Beeinträchtigungen nicht die Aufmerksamkeit erhalten, die sie benötigen, nur weil bei der Verwaltung gespart wird. Die heutige Zeit bringt für viele Menschen angenehme Neuerungen (z.B. Bescheidzustellung per E-Mail mittels Bürgerkarte), welche sich aber beim zweiten Hinsehen für Menschen mit Beeinträchtigungen als neue Barriere darstellen. In diesem Zusammenhang haben der Bund und die Bundesländer Regelungen[1] zu erlassen und spezielle Unterstützungsmaßnahmen zu installieren, damit auf die Bedürfnisse von Menschen mit Beeinträchtigungen besser eingegangen werden kann und um auf diese Art und Weise bestehende und vielleicht neu hinzukommende Barrieren zu beseitigen.

Im Jahr 2008 ist die UN-Behindertenrechtskonvention in Österreich in Kraft getreten und es sind viele Neuerungen für Menschen mit Beeinträchtigungen zu beachten. Jedes Bundesland hat (aufgrund der Kompetenzverteilung der österreichischen

---

1 Vgl. z.B. die Vorgaben des Übereinkommens über die Rechte von Menschen mit Behinderungen, BGBl. III 155/2008, in weiterer Folge kurz: UN-Behindertenrechtskonvention.

Bundesverfassung[2]) dafür Sorge zu tragen, dass die Forderungen der UN-Behindertenrechtskonvention auch umgesetzt werden.

Ziel dieses Beitrages ist es, den Weg des Landes Oberösterreich aufzuzeigen, der beschritten wurde, um Menschen mit Beeinträchtigungen mehr Selbstbestimmung zu geben. Wie der Beitrag zeigen wird, war dieser Weg nicht immer leicht und es gab einige Hürden zu überwinden.

Ausgehend von der bisher gültigen Rechtslage beziehungsweise der Situation im Behördenalltag soll beleuchtet werden, wie die Vorgehensweise des Landes Oberösterreich zu diesem Thema ausgesehen hat und welche Schritte gesetzt wurden.

Wo wird LL (Leicht Lesen) beim Land Oberösterreich eingesetzt?

Bereits 2008 begann das Land Oberösterreich damit, LL umfassend in die Informationspolitik für Menschen mit Beeinträchtigungen einzubauen.

Den Beginn und die Grundlage bildete das oberösterreichische Landesgesetz betreffend die Chancengleichheit von Menschen mit Beeinträchtigungen (kurz Oö. ChG – oder in LL-Schreibweise Oö. Chancen-Gleichheits-Gesetz).

Dieses wurde in LL A2 und in LL B1 veröffentlicht[3].

Weitere Aktivitäten des Landes OÖ im Bereich LL werden hier kurz aufgelistet:

– Leistungs- und Qualitätsstandards für Leistungen in der Behindertenhilfe nach dem Oö. Chancengleichheitsgesetz wurden in LL A2 übersetzt.
– (»Meine Rechte beim Wohnen, Meine Rechte bei der Beruflichen Qualifizierung, …«)[4]
– Einladungen, Protokolle und Tagungsbände von Veranstaltungen, an denen Menschen mit Beeinträchtigungen teilnehmen (Sitzungen, Arbeitskreise, Tagungen …) werden ebenfalls in LL angeboten.
– Gütesiegel ›Sexualität und Beeinträchtigungen‹:
– Träger können sich freiwillig für dieses Gütesiegel bewerben[5]. Die Kriterien für das Gütesiegel wurden in LL A2 übersetzt.
– Bescheide werden in LL verfasst.
– LL wird in partizipativen Arbeitsgruppen praktiziert.

---

2   Siehe dazu Art. 12 Abs. 1 Z. 1 B-VG.
3   Vgl. Land OÖ, Publikationen
4   Vgl. Land OÖ, Publikationen
5   Vgl. Verein Senia, 2015

»Bescheide in LL« und »LL in partizipativen Arbeitsgruppen« sind dabei wohl die innovativsten Einsatzgebiete von LL beim Land Oberösterreich. Darum werden diese etwas näher beschrieben.

Bescheide in LL

Bisherige Situation

Wie eingangs bereits erwähnt, hat wohl jeder Erwachsene in Österreich schon einmal einen Bescheid erhalten. Wer selbst nicht ein wenig rechtskundig ist, stand dabei oftmals »mitten in einem spanischen Dorf« und wusste nicht genau, was die Behörde denn nun genau meinte, wollte oder anordnete. Oft wird nur der Teil, der als »Spruch« bezeichnet wird, wahrgenommen. Doch was bedeutet »Spruch«, »Rechtsmittelbelehrung« und »Begründung« überhaupt?

Dazu bedarf es einer kurzen rechtlichen Erläuterung:

Ein Bescheid ist eine hoheitliche Form des Verwaltungshandelns, welche an eine individuell bezeichnete Person in förmlicher Weise in einem bestimmten Verfahren im Außenverhältnis erlassen wird[6]. Diese (komplizierte) Beschreibung bedeutet aber nichts anderes als, dass eine Behörde, jemandem, der namentlich genannt wird, ein Schreiben schickt und darin etwas feststellt, gewährt oder anordnet.

Damit ein »Bescheid« überhaupt als solcher gewertet werden kann, muss er drei – sogenannte »konstitutive« – Merkmale beinhalten:

– Es muss erstens eine Verwaltungsbehörde handeln (z.B. eine Bezirkshauptmannschaft durch einen Bearbeiter, der auch unterschreiben muss),
– zweitens muss das Handeln an einen individuellen Adressaten gerichtet sein (z.B. an den Antragsteller)
– und drittens muss er eine behördliche Anordnung oder Feststellung enthalten (also z.B. angeben, ob eine Leistung zuerkannt wird oder nicht).

Wenn eines dieser Merkmale fehlt, ist kein Bescheid entstanden und es handelt sich einfach um ein bedrucktes Blatt Papier.

Neben den konstitutiven Merkmalen gibt es noch eine Reihe von deklarativen Merkmalen, zum Beispiel, dass der Bescheid als Bescheid bezeichnet wird. Fehlt ein solches deklaratives Merkmal, tangiert dies den Bescheidcharakter des Schreibens jedoch nicht[7].

---

6   Vgl. Hengstschläger[5], RZ 417f.
7   Vgl. Hengstschläger[5], RZ 419.

All diese Merkmale und Ausgestaltungsformen eines Bescheides ergeben sich aus verschiedenen Gesetzen und deren Anwendung[8].

Wenn man nun die Bestimmungen in diesen Gesetzen eng auslegt, dann stimmt es sicherlich, dass die zuvor angeführten Merkmale ausreichen. Jedoch gibt es darüber hinaus auch eine Bestimmung, welche besagt, dass z. B. der Spruch »klar, deutlich und ohne Umschweife«[9] formuliert sein muss. Doch was bedeutet dies und wer legt fest, für wen etwas klar und deutlich ist? Die Behörden gehen sicher absolut rechtskonform vor, wenn Bescheide, so wie wir sie bisher gekannt haben, ausgestellt werden, es stellt sich jedoch die Frage, ob dies in Zusammenschau mit der UN-Behindertenrechtskonvention den Anforderungen an eine inklusive Gesellschaft noch entspricht.

Überlegungen des Landes Oberösterreich

Das Land Oberösterreich hat sich seit Längerem Gedanken gemacht, wie man Selbstbestimmung von Menschen mit Beeinträchtigungen vorantreiben kann. Mit dem Inkrafttreten des Oö. ChG im September 2008 wurden dazu wesentliche Bestimmungen verankert, die mehr Rechte für Menschen mit Beeinträchtigungen vorsehen. Mit diesem Gesetz wurden viele Forderungen der UN-Behindertenrechtskonvention schon eingeführt; so etwa peer-Beraterinnen und -Berater. Auch persönliche Assistenz wurde mit Erlassung des Gesetzes als Leistung für Menschen mit Beeinträchtigungen verankert.

Wie bereits eingangs erwähnt, hat das Land Oberösterreich viele Texte und Gesetze für Menschen mit Beeinträchtigungen in LL übersetzen lassen. Es war damit eine logische Konsequenz, dass auch Bescheide künftig in eine Form übersetzt werden sollen, die für Menschen mit Beeinträchtigungen verständlich ist. Damit soll auch Art. 9 UN-Behindertenrechtskonvention nachgekommen werden, welcher sich um die Zugänglichkeit und die volle Teilhabe in allen Lebensbereichen kümmert. Es wird klar, dass es nicht nur um die Beseitigung von Barrieren im »baulichen« Bereich geht, sondern in Abs. 2 lit f) auch »[…] andere geeignete Formen der Hilfe und Unterstützung für Menschen mit Behinderungen zu fördern [sind], damit ihr Zugang zu Informationen gewährleistet wird«.

So wurde – in dieser Sache – im Jahr 2010 erstmals mit dem Kompetenznetzwerk Informationstechnologie zur Förderung der Integration von Menschen mit Behinderungen (KI-I) Kontakt hergestellt und das Vorhaben erläutert. Innerhalb der Landesverwaltung wurde bei den zuständigen Abteilungen (Verfassungsdienst

---

8   Siehe dazu z.B.: Art. 130 B-VG, §§ 56ff AVG.

9   Vgl. § 59 AVG.

und Präsidium) angefragt, ob grundsätzliche Bedenken gegen eine Einführung von Bescheiden in »Leichter Sprache« bestehen würden. Nachdem dies verneint wurde, wurde damit begonnen, Musterbescheide zu erstellen. In vielen Arbeitssitzungen wurde zwischen dem KI-I und der Abteilung Soziales bestimmt, welche Bescheidbestandteile unabdingbar sind und auf welche Bestandteile verzichtet werden kann. Die bereits beschriebenen rechtlichen Voraussetzungen mussten auf jeden Fall erfüllt werden. Hier wurde dann relativ bald klar, dass nicht für jeden einzelnen Menschen mit Beeinträchtigungen ein Bescheid konstruiert werden kann (so sind z.B. die rechtlichen Grenzen gefunden, wenn man mit Bildern oder Piktogrammen arbeiten müsste).

Jedoch gab es auch abseits der rechtlichen Bestimmungen einige Dinge zu beachten. So musste festgelegt werden, welche Verständlichkeitsstufe (A2 oder B1) als Standard für *alle* Bescheide gelten sollte bzw. welcher Standard für Menschen *mit kognitiven Beeinträchtigungen* gelten sollte. Letztendlich kam man hier zu dem Ergebnis, dass man sich auf einen »kleinsten gemeinsamen Nenner« einigen müsse und so hat man den Standard LL B1 als grundsätzliche Form der Bescheide gewählt, wobei auf Wunsch des Menschen mit Beeinträchtigungen auch eine Bescheiderstellung in der Verständlichkeitsstufe LL A2 erfolgen kann.

Es gab jedoch durchaus auch Widerstände seitens der Menschen mit Beeinträchtigungen. So wurde vor allem von Menschen mit psychischen Beeinträchtigungen argumentiert, dass man nicht »dumm« sei und deswegen keine Sonderregelungen benötige. Auch hier wurde darauf hingewirkt, eine Lösung für alle zu erzielen und den Vertreterinnen und Vertretern der Menschen mit psychischen Beeinträchtigungen zu verdeutlichen, dass es jedenfalls eine Erleichterung darstellen würde, wenn allen die Möglichkeit gegeben wird, einen Bescheid auch richtig zu verstehen.

Weitere Bedenken kamen aber auch von der Seite der Mitarbeiterinnen und Mitarbeiter in den Bezirksverwaltungsbehörden, welche diese Bescheide ja auch als täglich zu nutzendes Werkzeug einsetzen müssen. Es wurde beklagt, dass ein erheblicher, vor allem zeitlicher Mehraufwand entstehen würde und die ohnehin knappen Personalressourcen dadurch überstrapaziert würden. Es wurde auch angeführt, dass bei der Übermittlung von Bescheiden in LL Zweifel an ihrer eigenen Fachkompetenz aufkommen könnten. Diesen Bedenken wurde durch die Bereitstellung von sämtlichen Bescheidmustern in LL B1 und LL A2 und die Schulung der Mitarbeiterinnen und Mitarbeiter (zum Gebrauch von LL) durch das KI-I entgegengewirkt. Somit ist einerseits die Einheitlichkeit der Bescheide gegeben und andererseits hält sich der individuelle Arbeitsaufwand für den einzelnen Bearbeiter in Grenzen.

Gegen Ende des Projekts wurde auch noch angeführt, dass es zu einem erheblichen Papiermehraufwand kommen würde und auch erheblich mehr Portokosten zu zahlen sein würden. Bei Gegenüberstellung der bisherigen Bescheidmuster mit jenen in den Standards LL ist es zwar tatsächlich so, dass aufgrund der LL-Vorgaben ein gewisses Maß an Mehrverbrauch bei Papier nicht geleugnet werden kann. Jedoch ist der Standardbescheid in LL B1 nur um zwei Seiten (somit bei doppelseitigem Ausdruck um lediglich ein Blatt) länger. Damit kann sowohl der Einwand bezüglich Papier als auch Porto als vernachlässigbar bezeichnet werden, wenn man dadurch im Gegenzug ein deutliches Mehr an Selbstbestimmung erhält.

Nachdem nun diese und andere Bedenken zu großen Teilen ausgeräumt werden konnten, musste natürlich das ganze Vorhaben noch in eine rechtlich verbindliche Norm gegossen werden.

Einführung von Bescheiden in LL B1 und LL A2

Als im Jahr 2014 eine Novelle des Oö. ChG geplant war, wurde auch gleich der Vorschlag betreffend die Bescheide in LL eingearbeitet. Da es sich um eine gesetzliche Änderung handelte, musste der Entwurf an die zuständigen Stellen beim Bund und in den Ländern geschickt werden, wobei es auch von diesen Stellen teilweise positive und einige negative Rückmeldungen gab. Vor allem wurde bemängelt, dass die angewandten LL-Standards nicht dem Publizitätsprinzip[10] entsprächen und daher für eine ausreichende Publizität zu sorgen sei.

Andere Stellen meinten, dass eine verbindliche Verankerung im Rahmen eines Gesetzes überzogen erschiene und man es eher bei einer Umsetzung direkt in der Vollziehung belassen solle. Nach diesen Stellungnahmen wurden die legistischen Formulierungen präzisiert, sodass sich letztendlich der folgende Gesetzestext ergab:

> »Bescheide sind in einer leicht verständlichen Form bzw. auf Wunsch des Menschen mit Beeinträchtigungen oder dessen Vertretung oder bei entsprechendem Bedarf darüber hinaus in einer besonders leicht lesbaren Form zu verfassen. Die dabei zu verwendenden Standards sind auf der Homepage des Landes Oberösterreich und bei jeder Bezirksverwaltungsbehörde zur Einsicht bereit zu halten.«

Aus den erläuternden Bemerkungen zu diesem Gesetzestext ergibt sich, was unter »leicht verständlich« und »leicht lesbar« zu verstehen ist:

»[…] Gemeinsam mit dem Kompetenznetzwerk für Informationstechnologie (KI-I) wurden deswegen (mit Gütesiegel versehene) Bescheide in den Standards »Leicht Lesen A2« und »Leicht Lesen B1« entwickelt. Diese Standards wurden vom capito

---

10   unter Verweis auf die Rechtsprechung des VfGH zu diesem Thema (z.B. VfSlg. 12.293/1990)

Netzwerk Graz entwickelt und sind TÜV geprüft. Eine Verlinkung dieser Standards auf der Homepage des Landes Oberösterreich soll ebenso dem Publizitätsgebot entsprechen wie die Maßnahme, dass jeweils ein Exemplar dieser Standards bei jeder Bezirksverwaltungsbehörde eingesehen werden kann. Der Standard »Leicht Lesen B1« wird zukünftig die Norm bei Bescheiden zu Entscheidungen im Bereich der Leistungen für Menschen mit Beeinträchtigungen. Sollten Menschen mit Beeinträchtigungen jedoch eine spezielle und noch einfacher zu verstehende Form von Bescheid benötigen, so werden an diese auf Wunsch Bescheide im Standard »Leicht Lesen A2« zugestellt. Die grundlegenden verwaltungsrechtlichen Vorschriften sind durch diese Neueinführung nicht betroffen.«

Am 29.1.2015 wurde letztendlich vom oberösterreichischen Landtag diese Novelle samt den Bestimmungen zu den Bescheiden in LL verabschiedet und mit 1. März 2015 stehen diese Regelungen zugunsten von Menschen mit Beeinträchtigungen in Oberösterreich als erstem Bundesland im Gesetzesrang.

Ausblick

Wie man aus den Schilderungen ersehen kann, war es nicht einfach, dieses Vorhaben umzusetzen. Es gab eine Menge Widerstand, und selbst die Menschen mit Beeinträchtigungen waren sich anfangs nicht ganz sicher, ob es eine Erleichterung wäre, wenn man die Bescheide in Leicht Lesen erstellt. An dieser Stelle sei angeführt, dass die Bescheide in LL vorerst einmal für den Bereich des Oö. ChG gelten und in keiner anderen Gesetzesmaterie verwendet werden. Aber ein erster Schritt ist getan und vielleicht ergibt es sich, dass diese Vorgehensweise zukünftig auch in anderen Gesetzesmaterien angewendet wird.

Als Zusammenfassung darf man festhalten, dass es gewisse Grenzen des Machbaren gibt. Wie schon erwähnt, ist ein Bescheid ein hoheitliches Schriftstück, welchem selbst gewisse Grenzen gesetzt sind. Trotz umfassendem Inklusionswunsch ist man zur Erkenntnis gekommen, dass etwa Schriftsprachkompetenz eine Voraussetzung für Bescheide darstellt und die rechtliche Grenze erreicht ist, wo Bescheide mittels Bildern und Piktogrammen erstellt werden müssten.

Die enge Kooperation mit KI-I hat viele Vorteile gebracht, wenn auch die Umsetzung teils viel Kleinarbeit erforderte und viele Stunden mit dem Lesen der Bescheidmuster verbracht wurden. Es wird auch weiterhin eine enge Zusammenarbeit geben, da die Abteilung Soziales derzeit dabei ist, eine Art ›Datenbank für Phrasen in LL‹ aufzubauen, welche als Textbausteine in etwaige schwieriger zu beurteilende Bescheide eingearbeitet werden können.

Nach der Einarbeitungsphase bei den Bezirksverwaltungsbehörden gibt es auch schon erste Rückmeldungen. Der verbreitete Tenor ist nun, dass der zeitliche Mehraufwand immer geringer werde und eigentlich nur mehr vorhanden sei, wenn es einen komplizierten Sachverhalt gebe. Im ersten halben Jahr der Verwendung der Bescheidmuster (1.7.2014–1.2.2015) gab es keinen einzigen Antrag auf einen Bescheid in LL A2. Man bekommt aber auch oft zu hören (vor allem aus dem Bereich der Sachwalter), dass eine derartige Umstellung nicht erforderlich gewesen sei, da man als Sachwalter einen Bescheid ohnehin verstehen würde.

Gerade da gilt es jedoch anzusetzen, um die Barrierefreiheit und die Selbstbestimmung von Menschen mit Beeinträchtigungen zu erhöhen. Der Entschluss des Landes Oberösterreich, Bescheide in LL zu verfassen, dient ja nicht der Erleichterung der Aufgaben des Sachwalters oder einer anderen gesetzlichen Vertretung. Mit der Möglichkeit, selbst Bescheide lesen zu können und zu verstehen, haben aber Menschen mit Beeinträchtigungen »wieder« ein Stück mehr Autonomie bekommen.

Leicht Lesen in partizipativen Arbeitsgruppen

Das Oö. ChG sieht vor, dass die Planung der Leistungen, wie sie in Zukunft angeboten werden sollen, in sogenannten Chancengleichheitsprogrammen vorgenommen wird (§ 32 Oö. ChG). Das muss die zuständige Abteilung, die Abteilung Soziales, tun. Die Abteilung Soziales hat sich für einen Prozess entschieden, der die Beteiligung aller Interessengruppen vorsieht (partizipative Arbeitsgruppen). Die Interessengruppen setzen sich zusammen aus:

– Menschen mit Beeinträchtigungen,
– Angehörigen von Menschen mit Beeinträchtigungen,
– Leistungserbringern,
– der Verwaltung.

Das ist ein sehr innovativer Ansatz, mit dem das Land Oberösterreich dem Anspruch der UN-Behindertenrechtskonvention, Artikel 29, gerecht wird, der Teilhabe am politischen und öffentlichen Leben für Menschen mit Beeinträchtigungen fordert.

Besonders für Menschen mit Lernschwierigkeiten[11] ergeben sich Hindernisse bei der Teilnahme an partizipativen Arbeitsgruppen.

---

11 Menschen mit geistiger Behinderung empfinden diese Bezeichnung als nicht wertschätzend. Sie möchten lieber als Menschen mit Lernschwierigkeiten bezeichnet werden.

In einer eigens durchgeführten Studie wurden 25 gewählte Interessenvertreterinnen und Interessenvertreter mit Lernschwierigkeiten über die Hindernisse und die Erfordernisse bei der Teilnahme an partizipativen Arbeitsgruppen befragt. [12]

Davon abgesehen, dass es sehr wenige wirkliche partizipative Arbeitsgruppen und damit wenig praktische Erfahrung gibt, wurden unter anderem folgende Hindernisse identifiziert:

– Unklarheit über die Themen,
– Streit in der Arbeitsgruppe,
– Menschen mit Lernschwierigkeiten wurden gehetzt,
– zu wenig Menschen mit Lernschwierigkeiten in der Arbeitsgruppe,
– es wurde keine einfache Sprache verwendet.

Folgende Erfordernisse wurden von den Interviewten genannt:
– ein gutes Arbeitsklima
– »Ich muss willkommen sein.«,
– Aussagen aller Beteiligten sind gleich wichtig,
– alle Beteiligten sind gleich wichtig.
– Einhaltung der Arbeitszeit und genug Pausen,
– Unterlagen für die Sitzungen rechtzeitig erhalten,
– Assistenz für die Vorbereitung auf die Sitzungen,
– Unterlagen und Protokolle in LL,
– bei den Sitzungen selbst eine leicht verständliche Sprache sprechen.

Um diese Hindernisse zu überwinden und den Erfordernissen gerecht zu werden, wurde ein externer Prozessbegleiter und eine LL-Expertin des KI-I beauftragt, die Ausarbeitung der Chancengleichheitsprogramme für 2 Leistungen nach dem Oö. ChG zu begleiten.[13]

Alle Informationen, Einladungen, Protokolle und der Projektbericht wurden in LL verfasst. Der Prozessbegleiter hat den Prozess gemeinsam mit der Abteilung Soziales geplant und moderiert, um die Erfordernisse bezüglich Arbeitsklima, Arbeitszeiten und allgemeiner Strukturen zu erfüllen. Die LL-Expertin war für die schriftlichen Unterlagen und für eine leicht verständliche Sprache während der Sitzungen zuständig.

Dass die Teilhabe hier gut gelungen ist, wird durch die Aussage von Teilnehmerinnen und Teilnehmern mit Beeinträchtigungen deutlich. Sie haben rückgemeldet, dass

12   Vgl. Schweinschwaller 2014
13   Vgl. Schweinschwaller 2013

die Zusammenarbeit sehr gut funktioniert hat und die Zusammensetzung der Arbeitsgruppe sehr gut war. Sowohl die Moderation wie auch die Begleitung durch die LL-Expertin wurden positiv hervorgehoben.

Leicht verständliche Information von Ämtern

Wie das Land Oberösterreich das macht

Martin Pantlitschko und Birgit Peböck

Zusammenfassung in leicht verständlicher Sprache

Das Land Oberösterreich nimmt die Aufträge
durch die UN-Behindertenrechts-Konvention ernst.
Darum wird Leicht Lesen beim Land Oberösterreich
in vielen verschiedenen Bereichen eingesetzt.
Viele Informationen werden in Leicht Lesen übersetzt,
zum Beispiel das Oberösterreichische Chancengleichheitsgesetz,
Protokolle von Sitzungen oder Rechte von Menschen mit
Beeinträchtigungen.

Eine Besonderheit ist, dass auch Bescheide
in Leicht Lesen ausgestellt werden.
Wenn ein Mensch mit Beeinträchtigungen um eine Leistung
nach dem Oberösterreichischen Chancengleichheitsgesetz ansucht,
dann bekommt er einen Bescheid.
In diesem Bescheid steht,
ob der Mensch die Leistung bekommt oder nicht.
Solche Bescheide waren bis jetzt immer sehr kompliziert
und schwer verständlich.
Jetzt gibt es diese Bescheide in Oberösterreich
nur mehr in Leicht Lesen.
Das steht jetzt auch im Gesetz.
Der Weg dorthin war aber nicht leicht.

Noch etwas Besonderes gibt es beim Land Oberösterreich
für Menschen mit Beeinträchtigungen:
Sie arbeiten gleichberechtigt in Arbeitsgruppen mit.
Damit das gut gelingen kann, gibt es einen Moderator,
der genau weiß,
was Menschen mit Beeinträchtigungen in solchen Arbeitsgruppen
brauchen.
Es gibt auch eine Expertin für Leicht Lesen,
die sich darum kümmert,
dass alle Unterlagen und die Sprache bei den Sitzungen
leicht verständlich sind.

Übertragung in leicht verständliche Sprache von capito

Literaturverzeichnis

Land OÖ (Hg.), Publikationen, http://www2.land-oberoesterreich.gv.at/internetpub/Internet
PubPublikationen.jsp?filterUKatNr=100143&filterUKatKurz=Behindertenhilfe&time=
1420794644129, 9. Jänner 2015.
Hengstschläger/Leeb, Verwaltungsverfahrensrecht⁵, Facultas, Wien, 2014.
Schweinschwaller, T. (2013), Beschreibung vom Projekt Chancen-Gleichheits-Programm für
Arbeit und Fähigkeits-orientierte Aktivität, http://www.vielfarben.at/images/alle_medien/
downloads/projekte/Projekt%20ChG%20Programm_LL, 6. Februar 2015.
Schweinschwaller, T. (2014), Befragungs-Ergebnisse: Unsere Erfahrungen und Bedürfnisse als
Interessen-Vertreter und Interessen-Vertreterinnen für Menschen mit Lernschwierigkeiten;
Eigenverlag 2014.
Verein Senia, Gütesiegel Sexualität und Beeinträchtigung, http://www.senia.at/angebote/gute-
siegel-sexualitat-und-beeintrachtigung/; 16. Februar 2015.

Abkürzungen

BGBl: Bundesgesetzblatt

B-VG: Bundes-Verfassungsgesetz

AVG: Allgemeines Verwaltungsverfahrensgesetz

KI-I: Kompetenznetzwerk Informationstechnologie zur Förderung der Integration
von Menschen mit Behinderungen

LL: Leicht Lesen

Leicht Lesen gibt es in 3 verschiedenen Verständlichkeitsstufen:

Diese Stufen orientieren sich an einer Einstufung,

wie gut ein Mensch eine bestimmte Sprache spricht.

Diese Einstufung gibt es in ganz Europa.

Sie heißt: Gemeinsamer europäischer Referenzrahmen für Sprachen.

Die Abkürzung ist GERS.

A1 steht für die am leichtesten verständliche Stufe.

Verwendet werden nur einfache, bekannte Wörter und kurze Sätze.

Die Sätze sind sehr einfach geschrieben.

In der Stufe A1 schreibt man nur die wichtigsten Informationen auf.

Informationen in A2 erklären ein bestimmtes Thema so,

dass die Leserinnen und Leser die wichtigsten Informationen verstehen.

Zum Beispiel einen Bescheid oder eine Anweisung. Die Leserinnen und Leser
sollen auch danach richtig handeln können. Zum Beispiel sollen sie schnell genug auf einen Bescheid antworten und keine Frist versäumen.

Informationen in B1 sind so gemacht,

dass sie die meisten Menschen leicht lesen und verstehen können.

Es gibt keine schwierigen Fachbegriffe und Fremdwörter.

Informationen in B1 sollen die Mehrheit der Bevölkerung erreichen.

	Auch die Menschen, die keine Fachleute auf einem bestimmten Gebiet sind.
LL A2:	Leicht Lesen auf der Verständlichkeitsstufe A2
LL B1:	Leicht Lesen auf der Verständlichkeitsstufe B1
Oö. ChG:	Oberösterreichisches Landesgesetz betreffend die Chancengleichheit von Menschen mit Beeinträchtigungen
VfGH:	Verfassungsgerichtshof
VfSlg.:	Verfassungssammlung, bezeichnet die Sammlung der Erkenntnisse des Verfassungsgerichtshofs

Anne Gidion

»Leichte Sprache« als ein Weg zur religiösen Rede[1]

Wie kann das gehen?

»Leichte Sprache« gibt es wirklich. Menschen mit Behinderungen haben sie für Kommunikation im öffentlichen Leben eingefordert. Sie ist eine Herausforderung für öffentliche Rede, also auch für Sprache im Gottesdienst. Die These: »Leichte Sprache« gibt religiöser Rede eine Form der Demut, die das Wort hinter den Wörtern leichter erscheinen lässt.

Überlegungen zur religiösen Rede

»Es gibt so viele Arten, das Wort Gottes zur Sprache zu bringen, wie es Arten der Musik gibt. Ich wüsste nicht, welche die »richtige« ist: die akribische, die poetische, die populäre, die geglättete, die geschichtlich geprägte …«. »Leichte Sprache« erlaubt eine Unmittelbarkeit des Verstehens, die eine große Stärke hat. Man muss nicht Kind werden, um einem biblischen Text ganz unbefangen nah zu sein. »Leichte Sprache« erlaubt Einfalt mit aufrechtem Gang. Damit zeigt sie etwas ganz Wesentliches, wenn es um das Wort Gottes geht: Es ist nämlich in Wahrheit überhaupt nicht kompliziert, sondern so einfach wie der Satz: »Du bist geliebt.«[2]

Religiöse Rede benutzt Worte, Musik, Stille. Bleiben wir beim Wort. Im christlichen Gottesdienst heißt es, dass Menschen auf Gottes Wort antworten. Aber wie kann das sein? Wie können wir Gottes Wort hören?

Sprache im Gottesdienst ist jedenfalls nicht das Gleiche wie das Wort Gottes. Sie muss vielmehr den Abstand offen halten zwischen dem, was Menschen sagen, und dem, was Gott unerwartet und unvorhersehbar sagen könnte.

Wie kann das gehen? Zum Beispiel, indem die religiöse Rede den Hörenden etwas Unerwartetes zutraut. Oder indem sie abzubilden versucht, dass Menschen, die im

---

1 Vorfassungen der vorliegenden Überlegungen finden sich auch in: Gidion, Im weiten Raum der Leichten Sprache, 69ff. und in GIDION, »Leichte Sprache« im Gottesdienst, in: Österreichisches Liturgisches Institut, Erzabtei St. Peter, Salzburg (Hg.), Heiliger Dienst 86, 2014, 249–256.

2 Christian Dopheide, Vorstand der Ev. Stiftung Hephata und Sprecher des Brüsseler Kreises in einer schriftlichen Reaktion auf das Unternehmen, Luthertexte in Leichte Sprache zu übersetzen, zitiert nach: Gidion/Arnold/Martinsen: Leicht gesagt, 7.

Gottesdienst sprechen, also Liturginnen oder Prediger oder Menschen, die aus der Bibel vorlesen, auch ihrerseits Gott etwas Unerwartetes zutrauen. So kann beim religiösen Sprechen ein offener Raum entstehen. Ein Raum für Stammeln und für Abwarten, für eine offenere Gebets- und Predigtsprache. Natürlich ist das, was da gesagt wird, in irgendeiner Form vorbereitet, in der Regel jedenfalls. Im Vollzug aber wird sie (wie) neu produziert, nicht reproduziert.

Die Spannung zwischen den überlieferten Worten, z.B. im biblischen Text, in Glaubensbekenntnis und Vaterunser einerseits und den eigenen Gedanken und Gebetsformulierungen andererseits, soll gerade spürbar werden. Zu geschliffene und glatte, aber auch zu fremdwortreiche Sprache lässt einen solchen Raum kaum zu. Die Sprache braucht eine raue Oberfläche mit Platz für Widerhaken. Anrufung, Hinwendung, Bitte und Wortdeutung dürfen nicht formelhaft zur Sprache kommen. Zum Beispiel: Wer betet, dem muss man abspüren können, dass er es auch wirklich tut.

Was kann »Leichte Sprache« beitragen?

»Leichte Sprache« ist bekanntlich eine Errungenschaft der Selbsthilfebewegung von Menschen mit geistigen Behinderungen. Diese machen ihr Recht auf Barrierefreiheit auch für das Feld der Kommunikation geltend.

Diese Forderung macht auch vor der religiösen Rede nicht halt. Der christliche Gottesdienst zum Beispiel ist in seiner klassischen Form ein hoch komplexes und voraussetzungsreiches Geschehen – keineswegs barrierefrei. Wer sich darin auskennt, kann sich darin sicher bewegen: der zeitliche Rahmen, die spezielle Form von Entschleunigung gegenüber Taktungen anderer Vermittlungsformen, die in der Regel unbequeme Bestuhlung, die Beleuchtung, das bewegungslose Sitzen – all das ist keineswegs selbsterklärend, geschweige denn barrierefrei. Im Vergleich zu anderen Angeboten der Freizeitgestaltung ist Gottesdienst zwar kostengünstig, aber meist objektiv wenig einladend oder frei zugänglich.

Zugleich sollten Gottesdienst und die Rede von Gott in ihrer Weise etwas von dem möglich machen, wovon sie reden: den freien, bedingungslosen Zugang zum liebenden und den Menschen zugewandten Gott. »Gratis« müsste dieser Gott zu erleben sein, im guten Sinne »umsonst«, kostenlos, ohne Vorbedingungen.

Natürlich versteht man mehr vom Gottesdienst, wenn man sich auskennt im Alten und Neuen Testament, in der Geschichte Israels und der Geschichte der Kirche. Trotzdem sollte jeder Gottesdienst Momente enthalten, die auch ohne Vorbildung erfahrbar sind. Solche Momente sind schwer zu »machen« – aber leicht zu verhindern. Was sie besonders verhindert, ist eine exklusive, voraussetzungsreiche Sprache und Metaphernwelt, die das Gefühl vermittelt, beim Gottesdienst ginge es um etwas Wesentliches, zu dem ich aber keinen Zugang habe. Eine verklausulierte und schwer verständliche, voraussetzungsreiche und von Worthülsen gehaltene Sprache zum Beispiel trägt zu so einem Gefühl bei.

Bei der Verwendung von »Leichter Sprache« im Gottesdienst geht es gerade nicht um schlichte Vereinfachung oder gar Banalisierung von religiösem Sprechen und liturgischem Handeln. Der »mystische Kern«[3] des gottesdienstlichen Geschehens bleibt wichtig.

Verstehen im Gottesdienst

Liturgie – manchmal auch Predigt – ist nahe bei poetischer Rede und Dichtung. Diese lebt von Bildern. Im Sinne der »Leichten Sprache« kommt es bei den im Gottesdienst verwendeten Bildern allerdings darauf an, dass sie auch der Anschaulichkeit des Gemeinten dienen.

Ein Beispiel: Psalm 23: *Der Herr ist mein Hirte, mir wird nichts mangeln …*

Ein Grundtext des christlichen Gottesdienstes, wenn man ihn denn von Kindheit an kennt. Was können wir aber in einer postpastoralen Gesellschaft mit diesem Bild anfangen? Wer nicht mit religiöser Sprache groß geworden ist, empfindet das ländliche Bild des Guten Hirten vielleicht als wenig einladend. Er weiß nicht, dass Jesus selbst das Lamm ist und Gott der Hirte. Das Identifikationsangebot Schaf trifft nur wenig von urbanen Lebenswirklichkeiten sinnsuchender Menschen. Und das für viele schlicht Vertraute des Bildes vom Guten Hirten im Alten und Neuen Testament ist noch nicht in sich einladend und Hoffnung weckend.[4]

Vertrautheit ist nicht dasselbe wie Verständlichkeit. Baut man aber einem solchen Text eine »Rampe«, kann er sich entfalten. Bei Psalm 23 könnte das zum Beispiel so aussehen: *Psalmen wurden früher gesungen. Zum Beispiel zuhause. Oder in der Natur. Oder am Palast eines Königs. Auch im Tempel. Viele Psalmen hat David geschrieben. Jedenfalls vermutet man das. David war erst Hirtenjunge. Später wurde er König. Am Hofe, bevor er König wurde, sang er für den kranken König Saul. In seinen Liedern singt er von Gottes Macht. Er beschreibt Gott. Er beschreibt, wie Menschen Gott erleben. David war Hirtenjunge. Mit Schafen kannte er sich aus. Gott als guter Hirte – das gefällt ihm. Das kann er sich gut vorstellen. Davon singt er. Davon singen Menschen bis heute.*

Nicht immer muss eine Rampe so lang sein. Aber manchmal hilft es, um einen frischen Blick auf die biblischen Texte und Bilder zu bekommen.

---

3   Rotzetter, An der Grenze zum Unsagbaren, 8.

4   Vgl. Gidion, Er ist mein Hirte, 27ff.

Andererseits höre ich oft: Menschen wollen im Gottesdienst gar nicht immer alles verstehen. Sie fühlen sich wohl im Ritual der unhinterfragten Vertrautheit. Die alten und ungewohnten Sprachbilder gehören dazu.

Es geht mir an dieser Stelle nicht darum, überall und auch an jeder Stelle im Gottesdienst »Leichte Sprache« und Verstehbarkeit zu fordern, sondern auch die Sprache im Gottesdienst unter der Frage zu betrachten, in welchen Passagen es um Verstehen geht und in welchen eher nicht.

Was heißt eigentlich: »Ich verstehe etwas«? Verstehen kann heißen, dass ich etwas erfahre und es sofort einfüge in die geläufigen Denkbilder und Muster. Dann geschieht gedanklich selten etwas Neues.

Zum Verstehen kann aber auch ein Offenlassen gehören, ein Wissen darum, dass ich gerade nicht alles verstanden habe und verstehen kann. Die Grenzen des Verstehens gehören zu meinem Verständnis von Verstehen hinzu, d. h., dass ich mit Fragen mehr ausdrücken kann als mit Antworten.

Übersetzung in »Leichte Sprache« als Übertragung

»Leichte Sprache« bedeutet nicht, dass durch einen einfachen Übersetzungsvorgang unter Anwendung von ein paar journalistischen Regeln das totale Verstehen erreicht wäre. Dies mag bei Gebrauchsanweisungen und Dienstformularen das gewünschte Ziel sein.

Bei Gebeten und religiöser Rede ist es dies wesensmäßig nicht. Denn die religiöse Sprache ist geräumiger als die Begriffssprache des praktischen Lebens. Beim Anwenden von »Leichter Sprache« im Gottesdienst geht es vielmehr darum, zu reduzieren, Gedanken zu sortieren und Begriffe zu öffnen.

Die Verwendung des Begriffs »Übersetzung in Leichte Sprache« legt nahe, es gehe darum, dieselbe Sache nur in einer anderen Sprache zu sagen. »Übertragung« oder »Nachdichtung« mit »Leichter Sprache« ist deshalb wohl der bessere Ausdruck.

Wer möglichst konsequent versucht, die Regeln von »Leichter Sprache« auf die gottesdienstliche Rede anzuwenden, merkt, dass sich die Sachverhalte selbst verändern. Das habe ich gemeinsam mit anderen erlebt: »Leichte Sprache« entlarvt eine Sicherheit, die von überkommenen Wortkombinationen getragen wird. »Leichte Sprache« enttarnt auch den Appellcharakter von Gebetsformulierungen. Durch »Leichte Sprache« gewinnen die Texte an Zugänglichkeit, an Hörbarkeit, an Klarheit und gelegentlich an Demut.

Natürlich muss nicht jede gottesdienstliche Passage in »Leichter Sprache« gehalten sein.

Je nach Typus von Predigerin und Prediger und je nach Gemeindemilieu und Anlass des Gottesdienstes ist die Sprachform immer neu zu überlegen. Es geht, wie gesagt, nicht um eine lückenlose Verstehbarkeit, nicht um Trivialisierung und niedriges Niveau. Es geht mir darum, in religiöser Sprache im Gottesdienst und darüber hinaus Raum zu schaffen für das Andere.

Und dieses Andere braucht Platz, damit es erscheinen kann.

Beispiele und Praxiserträge

Im Folgenden greife ich aus einer Fülle von Beispielen einige Werkstattprodukte heraus. In der Regel ging es in den Übungen nicht darum, neue Predigten oder neue liturgische Stücke zu erstellen. Sondern es wurde im beschriebenen Sinne »übersetzt«: Es ging darum, gängige kirchliche und theologische Sprachmuster einer Art Überprüfung mithilfe der Kriterien der »Leichten Sprache« zu unterziehen. Daraus dann neue Predigten oder liturgische Texte zu entwickeln, die für den gottesdienstlichen Gebrauch angemessen und stimmig sind, ist dann ein weiterer Arbeitsschritt, der hier nicht gemacht wird.

Predigtsprache

Erstes Beispiel: Eine Lesepredigt[5] über eine Textpassage aus dem Ersten Timotheusbrief:

> »Für Paulus war das der Wechsel vom Sünder zum Gerechten, vom Verfolger der Christen zum Verkündiger der Botschaft des Jesus von Nazareth. Jesus ist gekommen, um die Sünder selig zu machen. Der Sünder Paulus wurde zum Gründer christlicher Gemeinden über den größeren Teil des Mittelmeerraumes hinweg. Für ihn war der Glaube ein Wechsel im eigenen Selbstverständnis. Der Sünder gründet sein Ich auf sich selbst. Er versucht, sich selbst eine Rechtfertigung des Lebens zu bauen, mit Geschichten und Argumenten. Aber diese Rechtfertigung muss brüchig und instabil bleiben. Als Paulus das erkannt hat, merkt er, dass er dieses Rechtfertigen nicht mehr nötig hat. Er muss sich nicht am eigenen Schopf aus dem Sumpf ziehen.

---

5   Engemann, Er ist unser Friede, 37ff. Es handelt sich um übliches Arbeitsmaterial für den gottesdienstlichen Gebrauch, z.B. von Prädikantinnen und Prädikaten. Mir geht es hier nicht um die Sprachkorrekturen oder Kritik an den Autorinnen und Autoren der Lesepredigten, sondern um die Chancen von Leichter Sprache in Bezug auf gottesdienstliche Texte.

Er hat gemerkt: wer sich in Gott gründet, wer sich auf seine Gnade und Barmherzigkeit verlässt, der kann einfach damit aufhören, sich zu rechtfertigen. So gewinnt er eine ungeheure Freiheit und vor allem Zeit. Eine dauernde Veränderung ist dieser Glaube, weil auch Paulus gemerkt hat: es gibt Rückfälle, und ich brauche das, dass mir jemand anderes sagt: so kannst du dich wieder neu auf Gott ausrichten. So kommt dir Gott in Gnade und Barmherzigkeit entgegen ...«

Übertragung dieser Passage mithilfe der Regeln für »Leichte Sprache«[6]:

»Wenn wir die Briefe von Paulus lesen, dann merken wir: es ist etwas Besonderes passiert. Etwas sehr Wichtiges. Paulus hat erkannt: Gott hat ein Herz für mich. Das kann ich spüren. Und das möchte ich anderen Menschen weitersagen. Paulus hat gemerkt, dass er vieles falsch macht. Immer wieder. Ohne es zu wollen. Das nennt er »Sünde«. Aber er hat auch gemerkt: Gott hat gerade die Sünder lieb. Die, die immer etwas falsch machen. Eigentlich sind wir das alle. Gott will uns helfen. Darum hat er Jesus zu uns geschickt. Jesus sagt uns, du und Gott, ihr gehört zusammen. Gott will, dass du glücklich bist. Es ist egal, ob du etwas falsch machst oder nicht.«

Wie oben gesagt: Nach diesem Überarbeitungsschritt liegt in der Regel keine schon ganz fertige neue Predigtpassage vor. Vielmehr wird, so auch in diesem Beispiel, erst einmal der Kern des vorher verklausuliert Gesagten freigelegt. Teils – so auch hier – tritt ein relativ schlichtes Gedankenkonstrukt zutage, das vorher in einerseits gewohnten und andererseits einschüchternden theologischen Floskeln verpackt war. Der »Übersetzungsvorgang«, der natürlich, wie jede Übersetzung, auch ein Interpretationsvorgang ist, kommt meiner Einschätzung nach mithilfe der Regeln für »Leichte Sprache« an eine Art Substanz, die sich leichter hören lässt. Ob es das ist, was der Prediger der Gemeinde wirklich sagen möchte, wäre in einem nächsten Schritt zu klären.

Zweites Beispiel: Aus einem Gebet am Ende einer Predigt.

»Für die Kirche in aller Welt,
dass sie frei wird von Menschenfurcht,
dass sie die Mächtigen mahnt und den Schwachen hilft,
dass sie fest hält am Bekenntnis des Glaubens,
dass sie bereit wird zum Kämpfen,
getrost bleibt im Leiden
und allezeit Gott dient zum Wohle der Menschen.«

---

6   Der Text stammt von einer Seminarteilnehmerin, der ich für die Erlaubnis zum Abdruck danke.

Übertragung einer Teilnehmerin:
»Ich bete für die Kirche überall auf der Welt.

Ich bete für Menschen, die Angst haben.

Wer etwas entscheiden kann, soll vorsichtig sein.

Wer schwach ist, soll Hilfe bekommen.

Die Menschen in der Kirche sollen weiter glauben.

Die Menschen in der Kirche sollen sich füreinander einsetzen.

Einander trösten.

Sie sollen an Gott glauben und den Menschen helfen.«

Auch hier ist das Ergebnis der Übertragung noch nicht notwendig zum gottesdienst-lichen Gebrauch geeignet. Sie legt aber den unterschwelligen Appellcharakter von Formulierungen in der ersten Fassung frei. Sie zeigt, dass dort in der Gebetsform eine Art Aufgabenkatalog für Gott und/oder die Menschen formuliert wird. Auch hier ist die Übertragung offenkundig nur ein erster Schritt.

Gebetssprache

Eines der Tagesgebete des Gottesdienstbuchs[7] zum Buß- und Bettag:

»Wer sind wir, wo stehen wir, worin haben wir versagt?
Auf solche Fragen suchen wir Antwort.

Wir werden sie nicht finden, ohne dich, Gott,
ohne dein richtendes und rettendes Wort.

Darum bitten wir dich:
Komm und sprich zu uns.

Hilf uns die Wahrheit erkennen und annehmen,
die Wahrheit unserer Schuld
und die Wahrheit deiner Gerechtigkeit.

Erbarme dich unser um deiner Güte willen.«

In einem Seminar übertrug ein Autorenduo dies so:
»Was tue ich, Gott?

Was habe ich getan?

Ist es gut, ist es schlecht?

Du weißt es, Gott!

Was ich auch tue, du gehst mit mir.

---

7 Kirchenleitung der VELKD, Rat der Kirchenkanzlei der EKU, Evangelisches Gottesdienstbuch, 405.

Gott, du bist bei mir, bei allen kleinen und großen Schritten in meinem Leben.
Amen.«

Hier ist der ursprüngliche Text praktisch nicht mehr zu erkennen. Die Formulierungen sind reduziert, das »Wir« hin zum »Ich« aufgelöst. Gewichtige, theologisch klingende Formulierungen, die den Beter vor Gott in Misskredit bringen, werden entdeckt als kindliche Anfragen und finden darin ihren gebethaften Wahrheitsgehalt.

Ein weiteres Beispiel aus einem Tagesgebet zu Karsamstag[8]:

»In deiner Kraft, Gott des Lebens,
ist dein Sohn hinabgestiegen in das Reich des Todes,
um die Macht des Todes zu brechen.
Lass uns, die wir gefangen sind in Todesfurcht,
den Glauben festhalten,
dass Christus das Tor zum Leben aufgestoßen hat
und die Seinen befreit zum ewigen Leben.
Du, lebendiger Gott, bist unsere Hoffnung
In Zeit und Ewigkeit.«
Ein anderes Autorinnenduo übertrug dies so:
»Gott des Lebens,
Jesus Christus ist gestorben.
Durch deine Kraft besiegt er den Tod.
Wir haben Angst vor dem Tod.
Hilf uns vertrauen, dass bei dir Leben möglich ist.
Gott des Lebens, auf dich hoffen wir, jetzt und immer.
Amen.«

Bei diesem Übertragungsversuch liegt ein Gebet in klaren, bekennenden Aussagesätzen und daran anschließenden einfachen Bitten vor. Die Vorlage versuchte dies mit der Passage aus dem Apostolikum »hinabgestiegen in das Reich des Todes« und den Formulierungen »gefangen in Todesfurcht« und »Tor zum Leben aufgestoßen« in ihrer Weise auch. Sie bleibt jedoch bei einer nominalen Zitatstruktur. Dies kann seine Funktion bei einem Bekenntnis haben (Apostolikum).

Soll allerdings konkret gebetet werden, entsteht eine Chance darin, derartige Blöcke aufzulösen, ohne Bezugsverbindungen gänzlich aufzugeben.

---

8   Kirchenleitung der VELKD, Rat der Kirchenkanzlei der EKU, Evangelisches Gottesdienstbuch, 315.

Perspektiven

Diese Überlegungen und Erfahrungen aus der Praxis eines Gottesdienstinstituts seien hier offengelegt als Teil einer Suche nach zeitgemäßer Rede von Gott. Aus meiner Sicht stehen theologisch Lehrende, Denkende, methodisch Arbeitende in der gegenwärtigen kirchlichen Lage vor großen Herausforderungen. Es gilt, plausibel und wach zu sein für die Formen von Verkündigung und religiöser Sprache, wie sie auch außerhalb der christlichen Kirchen existiert. Es gilt auch, das Gespräch mit diesen Formen zu suchen. Zugleich ist der Schatz zu bewahren, der Schatz der Traditionen, der biblischen Schriften, der liturgischen Erfahrungen, der religiösen Poesie der Jahrhunderte.

Gebet und Predigt sind alte Formen, ständig im Wandel, der Modus der behaupteten Wahrheit trägt sie nicht mehr. Sprache im Gottesdienst soll Erfahrungen ermöglichen wie in einem fremden Land. Wenn es gut geht, mache ich Erfahrungen, die mich im Herzen berühren und genau mich meinen. Oder ich sehe wie eine Sternschnuppe von ferne etwas von jener großen Wahrheit, die vor mir war und nach mir sein wird. Ich bin jedenfalls der festen Überzeugung, dass alle in der Verkündigung und Liturgie Tätigen immer wieder neu die Aufgabe haben, eine Sprache zu finden, die Ohren und Herzen öffnet. Und wenn »Leichte Sprache« dazu beitragen kann, ist sie im Gottesdienst genau am richtigen Ort.

»Leichte Sprache« im Gottesdienst
Wie kann das gehen?

Anne Gidion

Zusammenfassung in leicht verständlicher Sprache

Es gibt auch bei der religiösen Rede
die Forderung nach »Leichter Sprache«.
Zum Beispiel ist der übliche christliche Gottesdienst
eine sehr komplizierte Angelegenheit und nicht barrierefrei.

Bei einem Gottesdienst verstehen natürlich die Menschen mehr,
die sich in der Bibel auskennen.
Aber trotzdem sollte es in jedem Gottesdienst Momente geben,
die man auch ohne viel Vorwissen verstehen kann.

In einem Gottesdienst gibt es wenige solche Momente,
wenn die Sprache kompliziert und ungewöhnlich ist.
Dann haben viele Menschen das Gefühl,
dass es bei einem Gottesdienst um etwas sehr Wichtiges geht,
das sie aber nicht verstehen können.

Wenn man in einem Gottesdienst »Leichte Sprache« verwendet,
geht es nicht darum, alles nur zu vereinfachen.
Das Geheimnisvolle bei einem Gottesdienst bleibt wichtig.

Die religiöse Rede ist so ähnlich wie Dichtkunst.
So eine Sprache beschreibt manche Dinge
mit Sprachbildern und Umschreibungen.
Bei einem Gottesdienst ist es aber wichtig,
dass die Sprache deutlich macht, was gemeint ist.

»Leichte Sprache« im Gottesdienst heißt nicht,
dass man einfach eine Predigt nach ein paar Regeln übersetzt
und jeder versteht plötzlich alles.
Das geht bei religiösen Reden nicht.
»Leichte Sprache« im Gottesdienst heißt,
dass man zum Beispiel Begriffe erklärt
und Gedanken gut verständlich vermittelt.
Religiöse Rede wird also eigentlich nicht »übersetzt«.
Sie wird nur anders und verständlicher gemacht.

Wenn man die Regeln von »Leichter Sprache«
bei religiöser Rede anwendet,
wird sie dadurch viel zugänglicher und klarer.

Natürlich muss nicht der ganze Gottesdienst
in Leichter Sprache sein.
Aber es ist wichtig, dass die religiöse Rede eine Sprache findet,
die die Religion für alle Menschen zugänglich macht.
Wenn »Leichte Sprache« dafür geeignet ist,
ist sie im Gottesdienst genau am richtigen Platz.

Übertragung in leicht verständliche Sprache von capito

Literatur

Engemann, Wilfried u. a. (Hg.): Er ist unser Friede. Lesepredigten Trinitatis bis Ewigkeits-
    sonntag 2010, Textreihe II/2.
Gidion, Anne: Er ist mein Hirte. Über Psalmen und Leichte Sprache im Gottesdienst, in:
    Zentrum Verkündigung der EKHN: Du, höre! Psalmen entdecken – singen, beten, predigen.
    Frankfurt 2012.
Gidion, Anne: Im weiten Raum der Leichten Sprache, in: Oxen, Kathrin/Sagert, Dietrich:
    Mitteilungen. Zur Erneuerung evangelischer Predigtkultur. Leipzig 2013.
Gidion, Anne/Arnold, Jochen/Martinsen, Raute: Leicht gesagt! Biblische Lesungen und Ge-
    bete zum Kirchenjahr in Leichter Sprache, in: Arnold, Jochen (Hg.): gemeinsam gottes-
    dienst gestalten 22. Hannover 2013.
GIDION, »Leichte Sprache« im Gottesdienst, in: Österreichisches Liturgisches Institut, Erz-
    abtei St. Peter, Salzburg (Hg.), Heiliger Dienst 86, 2014, 249–256.
Kirchenleitung der VELKD, Rat der Kirchenkanzlei der EKU (Hg.): Evangelisches Gottes-
    dienstbuch. Bielefeld/Hannover 2000.
Rotzetter, Anton: An der Grenze zum Unsagbaren. Für eine zeitgemäße Gebetssprache in der
    Liturgie. Ostfildern 2002.

Kerstin Matausch · Franz Pühretmair

Einfach surfen?

Umfassende Barrierefreiheit im Internet ist möglich – Wege zum Ziel

Einleitung

Wo finde ich was? Was bedeutet das, was da steht? Gibt es Information, die ich nicht nur lesen, sondern auch verstehen kann? Wie komme ich mit den digitalen Herausforderungen zurecht? Diese und viele andere Fragen stellen sich Menschen im Internet.

In der Praxis finden diese Fragen teilweise Gehör, wenn es um eine technische Barrierefreiheit und um Benutzerfreundlichkeit geht. Unbedacht bleiben häufig Personengruppen, die eine geringe Lesekompetenz und besondere Bedürfnisse im Umgang mit dem Internet haben.

Lesen ist das Ergebnis eines komplexen Zusammenspiels verschiedener Bereiche im Gehirn. Die Europäische Kommission unterscheidet bei der Lese- und Schreibkompetenz zwischen der Grundkompetenz, funktionaler Kompetenz und der souveränen Beherrschung der Schriftsprache. Letztere bildet die »Grundlage für die Teilhabe an der digitalen Welt und für fundierte Entscheidungen über Geld, Gesundheit usw. … [Die Europäische Kommission erklärt weiter,] Internet und Digitalisierung haben Art, Häufigkeit und Bedeutung des Schreibens verändert. Digitale Geräte stellen eine starke Motivation zum Schreiben dar«[1]. Um das Ziel einer hohen Alphabetisierungsrate in der Europäischen Union zu erreichen, muss Betroffenen Zugang zum Wissen ermöglicht werden.

Die UN-Konvention über die Rechte von Menschen mit Behinderungen[2] und eine wachsende Zahl von Gesetzen betonen die Bedeutung von leicht verständlicher Information im Allgemeinen und für Menschen mit geringer Lesekompetenz. Initiativen wie die BITV 2.0[3] in Deutschland oder der Plain Writing Act[4] in den USA betonen die Bedeutung zum Wissenszugang auch im Zusammenhang mit digitaler Kommunikation.

---

1 Europäische Kommission (2012)
2 Vgl. United Nations (2008)
3 Vgl. Bundesministerium der Justiz und für Verbraucherschutz (2011)
4 Vgl. 111th Congress of the United States of America, Law No: 111–274, 2010

Auch die Europäische Union sieht die Verwendung verständlicher Sprache vor und nennt drei gute Gründe, warum man sich klar und deutlich ausdrücken soll[5]:

1. Effektiver miteinander arbeiten
2. Unnötiges Nachfragen vermeiden
3. Wohlwollen aufbauen

Sie alle unterstreichen damit, dass leicht verständliche Formulierungen Aufgaben moderner Demokratie und eines Strebens nach Inklusion sind.

Der folgende Artikel diskutiert die Richtlinien für barrierefreies Internet und stellt einen Zusammenhang zur leicht verständlichen Gestaltung desselben her. Dafür werden Herausforderungen skizziert und mögliche Lösungswege empfohlen.

Richtlinien für barrierefreies Internet

Die Web Content Accessibility Guidelines (WCAG) 2.0[6] geben Empfehlungen für die barrierefreie Gestaltung von Webinhalten. Dazu gehören Standardtexte und Funktionen, wie Formulare, Kalender oder Chatprogramme.

Die WCAG 2.0 berücksichtigen eine größere Gruppe von Menschen mit Behinderungen. Sie beziehen sich auf »Blindheit und Sehbehinderung, Gehörlosigkeit und nachlassendes Hörvermögen, Lernbehinderungen, kognitive Einschränkungen, eingeschränkte Bewegungsfähigkeit, Sprachbehinderungen, Photosensibilität und Kombinationen aus diesen Behinderungen.«[7]

Werden die Empfehlungen der WCAG 2.0 befolgt, werden Webinhalte für die Allgemeinheit zugänglicher und benutzbarer.

Die WCAG 2.0 sind hierarchisch gegliedert in

– 4 Prinzipien,
– 12 Richtlinien,
– 61 Erfolgskriterien,
– unzählige Techniken zur Umsetzung von Barrierefreiheit im Internet.

---

5   Vgl. Europäische Union, Klar und deutlich schreiben, 2011
6   Vgl. W3C (2009)
7   Ebenda

Prinzip 1 – Wahrnehmbar: Informationen und Bestandteile der Benutzerschnittstelle müssen so präsentiert werden, dass Nutzerinnen und Nutzer die Informationen wahrnehmen können.

Prinzip 2 – Bedienbar: Die Bestandteile der Benutzerschnittstelle und die Navigation müssen bedienbar sein.

Prinzip 3 – Verständlich: Die Informationen und die Bedienung der Benutzerschnittstelle müssen verständlich sein.

Prinzip 4 – Robust: Die Inhalte müssen robust und interpretierbar sein. Die Informationen im Internet sollen damit mit Technologien kompatibel sein, die Nutzerinnen und Nutzer verwenden. Das betrifft beispielsweise assistierende Technologien, die Menschen mit Behinderungen am Computer verwenden.

Die Richtlinien formulieren die Grundziele für die Erstellung barrierefreier Webinhalte. Die Richtlinien sollen sicherstellen, dass die Informationen im Internet für möglichst viele Nutzerinnen und Nutzer zugänglich sind.

Die Erfolgskriterien benennen die konkreten Schritte, die befolgt werden sollen, um Barrierefreiheit auf einem bestimmten Niveau zu erreichen.

Die WCAG 2.0 sehen ein dreistufiges Modell von Barrierefreiheit vor. Stufe A ist das Mindestmaß für Barrierefreiheit, das aber noch eine sehr geringe Übereinstimmung mit den WCAG 2.0 hat. Stufe AA ist die nächste Stufe von Barrierefreiheit und Stufe AAA die bestmögliche Variante und weist die höchste Übereinstimmung zur barrierefreien Gestaltung von Informationen im Internet auf. Aktuelle Gesetze und Rahmenbedingungen fordern meist die Umsetzung der Barrierefreiheit auf Stufe AA.

Im Folgenden werden ausgewählte Bereiche der WCAG 2.0 vorgestellt, die einen wesentlichen Nutzen für ein leicht verständliches Informationsangebot im Internet haben.

Richtlinie 2.2

Richtlinie 2.2 informiert darüber, dass man den Nutzerinnen oder den Nutzern ausreichend Zeit geben soll, damit Inhalte gelesen und genutzt werden können. Dazu gehört, dass zeitliche Begrenzungen anpassbar sind. Die Nutzerinnen und Nutzer können diese beispielsweise ausschalten, pausieren oder unterbrechen, während sie Informationen bearbeiten. Sie können das Tempo selbst bestimmen.

Teile der Richtlinie 2.2 befinden sich auf Stufe A und erlauben ein Minimum an

Zugänglichkeit. Weitere Erfolgskriterien zu dieser Richtlinie befinden sich auf den Stufen AA und AAA. Sie werden erst umgesetzt, wenn nach hoher Zugänglichkeit gestrebt wird. Dazu zählen beispielsweise die Möglichkeit, dass nach einer erneuten Anmeldung zu einem System die Handlung ohne Datenverlust fortgesetzt werden kann, oder die Möglichkeit, dass Updates aufgeschoben werden können. Das erlaubt der betroffenen Person, auf den Inhalt fokussiert zu bleiben.

Diese Richtlinie nützt damit allen, besonders aber Internetunerfahrenen sowie Menschen mit Lese- und Lernschwierigkeiten, die mehr Zeit benötigen, um angebotene Strukturen zu verstehen.

Richtlinie 2.4

Mit der Einhaltung der Richtlinie 2.4 werden Nutzerinnen und Nutzer unterstützt, indem Hilfsmittel zur leichteren Orientierung und Navigation angeboten werden. Dazu gehört das Angebot von Sitemaps, also Inhaltsverzeichnissen, ebenso wie die Nutzung von Formatierungen, um Information hierarchisch und klar zu strukturieren, beispielsweise in Überschriften, Abschnitten und Fließtext. Verlinkungen werden so dargestellt, dass das Ziel deutlich wird.

Ein sequenzieller Informationsaufbau ermöglicht Nutzerinnen und Nutzern mit Lese- und Lernschwierigkeiten einen nachvollziehbaren logischen Aufbau von Webseiten. Darüber hinaus erleichtert die Benennung des Ziels eines Links die Entscheidung, ob dieser benutzt wird oder nicht.

Prinzip 3

Das Prinzip 3 bezieht sich auf die Verständlichkeit von Informationen und Benutzerschnittstellen. Die drei Richtlinien zu diesem Prinzip lauten:

– »Richtlinie 3.1 Lesbar: Machen Sie Inhalt lesbar und verständlich.«[8]
– »Richtlinie 3.2. Vorhersehbar: Sorgen Sie dafür, dass Webseiten vorhersehbar aussehen und funktionieren.«[9]
– »Richtlinie 3.3 Hilfestellung bei der Eingabe: Helfen Sie den Benutzern dabei, Fehler zu vermeiden und zu korrigieren.«[10]

---

8   W3C (2009)
9   Ebenda
10   Ebenda

Das Prinzip 3 empfiehlt, dass Webinhalte klar, verständlich und nachvollziehbar sind. Dazu gehören zum Beispiel ein wiedererkennbares Layout, die Erklärung von Handlungsmöglichkeiten auf der Webseite oder eine Menüführung, die die Nutzerinnen und Nutzer auf jeder Webseite wiedererkennen können.

Das für Menschen mit Lese- und Lernschwierigkeiten wesentliche Erfolgskriterium 3.1.5 bezieht sich auf das Leseniveau. »Wenn der Text nach der Entfernung von Eigennamen und Titeln Lesefähigkeiten voraussetzt, die über das Niveau der niedrigen sekundären Schulbildung hinausgehen, dann gibt es ergänzenden Inhalt oder eine Version, die keine über die niedrige sekundäre Schulbildung hinausgehenden Lesefähigkeiten verlangt. (Stufe AAA)«[11]

Es wird eine klare Sprache empfohlen, die frei von Fachjargon ist. Die Nutzerinnen und Nutzer werden direkt angesprochen. Diese und weitere Beispiele zeigen an, dass eine leicht verständliche Sprache verwendet werden soll.

Das Erfolgskriterium 3.1.5 muss jedoch erst auf der höchsten Stufe von Barrierefreiheit eingehalten werden und schließt damit Menschen mit Lese- und Lernschwierigkeiten vom inhaltlichen Verständnis aus, wenn nicht von vornherein eine leicht verständliche Sprache verwendet wird.

Herausforderungen und Lösungen

Zielgruppen und Verbreitung verständlicher Information

Der Gemeinsame europäische Referenzrahmen für Sprachen unterscheidet sechs Stufen von A1 und A2 über B1 und B2 bis hin zu C1 und C2. A1 und A2 sind unterhalb des Niveaus eines Pflichtschulabschlusses. Sprachstufe B1 sollten jene Menschen besitzen, die die Pflichtschule abgeschlossen haben. Im tertiären Bildungssektor werden häufig Texte auf C1 bis C2 als verständlich vorausgesetzt.

Auch wenn der Besuch einer Schule verpflichtend ist, haben 40 Prozent der erwachsenen Bevölkerung im erwerbsfähigen Alter eine Schriftsprachkompetenz auf den Sprachstufen A1 und A2. Sie können alltagsnotwendige Texte nicht lesen oder verstehen und sind damit von der Nutzung derselben im Alltag ausgeschlossen. Betroffen sind Menschen verschiedenster Bildungs- und ethnischer Hintergründe, vorwiegend aber Menschen, die Deutsch als Erstsprache haben.[12]

Im Gegensatz zum erheblichen Bedarf an leicht verständlicher Sprache werden im Internet vorwiegend Inhalte angeboten, die für diese Menschen zu komplex sind. Da-

---

11   Vgl. W3C (2009)
12   Vgl. Grotlüschen, A./Riekemann, W. (2011)

bei ist nicht nur die Sprache, sondern auch die Struktur eine Herausforderung.

Anhand der Entwicklung von leicht verständlichen Texten wird auch die Struktur der Information thematisiert und lesbarer. Kriterien für leicht verständliche Sprache geben dafür Regeln vor.

Technische und inhaltsbezogene Kriterien für Barrierefreiheit beachten

Die Web Content Accessibility Guidelines[13] beziehen sich hauptsächlich auf die technische Umsetzung von Webinhalten. Sie vermitteln Webentwicklerinnen und Webentwicklern vorwiegend technikbezogenes Wissen zur Herstellung von Barrierefreiheit im Internet.

Die WCAG 2.0[14] beachten in ihren Richtlinien teilweise die Bedürfnisse von Menschen mit Lese- und Lernschwierigkeiten. Viele der für sie wichtigen Richtlinien sind erst bei den Richtlinien für Barrierefreiheit auf den Stufen AA und AAA vorgesehen. Dies führt dazu, dass Betroffene selbst bei einem zur Verfügung gestellten Mindestmaß an Barrierefreiheit (Stufe A) vor größere Schwierigkeiten gestellt sind.

Technische Barrierefreiheit und inhaltsbezogene Barrierefreiheit gehören jedoch zusammen und ermöglichen erst in Verbindung eine möglichst umfassende Zugänglichkeit. Umso drängender wird diese Forderung unter Berücksichtigung der Zielgruppengröße.[15]

Die verständliche Gestaltung von Informationen im Internet stellt Anbieter und Webentwickelnde vor Herausforderungen. Es mangelt an Wissen um die Bereitstellung verständlicher Internetinhalte.

Die folgende Abbildung zeigt als Lösungsvorschlag einen integrativen Design- und Gestaltungsprozess, der sowohl die technische als auch die inhaltliche Seite des Entwicklungsprozesses beachtet.

Die Europäische Kommission hat sich im Rahmen der Flagship Initiative: »A Digital Agenda for Europe«[16] zum Ziel gesetzt, die digitale Lese- und Schreibkompetenz in Zusammenhang mit Barrierefreiheit zu fördern.

Auch internationale Initiativen wie die Global Public Inclusive Infrastructure[17] fördern den Ausbau barrierefreier digitaler Informationen. Die Initiative will mittels personalisierter Schnittstellen auf die Nutzung von Websites einwirken. Diese Schnittstel-

---

13   Vgl. ebenda
14   Vgl. ebenda
15   Vgl. Grotlüschen, A./Riekemann, W. (2011)
16   European Commission (2010)
17   Vgl. Raising the Floor (2011)

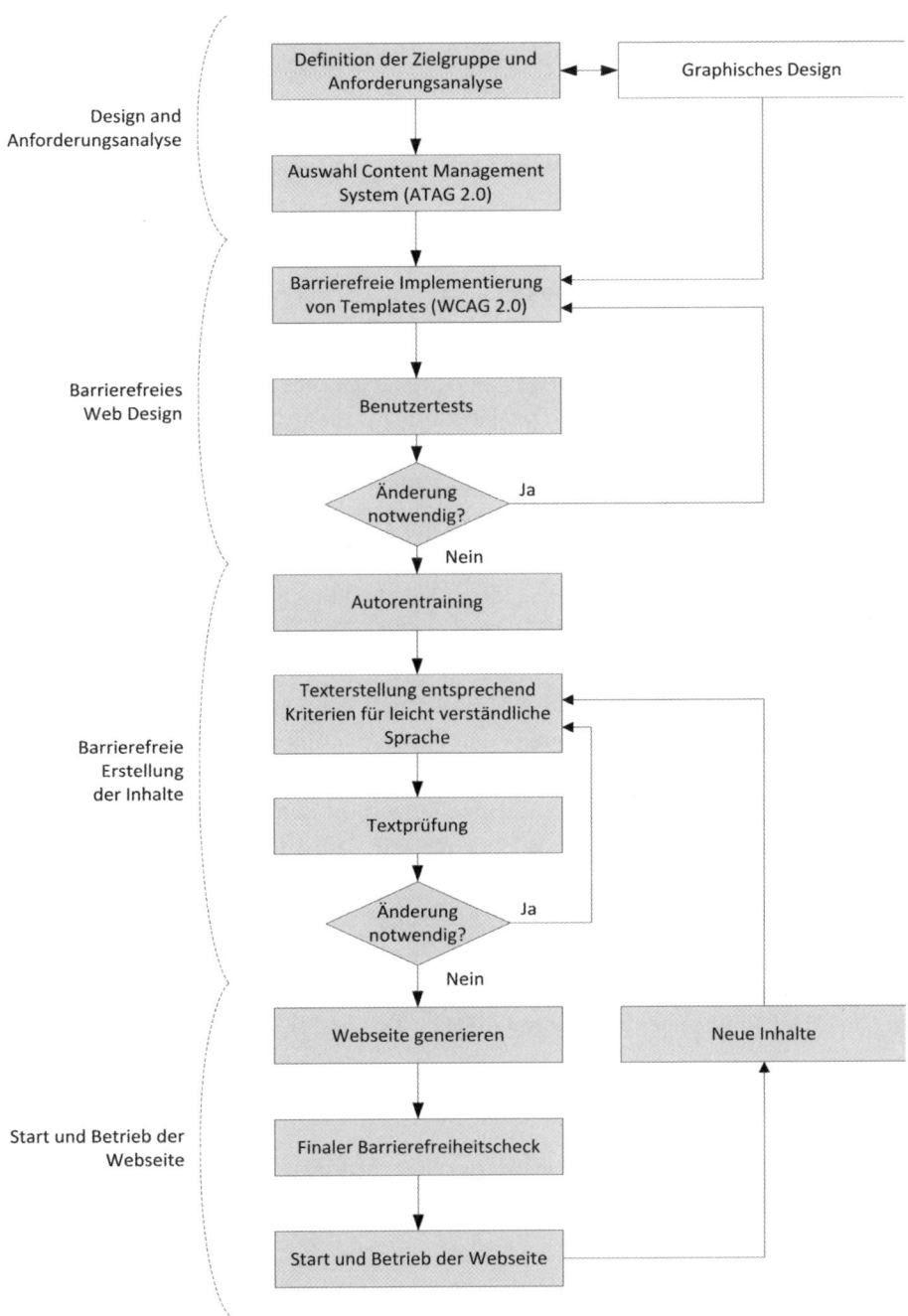

Abbildung 7: Empfehlung eines integralen Webdesign-Prozesses

len sollen technische Anwendungen automatisch an die Bedürfnisse der Nutzerinnen und Nutzer anpassen und so die Nutzung von Webinhalten zugänglicher machen.

Darüber hinaus arbeitet die W3C/WAI Cognitive and Learning Disabilities Accessibility Task Force[18] an der Weiterentwicklung der WCAG 2.0, um die Anforderungen von Menschen mit Lese- und Lernschwierigkeiten noch besser in den WCAG 2.0 abzubilden.

Struktur von Informationsangeboten

Eine Struktur mit vielen Webseiten und Unterseiten, wie man sie beispielsweise bei behördlichen Auftritten findet, stellt Menschen mit Lese- und Lernschwierigkeiten vor große Herausforderungen.[19] Darüber hinaus variiert der Umfang der auf einer Webseite angebotenen Information und erschwert die Lesbarkeit meist zusätzlich durch eine schlechte Strukturierung der Inhalte.

Die Praxis zeigt, dass manche Menschen mit Lese- und Lernschwierigkeiten über ein sequenzielles Lesen der Menüeinträge zum gewünschten Bereich finden möchten. Manche nützen die der Website immanente Suchfunktion und wieder andere verwenden Suchmaschinen, um das Gewünschte zu finden. Das kann lange Suchwege und Frustration bewirken.

Die Richtlinie 2.4 der WCAG 2.0[20] informiert darüber, dass eine Website Nutzerinnen und Nutzern Orientierungs- und Navigationshilfen bieten soll. Empfohlen sind Informationsangebote, die eine klare Orientierung ermöglichen. Eine Lösung kann ein Menü sein, das die Hauptthemen hervorhebt und mit Piktogrammen oder inhaltlich zum Thema passenden Bildern versieht. Dabei ist zu beachten, dass eine rein farbliche Codierung von Informationen aufgrund von Sehschwächen unterlassen werden sollte. Hilfreich könnten auch Sitemaps sein, wo die Hauptkategorien als Überschriften formatiert und zusätzlich optisch hervorgehoben sind.

Die folgende Abbildung zeigt eine Website in leicht verständlicher Sprache, bei der die Menüpunkte über leicht verständlichen Text und Bilder transportiert werden.

Navigation

Menschen mit Lese- und Lernschwierigkeiten bedürfen klarer Navigationshilfen. Dazu gehören große Bedienfelder und Buttons. Das bezieht sich auf alle Arten von

---

18   Vgl. W3C/WAI (2014)
19   Vgl. Älli (2012)
20   Vgl. W3C (2009)

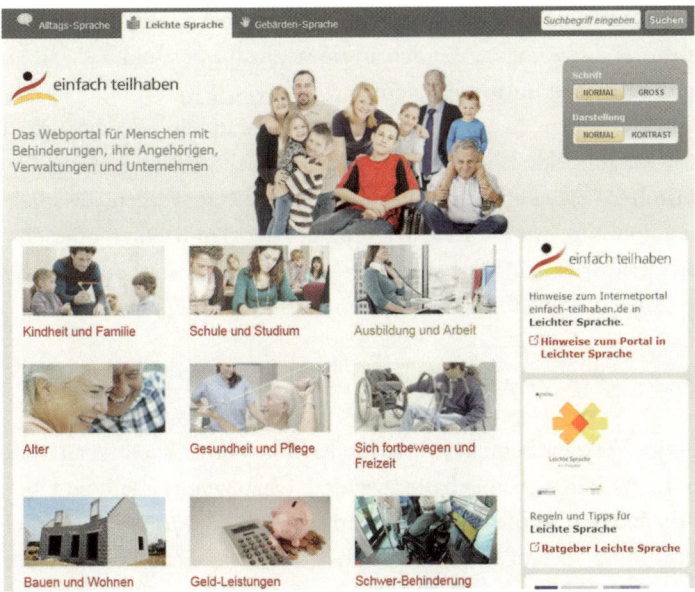

Abbildung 8: Screenshot der Website www.einfach-teilhaben.de

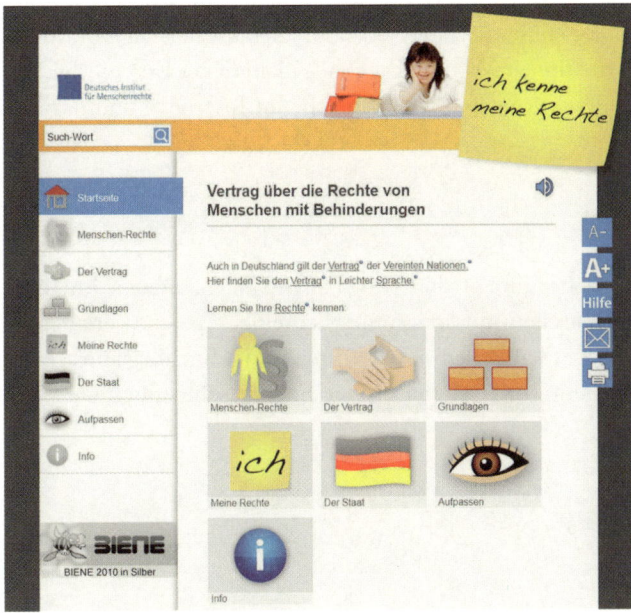

Abbildung 9: Screenshot der Website www.ich-kenne-meine-rechte.de

Bedienfeldern, beispielsweise um eine Unterkategorie anzusteuern, auf die nächste Seite in der Unterkategorie zu gelangen, die Schriftgröße anzupassen, ein E-Mail an die Websitebetreiber zu schreiben und vieles mehr.

Orientierungshilfen, die einen ausgewählten Bereich umranden und zusätzlich farblich markieren, wie die folgende Abbildung zeigt, helfen bei der Navigation.

Solche Navigationshilfen können auch anderweitig eingesetzt werden, beispielsweise um Nutzerinnen und Nutzern die Registrierung bei sozialen Medien oder ähnlichem zu erleichtern. Passwörter können beispielsweise aus Bildern statt aus Text bestehen, so wie das im Projekt CAPKOM[21] erfolgreich getestet wurde.

Textgestaltung

Für die Erzeugung hoher Verständlichkeit sollen alle Kriterien einer leicht verständlichen Sprache bei der Textgestaltung eingehalten werden. Dazu gehört auch die Überprüfung der Verständlichkeit mithilfe von Vertreterinnen und Vertretern der Zielgruppen. Dieser Überprüfung kommt bei Websites noch die zusätzliche Funktion der Überprüfung von Struktur und Navigation zu.

Beispiele für die Gestaltung von Printkriterien, die eine Grundlage für die Textgestaltung im Internet bilden, liefern Inclusion Europe[22] und der Verein Netzwerk Leichte Sprache e. V.[23]. Das capito Netzwerk für barrierefreie Information[24] widmet sich in seinem Kriterienkatalog außerdem der verständlichen Gestaltung von multimedialen und digitalen Informationen. Weitere Ergebnisse liefern der Ergebnisbericht eines Onlinesymposiums zu leicht verständlicher Sprache im Internet[25] und das Projekt »Einfach surfen«[26].

Suchabfragen

Eine niedrige Lesekompetenz beeinflusst den Umgang mit Suchabfragen im Internet. Neben der gegenüber Menschen mit souveräner Schreibkompetenz verlangsamten Eingabe der Suchbegriffe werden Fehler bei der Eingabe der Suchbegriffe schwer identifiziert.[27] Diesem Problem wird seitens großer Suchmaschinenbetreiber teil-

---

21 Vgl. Osterrieder-Schlick et al (2011)
22 Vgl. Inclusion Europe (2009)
23 Vgl. Netzwerk Leichte Sprache (2014)
24 Vgl. capito (2015)
25 Vgl. W3C (2014)
26 Vgl. Antener/Bolfing/Calabrese (2014)
27 Vgl. Modesto/Ferreira (2013)

weise dadurch begegnet, indem Algorithmen falsch geschriebene Suchwörter immer häufiger erkennen.

Darüber hinaus nehmen Menschen mit niedriger Lesekompetenz die von Suchmaschinen aufgrund der Autovervollständigung vorgeschlagenen möglichen Suchbegriffe selten wahr.[28] Dies mag mit der starken Fokussierung auf die Texteingabe zusammenhängen und mit einer hohen Frequentierung von Internetangeboten seltener werden.

Betroffene lesen die Suchergebnisse gewissenhaft und sequenziell Wort für Wort durch[29] und sind dabei außerstande, die Relevanz der angezeigten Ergebnisse zu unterscheiden. Werbeeinschaltungen, die am oberen Ende der Ergebnisliste gezeigt werden, werden ebenso gelesen und können teilweise nicht von den tatsächlichen Ergebnissen unterschieden werden.[30]

Bei der Ergebnisanzeige kann eine Hervorhebung von Begriffen aus der Suchabfrage die Aufmerksamkeit bündeln und so helfen, schneller die Relevanz von Ergebnissen zu erkennen.

Eine Vorabbegrenzung der gezeigten Ergebnisse auf die relevantesten mit der Möglichkeit, sich anschließend alle Ergebnisse anzeigen zu lassen, könnte außerdem helfen. Auch die visuelle Hervorhebung relevanterer Ergebnisse, beispielsweise durch unterschiedliche Größenverhältnisse, könnte Abhilfe bei der Orientierungslosigkeit im Ergebnisdschungel schaffen.

Auditive Hilfen

Da Menschen mit Lese- und Lernschwierigkeiten in der Regel langsamer als geübte Leserinnen und Leser lesen, sollten leicht verständliche Websites auch Vorleseprogramme anbieten. Es gibt eine große Zahl von Programmen am Markt. Kostenlose Vorleseprogramme bieten leider häufig eine schlechte auditive Qualität. Kostenpflichtige Vorleseprogramme sind teilweise vom Umfang der Klicks auf die Webseiten abhängig. Manche Website-Betreiber nutzen auch Realstimmen, die die Inhalte der Website langsam vorlesen. Für welche Möglichkeit man sich auch entscheidet, entscheidend ist die Möglichkeit des Ein- und Ausschaltens, eine langsame und deutliche Sprache sowie die Möglichkeit der Lautstärkenregelung.

---

28 Vgl. ebenda
29 Vgl. Nielsen (2005)
30 Vgl. ebenda

Multimedia

Auch hier gilt, dass Zusatzfunktionen ein- und ausschaltbar sein sollten. Neue Themen und Inhalte sollten so eingeführt werden, dass den Nutzerinnen und Nutzern Zeit zur kognitiven Verarbeitung der neuen Information bleibt. Eine auditive Beschreibung und Untertitel sollten das Geschehen ergänzen und ebenfalls den Kriterien einer leicht verständlichen Sprache entsprechen.

Fazit

Die Frage, ob einfach surfen möglich ist, braucht ein Wohlwollen und Zusammenspiel mehrerer Akteure. Die oben genannten Herausforderungen bergen Lösungspotenzial. Immer mehr Initiativen und Forschungsergebnisse behandeln eine umfassende Barrierefreiheit und beziehen Menschen mit Lese- und Lernschwierigkeiten in ihre Überlegungen mit ein.

Darüber hinaus fördern und fordern politische Institutionen und Selbstvertretungseinrichtungen den Diskurs. Gemeinsam mit Initiativen, die schon jetzt ihre Webinhalte in technisch und inhaltlich barrierefreier Form anbieten, zeigen sie den Weg in eine Zukunft, in der einfach surfen nicht nur denkbar, sondern auch gut umsetzbar ist.

Da die Entwicklung leicht verständlicher Informationen sowie die Verständnisüberprüfung mithilfe von Vertreterinnen und Vertretern der Zielgruppe mehr Zeitressourcen bindet als die alleinige redaktionelle Arbeit, wird das Angebot von leicht verständlichen Websites voraussichtlich auch zukünftig geringer bleiben als ein komplexer formuliertes Informationsangebot. Das bedeutet jedoch nicht, dass die Zahl von leicht verständlichen Websites insgesamt niedrig bleiben wird.

Aufgrund gesetzlicher Vorgaben, der Ermöglichung demokratischer Entscheidungsprozesse, des Strebens nach Inklusion sowie der Anerkennung von gesellschaftlicher Vielfalt wird die Zahl leicht verständlicher Informationen im Internet steigen. Mehr Menschen mit Lese- und Lernschwierigkeiten werden damit in die digitale Kommunikation eingeschlossen werden und das wird unsere Gesellschaft insgesamt fördern.

Einfach surfen?

Barrierefreiheit im Internet ist möglich.
Wege zum Ziel.

Kerstin Matausch und Franz Pühretmair

Zusammenfassung in leicht verständlicher Sprache

Internet-Seiten können so gemacht sein,
dass sie sehr viele Menschen gut verwenden können.
Es gibt Richtlinien für barrierefreies Internet.
In diesen Richtlinien steht auch,
was für ein verständliches Internet wichtig ist.

Die Richtlinien für verständliches Internet
sollen Menschen mit Lernschwierigkeiten helfen und Menschen,
die eine Sprache schlecht können oder Leseschwierigkeiten haben.

Beispiele für Richtlinien für verständliches Internet:

- Wenn man im Internet etwas ausfüllt,
  soll man genug Zeit dafür haben.
  Man soll Pausen machen können.
  Das gilt für alles, wo man sich anmelden muss.
- Auf der Internet-Seite soll es Hilfen geben,
  damit man sich zurechtfindet.
  Deswegen soll es Überschriften bei den Texten geben.
  Deswegen soll es ein leicht verständliches Menü
  auf der Internet-Seite geben.
  Ein Menü ist so etwas wie ein Inhaltsverzeichnis,
  damit man die einzelnen Bereiche findet.

- Die Sprache auf der Internet-Seite soll verständlich sein.
  Die Sprache soll so sein, dass Pflichtschul-Abgängerinnen
  und Pflichtschul-Abgänger die Texte verstehen können.
  Fachbegriffe sollen so weit wie möglich vermieden werden.

Viele Richtlinien für barrierefreies Internet
werden aber nicht eingehalten.
Dafür gibt es diese Gründe:

- Es gibt verschiedene Stufen für barrierefreies Internet.
  Viele Richtlinien für verständliches Internet sind erst
  auf der höchsten Stufe für barrierefreies Internet einzuhalten.
- Viele Gesetze sagen, dass barrierefreie Internet-Seiten
  auf der mittleren Stufe für barrierefreies Internet sein sollen.
  Deswegen gibt es kaum Internet-Seiten
  auf der höchsten Stufe für barrierefreies Internet.
- Es gibt wenige Menschen,
  die Texte in verständlicher Sprache schreiben.

In Zukunft wird sich einiges ändern.
Forscherinnen und Forscher arbeiten an mehr Richtlinien
für verständliches Internet,
die auch auf der mittleren Stufe für Barrierefreiheit gelten.

Es wird mehr Gesetze
für verständliche Informationen im Internet geben.
Mehr Menschen werden verständlich schreiben können und wollen.

Es wird daher in Zukunft mehr barrierefreie
und verständliche Internet-Seiten geben.

Übertragung in leicht verständliche Sprache von capito

Literatur

111ᵗʰ Congress of the United States of America (2010): Law No: 111–274, Plain Writing Act, https://www.congress.gov/111/plaws/publ274/PLAW–111publ274.htm, 13. Jänner 2015.

Antener, G./Bolfing, A./Calabrese, S. (2014): Easy to Surf – What Makes Websites Accessible to People with Intellectual and Learning Disabilities, in: Miesenberger, K./Fels,D./Archambault, D./Penaz, P./Zagler, W. (Hg.): ICCHP 2014, Paris, S. 157–160.

Älli, S. (2012): Some Challenges for developing an Easy-to-Read Website, in: W3C (Hg.): Easy-to-Read on the Web Online Symposium, http://www.w3.org/WAI/RD/2012/easy-to-read/paper12, 15. Februar 2015.

Bundesministerium der Justiz und für Verbraucherschutz (2011): Verordnung zur Schaffung barrierefreier Informationstechnik nach dem Behindertengleichstellungsgesetz (Barrierefreie-Informationstechnik-Verordnung – BITV 2.0), http://www.gesetze-im-internet.de/bitv_2_0, 13. Jänner 2015.

capito (2015), www.capito.eu, 28. Februar 2015.

European Commission (2010): Communication from the Commission Europe 2020 – A strategy for smart, sustainable and inclusive growth, http://eur-lex.europa.eu/LexUriServ/LexUriServ.do?uri=COM:2010:2020:FIN:EN:PDF, 15. Februar 2015.

Europäische Kommission (2012): Häufig gestellte Fragen zur Alphabetisierungspolitik der Europäischen Kommission und zum Bericht der hochrangigen Expertengruppe für Schriftsprachkompetenz, *europa.eu/rapid/press-release_MEMO–12–646_de.htm, 15. Februar 2015*

Europäische Union (2011): Klar und deutlich schreiben, http://bookshop.europa.eu/is-bin/INTERSHOP.enfinity/WFS/EU-Bookshop-Site/en_GB/-/EUR/ViewPublication-Start?PublicationKey=HC3010536, 13. Jänner 2015.

Grotlüschen, A./Riekemann, W. (2011): leo. – Level One Studie, Literalität von Erwachsenen auf den unteren Kompetenzniveaus, Presseheft, http://blogs.epb.uni-hamburg.de/leo/files/2011/12/leo-Presseheft_15_12_2011.pdf, 13. Jänner 2015.

Herramhof, S./Petrie, H./Strobbe, C./Vlachogiannis, E./Weimann, K./Weber, G./Velasco, C. (2006): Test Case Management Tools for Accessibility Testing, in: Miesenberger, K./Klaus, J./Zagler, W./Karshmer, A. (Hg.): ICCHP 2006, Linz, S. 215–222.

Inclusion Europe (2009): Informationen für alle, http://www.inclusion-europe.org/images/stories/documents/Project_Pathways1/DE-Information_for_all.pdf, 13. Jänner 2015.

Miesenberger, K./Klaus, J./Zagler, W./Karshmer, A. (Hg.): ICCHP 2006, Linz.

Miesenberger, K./Fels, D./Archambault, D./Penaz, P./Zagler, W. (Hg.): ICCHP 2014, Paris.

Modesto, D. M./Ferreira, S. B. L. (2013): Guidelines for search features development – a comparison between general users and users with low reading skills, in: Cota, M. P./Barroso, J./Ferreira, S. B. L./Fonseca, B./Mikropoulos, T./Paredes, H. (Hg.): Procedia Computer Science, Volume 27, 5th International Conference on Software Development and Technologies for Enhancing Accessibility and Fighting Info-exclusion, DSAI 2013, S. 334–342.

Netzwerk Leichte Sprache (2014): Die Regeln für Leichte Sprache, http://leichte-sprache.org/index.php/startseite/leichte-sprache/die-regeln, 28. Februar 2015.

Nielsen, J. (2005): Lower-Literacy Users: Writing for a Broad Consumer Audience, http://www.nngroup.com/articles/writing-for-lower-literacy-users, 28. Februar 2015.

Osterrieder-Schlick, C./Schlick, A./Angulanza, F./Strasser, A./Matausch, K./Pühretmair, F. (2011): Benutzeroberflächen für Menschen mit kognitiver Beeinträchtigung, in: Meier, A./ Reich, S. (Hg.): Communities im Web, Praxis der Wirtschaftsinformatik, HMD-Heft Nr. 280, S. 60–71.

Raising the Floor (2011): Global Public Inclusive Infrastructure, http://gpii.net, 15. Februar 2015.

United Nations (2008): UN-Konvention über die Rechte von Menschen mit Behinderungen, http://www.un.org/disabilities/default.asp?id=259, 13. Jänner 2015.

van der Geest, T./Becker, J. (2012): MIA – My Internet Assistant for successfully reading and using web content, in: W3C (Hg.): Easy-to-Read on the Web Online Symposium, http://www.w3.org/WAI/RD/2012/easy-to-read/paper12, 15. Februar 2015.

W3C (2009): Web Content Accessibility Guidelines (WCAG) 2.0, http://www.w3.org/Translations/WCAG20-de/, 20. Jänner 2015.

W3C (2014): Research Report Easy to Read on the Web, Editor's Draft, 2014, http://www.w3.org/WAI/RD/2012/easy-to-read/note/ED-E2R, 13. Jänner 2015.

W3C/WAI (2014): Cognitive and Learning Disabilities Accessibility Task Force (Cognitive A11Y TF) Work Statement, http://www.w3.org/WAI/PF/cognitive-a11y-tf/work-statement, 15. Februar 2015.

Alfred Wolf

Leicht finden

Orientierungssysteme unter dem Gesichtspunkt von Barrierefreiheit

Einleitung

Nach jahrelangem Herantasten an ein lange Zeit wenig beachtetes Thema dringt nun die Frage nach der Gestaltung ›barrierefreier‹ Orientierungssysteme mehr und mehr ins Bewusstsein von Bauherrn und Planerinnen und folglich erleben wir auch mehr und mehr barrierefreie Orientierungssysteme ebenso in der gebauten, gestalteten Umgebung. Die Forderung nach einem »Leicht Finden« erscheint nicht zufällig zeitnah zu jener nach »Leicht Lesen und Leicht Verstehen«, sondern leitet sich wie diese aus der UN-Konvention für die Rechte von Menschen mit Behinderungen ab. Und weil die Fragen von Orientierung und dem Verstehen von Leitsystemen durchaus im breiteren Kontext von barrierefreier Information gesehen werden können, versucht dieser Beitrag, das Themenspektrum des Buches um diese Facette anzureichern.

Als Gründe für die verzögerte Rezeption des wichtigen Themas »verständliche Orientierungs- und Informationssysteme« unter den allgemeinen Bauthemen könnte man vermuten, dass vielen Bauleuten dessen Relevanz schlicht deswegen verborgen blieb, weil für sie persönlich die Notwendigkeit von Barrierefreiheit nicht erlebt wurde und selbst dort, wo dies der Fall war, manche Konsequenzen daraus schlicht ihren gestalterischen Vorlieben und Ansprüchen widersprachen. Dazu kommt der Umstand, dass sich das Thema zudem als sehr komplex darstellt und dementsprechend Normen und Richtlinien noch nicht am erforderlichen Stand sind, um den aktuellen gesetzlichen Anforderungen ausreichend zu entsprechen.

Stellt man nun noch in Rechnung, dass Planerinnen und Planer zusätzlich mit einer Fülle von Expertenmeinungen aus dem Umfeld von Menschen mit Behinderungen konfrontiert sind, die wiederum auf einer besonderen Vielfalt von individuellen Erfahrungen und Erkenntnissen basieren, konstatieren wir erst mal eine Ausgangslage, die zu entflechten von einigen Schwierigkeiten begleitet ist.

Der Arbeitstitel dieses Beitrages könnte also sinngemäß auch heißen: »Leicht Finden – aber mit Hindernissen«.

Barrierefreie Orientierungssysteme. Ein Bauthema sucht seinen Platz im Lichte technischer und gesellschaftlicher Veränderungen.

Warum spreche ich von einem Thema ›mit Hindernissen‹?

Der primäre Grund liegt wohl darin, dass Orientierung im weitläufigen Sinn Menschen unterschiedlich fordert – so kann ein Stadtplan jemanden bereits an die persönlichen Grenzen bringen, während er für andere ein einfaches Mittel darstellt, um sich in einer unbekannten Situation gut zurechtzufinden. Die eine schafft es somit aus eigener Kraft, der andere fragt nach dem Weg, um sein gewünschtes Ziel zu finden.

Im Bereich der sogenannten ›Betroffenen‹ – zu ihnen zähle ich sehbeeinträchtigte und blinde Personen, die sich aufgrund ihrer Sinnesbeeinträchtigung auf das »Erschaute« nicht verlassen können, oder auch Menschen mit Lernschwierigkeiten – findet sich diese primäre Unterscheidung in jene, die sich leicht, und jene, die sich schwer tun beim Orientieren, natürlich in gleicher Weise wieder, aber das Problem erweitert sich durch den persönlichen Grad der Beeinträchtigung um ein Vielfaches.

Orientierungshilfen verschiedenster Art stellen für viele nicht behinderte Menschen und erst recht für viele Menschen mit Behinderung eine grundlegende Notwendigkeit zur möglichst selbstständigen Benutzung ihrer Umwelt dar.

Angesichts der rasanten Entwicklung elektronischer Hilfsmittel zur Navigation und Orientierung, die zum Teil schon anwendbar sind, zum Teil noch weiterer Entwicklungsschritte bedürfen, blicken wir erwartungsvoll in eine Zukunft, in der uns elektronische Guides, zusätzlich zu den bereits bestehenden Navigationssystemen, sensorisch durch die Welt führen, den individuellen Raum lückenlos mit dem öffentlichen verbinden und uns zusätzlich auch ganz individuelle zusätzliche Informationsbedürfnisse erfüllen werden.

Bei diesem Thema bewegen wir uns derzeit allerdings noch in einem nur fragmentarisch erfassten Umfeld. Interessante Lösungsansätze begegnen uns da und dort bei öffentlichen Verkehrsmitteln, in Form von E-Guides in Museen und bei Ausstellungen, experimentell, im Versuchsstadium, in manchen Städten und einzelnen Gebäuden. Wir blicken neugierig in diese Richtung und auf den Zeitpunkt hin, wo aus diesen Ansätzen ein durchgehendes Ganzes werden wird. Denn diese Systeme werden sich vernetzen und mit vertiefbaren Informationen verbinden, sodass aus den Primärsystemen des Leitens informative Untersysteme des Wissens werden; diese Ansätze mögen bereits in naher Zukunft verfügbar sein; ich sehe sie aber andererseits nicht so nahe, dass derzeit auf die Realisierung und Umsetzung von konventionellen Hardwaremaßnahmen im Bereich der Orientierung verzichtet werden könnte.

Diese sind optische, taktile und akustische Info- und Leitsysteme, die ein Navigieren durch unsere Umwelt im weitesten Sinne ohne fremde Hilfe ermöglichen sollen.

›Sollen‹ deshalb, weil sich die tatsächliche Situation häufig als Ansammlung von Insellösungen darstellt; einzelnen Lösungsansätzen, die nicht schlüssig vernetzt und verbunden sind. Das liegt daran, dass es keine kompetente übergeordnete Stelle gibt, die diese Vernetzung, versehen mit dem notwendigen Fachwissen, einfordern könnte und auch die Kompetenz hätte, diese Vernetzung z. B. vom städtischen Raum über den öffentlichen Verkehr bis hin zum individuellen Raumprogramm von Gebäuden einzufordern. Stattdessen sind oft die Interessenlagen der beteiligten Akteure durchaus verschieden, der Umsetzungswille und die benötigten Budgets hingegen generell zu gering.

Auch beim Umsetzen konventioneller Orientierungssysteme ermüden selbst engagierte Kräfte immer wieder an der Tücke von (oft auch widersprüchlichen) Normen und den Mühen im Umgang mit den Experten aus dem Kreis der ›Betroffenen‹, die bei der Umsetzung einzubeziehen sind. Zu unterschiedlich stellen sich teilweise die fachlichen Positionen dar, vermengt auch oft mit schwer auf ihre Allgemeintauglichkeit überprüfbaren persönlichen Befindlichkeiten, die den Raum für gute Lösungen zusätzlich einengen.

Die Industrie folgt – in dieser reichlich unklaren Situation – notgedrungen der Entwicklung ebenso experimentell: zahllose Produkte unterschiedlicher Qualität und Notwendigkeit werden auf dem Markt positioniert – manche ein Segen, manche durchaus entbehrlich.

Nicht zuletzt ermutigt die unklare gegenwärtige Situation viele Entscheidungsträger dazu, sich erst mal abwartend zurückzulehnen. Eine Haltung, die es – mangels klaren Auftrages – Planerinnen und Planern überlässt, ob sie sich am ungeliebten Thema entweder ›vorbeimogeln‹ oder versuchen, mit den vorhandenen Mitteln ein Optimum an Nutzerqualität des Orientierungssystems zu realisieren.

Die ›Hardware‹ von Infosystemen

Konzentrieren wir uns erst mal auf zwei Hauptthemen, dann sind einerseits optisch-taktil-akustische *Info*systeme und optisch-taktile *Leit*systeme zu nennen. Im Idealfall lückenlos verbundene Systeme, ergänzt durch verschiedene kleinere Hilfsmittel, die deren optimale Nutzung erst in aller Konsequenz ermöglichen. An diesem Punkt beziehe ich mich auf gebaute Umwelt, die Ansätze stellen sich im elektronischen Infotainment allerdings ähnlich dar.

Optische, taktile und/oder akustisch-verstehbare *Info*systeme können Tafeln, Beschriftungen, Terminals, Sprachausgaben und dergleichen sein, verbunden werden diese mittels optisch-taktilen und teilweise auch akustischen *Leit*systemen.

Technisch heute problemlos umsetzbar und auch in Bezug auf die Kosten gut realisierbar sind dabei dreidimensionale (3-D-)Infotafeln. Diese bestehen in der Regel
aus taktil erfassbaren Plangrundlagen mit einer Legende. Im besten Fall werden diese
zusätzlich mit einem elektronischen Sprachmodul ausgestattet, das entweder mit sta-
tischen Texten zusätzliche Information anbietet oder die Nutzerinnen direkt mit einer
kompetenten Anlaufstelle verbindet.

Auch wenn dazu also noch durchaus unterschiedliche Positionen vertreten werden, setzen sich optisch-taktile Infotafeln bei neueren Bauten doch mehr und mehr
durch. Wie gut diese auch immer »gelesen« werden können, markieren sie doch im
Vergleich zu den traditionellen linear aufzählenden Infosystemen das Bemühen, die
Gegebenheiten räumlich darzustellen und zu vermitteln. Bei aller Unterschiedlichkeit
in der Gestaltung im Detail ist es dabei wesentlich, die Information »be-greifbar« zu
gestalten – und das im wahrsten Sinn des Wortes.

Da es derzeit an verbindlichen Regelwerken mangelt, werden sehr unterschiedliche
Standards, Designs und gestalterische Lösungen ausprobiert, wobei die evaluierenden
Rückflüsse leider gering sind.

Aus der Sicht der kreativen Entwickler besteht die große Herausforderung darin,
sich inhaltlich zu beschränken und dadurch ein großes Maß an Klarheit zu erreichen.
Planungsdisziplin und auch die Einsicht, dass weniger oft wirklich mehr sein kann,
sind hier hilfreiche Tugenden. Zu berücksichtigen ist ja zusätzlich auch, dass das Verstehen von Inhalten letztlich auch eine Frage der Zeitdauer ist, die Nutzerinnen und
Nutzer bereit sind, dem Ertasten einer taktilen Infotafel zu widmen; eine Überfülle an
Inhalten mag zwar gut gemeint sein, bedeutet aber durch die zeitliche Beschränkung
der Nutzung und letztlich auch die individuell begrenzte Aufnahmekapazität der Nutzerinnen nicht auch eine lineare Verbesserung der Orientierungshilfe.

Die Erfahrung zeigt, dass in der Praxis vielfach Schriften und Icons zu klein sind,
zu geringe Kontraste aufweisen oder durch zu viel Detailtiefe mit Informationen über-
laden sind.

Darunter leidet klarerweise die Verständlichkeit und das Ergebnis verkehrt sich:
Zu viel Information schafft mehr Verwirrung als Orientierung.

Eine kritische Betrachtung von in jüngster Zeit realisierten Informations- und Leitsystemen in großen und komplexen Bauwerken in Österreich zeigt als erfolgskritische
Faktoren einerseits die Notwendigkeit der Einbeziehung von Menschen mit Behinderung als Expertinnen in eigener Sache auf; andererseits aber auch, dass die Gesamt-
menge der Information, die vermittelt werden soll, vorab sehr genau überlegt sein will.[1]

---

1   Vgl. CEDOS-Barrierefreiheit (Hg.): Orientierung für alle. Studie zur Bedeutung und Realisierung
       von taktilen Orientierungstafeln anhand des Prototyps 3 D-Faktor. Graz, April 2012.

Der ambitionierte Versuch, komplexe Gebäudestrukturen, vielfältigste Nutzungsange-
bote und wechselnde Programminformationen zugleich zu vermitteln, und das möglicherweise noch in zwei Sprachen plus Braille-Darstellung, kann in Summe schlicht zu
einer »Lost-in-Information«-Situation führen. So ist das Gelingen von taktilen Infoträgern zwar noch keine Selbstverständlichkeit geworden, immerhin aber die Legitimität
der Forderung danach auf einer breiteren Basis angekommen.

Bewusstseinsbildung durch Sichtbarkeit

»Sein schafft Bewusstsein«: In diesem Sinne wirken die optisch-taktilen Leitsysteme
in den Außenbereichen des städtischen Lebensraums, z. B. bei U-Bahnen, Bahnstati-
onen oder an anderen öffentlichen Orten.

Zwar sind sie mittlerweile in der Aufmerksamkeit der Bevölkerung durchaus angekommen, trotzdem sieht man – als Zeichen eines Mangels an allgemeinem Verständnis über die Funktion und Wichtigkeit dieser Informationssysteme – immer wieder
auf Leitlinien parkende Fahrzeuge oder darauf positionierte Stadtmöblierungen, die
diese verdecken und somit willkürlich unterbrechen. Im Inneren von Gebäuden übt
man sich vielfach noch lieber im Verzicht auf solche Systeme. Obwohl auch hier bereits eine große Auswahl an Produkten besteht, bilden sie doch einen dominanten
Eingriff in die Architektur und die Anmutung des Gebäudes, sodass Bauherren – auch
oder vor allem der öffentlichen Hand – gerne eigene Sichtweisen und Interpretationen
der Normen kreieren oder sich gleich in Verzicht üben. Die Argumente sind vielfältig:
Von »…bei uns war noch nie ein Blinder« bis zu »… da stolpern wir uns ja zu Tode«
liegt die Bandbreite derart selbstentwickelter Weisheit. Natürlich ist sich die Fachwelt
auch nicht sicher, wie viele Menschen diese doch dominante »Zeichensprache« am
Boden erreicht; letztlich ist sie aber auch ein Signal an die übrige Bevölkerung, dass
Einschränkungen der Wahrnehmung in unserer Gesellschaft doch in beträchtlicher
Zahl vorhanden sind. Bewusstseinsbildung hierfür befördern sie also allemal.

Ist es bei den optisch-taktilen *Infoträgern* meistens ein Zuviel an Informationen,
fehlt es bei den optisch-taktilen *Leitsystemen* leider an unterschiedlichen Ausdrucks-
formen. Alleine schon eine Unterscheidung in »Haupt-« und »Nebenwege« wäre
sinnvoll und hilfreich; ebenso die Normierung von punktuellen Bodenindikatoren als
Gefahrenhinweis.

Als Beispiel dafür sei die Situation auf einem Bahnhof angeführt. Der wesentliche Weg vom Erreichen des Bahnhofes führt über den Fahrkartenverkauf, über die
Fahrplaninformation zum Bahnsteig, dies wäre der Hauptweg; Nebenwege erreichen
sekundäre Ziele wie Kiosk, Post und dergleichen.

Per Definition festgelegte und gut eingeführte punktuelle Bodenindikatoren könnten wiederum generell als Gefahrenhinweis installiert werden. Als Vorbild dahingehend sei die australische Norm angeführt, die sehr viele Eventualitäten des täglichen Lebens erfasst und auch in der Praxis gut funktioniert.[2]

Wesentlich bei Orientierungssystemen – wie auch immer sie gestaltet und entwickelt wurden – ist die Durchgängigkeit des Systems. Daran kann die Qualität einer entsprechenden Installation gemessen werden. Dies beginnt oft bei der Anbindung des äußeren öffentlichen Systems an die »hauseigene« Weiterführung und setzt sich fort in der schlüssigen Verbindung von Info- und Leitsystemen. Als – leider – wirkungsvolle Unterbrechung reicht es da schon, wenn Taster von automatisierten Türen nicht beschriftet oder gekennzeichnet, zu klein oder nicht auffindbar sind oder Windfänge mit ihren Schmutzfängern das Leitsystem unterbrechen. Lifte, die keine Sprachausgabe installiert haben, Handläufe, die nicht mit optisch-taktilen Handlaufbeschriftungen versehen sind, Portierlogen, die unbesetzt sind, Systeme, die im Nichts enden, Türschilder, die traditionell zweidimensional beschriftet sind und dadurch das selbstständige Auffinden erschweren, elektronische Terminals, die nicht gewartet wurden und demzufolge gerade dann nicht funktionieren, wenn sie benötigt werden, Türantriebe, die außer Betrieb sind, Blendungen, die die Umwelt schwerer erkennbar machen oder die Orientierung unnötigerweise erschweren – diese noch keineswegs vollständige Auflistung möglicher Fehlerquellen zeigt, wie wichtig hier Konsequenz in der Umsetzung gefordert ist. Denn schlussendlich kann jedes dieser Einzelelemente durch sein Fehlen oder Nichtfunktionieren die Sinnhaftigkeit des gesamten Systems zerstören.

Kontraste – das unterschätzte Thema

Zuletzt sei noch auf eines der ganz großen Themen eingegangen, nämlich jenes der mangelnden Kontraste in allen Bereichen der gebauten unmittelbaren Umgebung. Dies beginnt bei Boden-Wand-Kontrasten, setzt sich fort bei den Differenzierungen zwischen Tritt-und Setzstufen, der unterschiedlichen Farbgebung bei Türblättern und Türstöcken und reicht bis zu Kontrasten bei Handläufen oder Aufzugsportalen. Während die Einsicht von Planerinnen und Planern in die Notwendigkeit spezieller Gestaltung im Hinblick auf blinde Nutzerinnen und Nutzer von Gebäuden zumindest bei entsprechender Beauftragung durchaus erzielbar ist, scheint das Vorstellungsver-

---

2   Vgl. Australian/New Zealand Standard Design for access and mobility. AS 1428. Part 4.1: Means to assist the orientation of people with vision impairment – tactile ground surface indicators. o. O., 2009

mögen bezüglich der aus diversen Sehbehinderungen resultierenden Probleme bei der Orientierung und Gebäudenutzung in der Architekturszene noch völlig unterentwickelt.

Dass Lösungen für Orientierungssysteme häufig in »Laborsituationen« entworfen werden, verschärft die prekäre Situation in der Praxis insofern, als künstliches Licht und auch damit verbundene Blendungen die Sichtbarkeit von Informationen und die Erkennbarkeit von Strukturen zusätzlich massiv beeinträchtigen können.

Schlussfolgerungen für Bau und Planung

Welche Erkenntnisse lassen sich nun aus den dargestellten Themen und Problemkreisen in diesem weiten Feld gewinnen?

Prinzipiell ist es wesentlich, dass die verantwortlichen Entscheidungsträger eine barrierefreie Qualität ihres Bauprojektes tatsächlich erreichen wollen und diese neben anderen Qualitäten im Pflichtenheft ausweisen. Aus dieser Primärentscheidung sollte das Thema barrierefreie Orientierung in *eine* Hand gegeben werden, die die erforderliche Kernkompetenz innehat, ein durchgehendes Orientierungssystem aufzusetzen. Zumindest in der gegenwärtigen Situation zeigen sich die üblichen fachspezifischen Planer häufig mit der Aufgabenstellung überfordert, gesamte Systeme schlüssig und durchgängig zu entwickeln; das erforderliche Know-how ist nicht ausreichend vorhanden oder wird nicht gesondert honoriert.

Wie oben ausgeführt, lebt ein Leitsystem nur dann, wenn es zu 100 % umgesetzt wird. Oftmals sehen wir in der Praxis einen guten Planungsstart mit gutem Willen bei allen Beteiligten. Gerade am Ende einer Bauzeit aber, wenn einerseits der Stress termingerechter Fertigstellung andere Fragen in den Vordergrund spielt, oder später, in der ungeliebten Phase der Mängelbehebung, wenn ›die Luft schon draußen ist‹, heißt es dann, die Energie nochmals auf das Orientierungssystem zu fokussieren. Gerade in dieser Phase stellt sich oftmals bei der Umsetzung die Sichtweise ein, es sei ohnehin bereits genug getan, und man beendet den Prozess frühzeitig und damit fragmentarisch.

Neben der Installation einer »Kernkompetenz« ist es auch wesentlich, zu kritischen Fragen, die über gewisse Standards hinausgehen, die fachkundigen Verbände einzubinden und die erforderlichen Problemstellungen gemeinsam zu lösen. Ebenfalls zu diesem Zeitpunkt ist es unablässig, die späteren Gebäudenutzer einzubinden und sie mit den gebauten, installierten Maßnahmen vertraut zu machen. Immer wieder muss im laufenden Betrieb festgestellt werden, dass technisch installierte Lösungen nicht nutzbar sind, bloß weil die Nutzer nicht auf die angebotenen Features eingeschult wurden. Oft kennen sie diese gar nicht, verstehen mangels Information nicht, wie sie gedacht sind, und funktionieren oder entwickeln eigene Sichtweisen zu deren Sinnhaftigkeit und Bedeutung.

So muss das Zusammenspiel zwischen der Errichtung und den daraus abzuleitenden organisatorischen Maßnahmen im Betrieb im Sinne der Barrierefreiheit genau definiert sein, um diese erfolgreich und vor allem dauerhaft zu verankern.

Im Idealfall wird aus dem Zusammenschluss dieser beiden Punkte ein Manual definiert werden (ggf. im Internet abrufbar). Im Zusammenspiel dieser Vorabinformation, der gebauten Umsetzung des optisch-taktilen Leitsystems und der organisatorischen Maßnahmen für die Gebäudenutzung (facility management) ergibt sich dann ein sinnvolles und funktionierendes Ganzes, das dann auch noch laufend evaluiert werden muss, damit im Betrieb gewonnene Erkenntnisse ins System rückfließen können.

Es ist sicherlich auch kein Fehler, offensiv mit den umgesetzten Maßnahmen in die Öffentlichkeit zu gehen, auch mit dem Risiko, angreifbar zu sein und sich der Kritik auszusetzen. Allen wird man es – wie schon das Sprichwort sagt – ohnehin nicht recht machen können; zu individuell können schließlich die Bedürfnisse einzelner Nutzerinnen sein, um auf alle einzugehen.

Aus eigener Erfahrung wissen wir aber, dass Gesamtsysteme, die schlüssig nachvollziehbar und gut kommuniziert sind, besser funktionieren als perfekt umgesetzte Insellösungen.

Ein Begriff muss an dieser Stelle nachgeholt werden, das »Design for all«. »Für alle« soll dabei so verstanden werden, dass keine Maßnahmen umgesetzt werden dürfen, die die Nutzung durch die Nutzerinnen aufgrund einer Behinderung ausschließen, aber auch keine, die die Gebäudenutzung für den Großteil der Menschen verschlechtern.

Vielmehr sprechen wir dann von einem gelungenen Projekt und einer geglückten Umsetzung, wenn alle Nutzer aus den umgesetzten Maßnahmen einen Mehrwert erkennen und erleben können. Praktische Beispiele dafür gibt es zahlreich, sei es, dass ein optisch-taktiles Leitsystem guter Qualität auch die Orientierung für jene erleichtert, die es nicht aufgrund einer Sinnesbehinderung brauchen, seien es sinnvolle und gut verständliche akustische Ansagen, die *für alle* Nutzerinnen hilfreich sind, oder leicht bedienbare und schlüssige Nutzerterminals mit sinnvollen Funktionen, die allen den Umgang mit der angebotenen Struktur erleichtern, oder schlichtweg kontrastreiche Treppen, die allen Menschen ein sichereres Gehen ermöglichen. Nicht »entweder – oder« heißt also die Maxime eines Design-for-all, sondern vielmehr »sowohl aus auch!«

Leicht finden –
Möglichkeiten der Orientierung

Alfred Wolf

Leicht Lesen

Zusammenfassung in leicht verständlicher Sprache

Sehr viele Menschen brauchen Orientierungshilfen,
damit sie ihre Umwelt möglichst selbstständig nutzen können.
Besonders Menschen mit Behinderungen
brauchen unbedingt Orientierungshilfen.
Zum Beispiel Menschen mit Sehbeeinträchtigungen.

Die Menschen haben beim Orientieren sehr verschiedene Fähigkeiten.
Das ist wie beim Lesen.
Damit ein Mensch seine Fähigkeiten anwenden kann,
muss er Orientierungshilfen überhaupt wahrnehmen können.
Das heißt, der Mensch muss sie sehen, hören oder fühlen können.

Im Moment suchen wir gute Lösungen
und wollen einheitliche Regeln festlegen,
wie diese Orientierungshilfen gemacht werden sollen.

Wir sind auch sehr gespannt,
welche elektronischen Lösungen es in der Zukunft geben wird.
Es gibt auch jetzt schon in manchen Bereichen
elektronische Lösungen,
aber die sind noch nicht besonders gut.
Meistens gibt es noch die üblichen Orientierungshilfen.
Zum Beispiel Leitlinien oder 3-D-Tafeln zum Tasten.

Bei der Gestaltung von Orientierungshilfen
sind vor allem zwei Punkte wichtig:
Sie müssen miteinander vernetzt sein
und überall vorhanden sein.

Bei den heute üblichen Orientierungshilfen
gibt es drei große Problembereiche:

- Die Schriften auf den Info-Tafeln sind zu klein.
- Oft sind Informationen farblich falsch gestaltet.
- Diese Informationen sind dann schwer zu lesen.
- Es gibt oft entweder zu wenig oder zu viel Information.

Übertragung in leicht verständliche Sprache von capito

Annika Nietzio

Geht das automatisch?

»Leichte Sprache« und die Möglichkeiten der maschinellen Sprachverarbeitung

Einleitung

> »Der Ansatz basiert auf der Annahme, dass qualitätsgesicherte Einfach zu lesen Material kann als Quelle für implizites Wissen über die sprachliche Struktur E2R Texte und die zugrunde liegenden Regeln dienen basiert.«[1]

Dieser Satz wurde mit einem automatischen Übersetzungswerkzeug[2] aus dem Englischen ins Deutsche übersetzt. Wenn man den Zusammenhang kennt, kann man in etwa verstehen, was gemeint ist. Sprachlich korrekt ist der Satz nicht. Wegen der unüblichen Wortstellung und der grammatischen Fehler wirkt der Satz verwirrend.

Es ist eine faszinierende Vorstellung, einen Text auf Knopfdruck von einer Sprache in eine andere übersetzen zu können. Automatische Übersetzungen haben sich in den letzten Jahren stark verbessert, doch die Qualität einer menschlichen Übersetzung erreichen sie meist nicht.

Qualität ist jedoch bei Texten in »Leichter Sprache« besonders wichtig. Denn Menschen mit Lernschwierigkeiten haben oft weniger Hintergrundwissen über das Thema eines Textes. Bereits einzelne ungebräuchliche Wörter können das Verständnis erschweren. Falscher Satzbau kann den Lesefluss beeinträchtigen.

Neben der maschinellen Übersetzung werden in der Sprachwissenschaft und Computerlinguistik eine Reihe von weiteren Verfahren zur Bearbeitung und Erstellung von Texten entwickelt. Viele dieser Verfahren dienen der Qualitätssicherung bei der professionellen Textproduktion. In diesem Kapitel werden verschiedene Methoden vorgestellt und beschrieben, welche Anwendungsmöglichkeiten sich für »Leichte Sprache« ergeben.

---

1 »The approach is based on the assumption that quality-assured Easy-to-Read material can serve as source of implicit knowledge about the linguistic structure of E2R texts and the underlying rules.« übersetzt mit Google Translate.

2 Google Translate: http://translate.google.de/#en/de/, 3. März 2015.

Forschung zu Leicht Lesen und »Leichter Sprache«

Die Begriffe »Leicht Lesen« und »Leichte Sprache« bezeichnen barrierefreie Texte für Menschen mit Lernschwierigkeiten, die sich nach festgelegten Regeln richten.[3] »Leichte Sprache« hat einen starken Praxisbezug, denn die Regeln wurden gemeinsam mit Menschen mit Lernschwierigkeiten entwickelt. Die Forschung beschäftigte sich bisher vor allem mit (sozial-)pädagogischen Fragestellungen.[4] Auch aus den Bereichen barrierefreier Kommunikation und technischer Hilfen für Menschen mit Behinderung sind einige Forschungsansätze beschrieben.[5]

Erst seit kurzer Zeit gibt es auch ein Interesse der Sprachwissenschaft. Germanistik und Übersetzungswissenschaft untersuchen die grammatischen Strukturen und beschreiben »Leichte Sprache« als eigenständige Varietät der deutschen Sprache.[6],[7]

Qualität von »Leichter Sprache«

Wie entscheidet man, ob ein Text leicht verständlich ist? – In der Verständlichkeitsforschung wurden Lesbarkeitsformeln entwickelt, die dem Text anhand von bestimmten messbaren Eigenschaften einen Zahlenwert zuordnen, der die Verständlichkeit wiedergibt. Für »Leichte Sprache« sind die Formeln wenig geeignet, da sie wichtige Eigenschaften der »Leichten Sprache« nicht in die Betrachtung einbeziehen.[8]

Eine weitere Möglichkeit ist die Überprüfung, ob der Text den Regeln der »Leichten Sprache« entspricht. Wenn eine Regel nicht beachtet wird, dann hat der Text an der entsprechenden Stelle möglicherweise eine Verständnisbarriere. Die endgültige Entscheidung liegt bei den Leserinnen und Lesern aus der Zielgruppe, denn nur Sie können entscheiden, ob der Text verständlich ist.

---

3 Vgl. Bundesministerium für Arbeit und Soziales (2013): Leichte Sprache. Ein Ratgeber, S. 21–72.

4 Vgl. Kellermann, G. (2013): Die Rolle der Leichten Sprache aus wissenschaftlicher Sicht, S. 6.

5 Vgl. Miesenberger, K./Petz, A./Matausch, K. (2014): Research Report on Easy to Read on the Web, Abschnitt 4.5.

6 Vgl. Kuhlmann, J. (2013): Ein Sprachwissenschaftlicher Blick auf das Konzept der Leichten Sprache, S. 7.

7 Vgl. Maaß, C. (2015): Leichte Sprache. Das Regelbuch, S. 12.

8 Vgl. Matausch, K./Peböck, B. (2007): Projekt »EasyWeb«, Verbreitung und Einsatz von Einfacher Sprache in Europa & Österreich, S. 8.

Technische Unterstützung: Wann und für wen?

An der Erstellung eines Textes in »Leichter Sprache« sind verschiedene Personen beteiligt: Autorinnen und Autoren stellen die Inhalte oder einen Ausgangstext bereit. Übersetzerinnen und Übersetzer schreiben bzw. übersetzen den Text. Menschen mit Lernschwierigkeiten überprüfen die Verständlichkeit des Textes.

Auf dem momentanen Stand der Technik ist es nicht möglich, vollautomatisch einen Text in »Leichte Sprache« zu übertragen. Es gibt aber eine Reihe von Werkzeugen, die Teilschritte beim Übersetzen oder beim Prüfen übernehmen können. Viele dieser Werkzeuge werden heute schon in Textverarbeitungssystemen, bei der Übersetzung fremdsprachiger Texte, in der technischen Redaktion oder in Webangeboten eingesetzt. Zum Teil wurde die Einsetzbarkeit für »Leichte Sprache« schon erprobt, allerdings gibt es nur sehr wenige Systeme am Markt, die Werkzeuge für »Leichte Sprache« anbieten.

Dieses Kapitel gibt einen kleinen Einblick in die Computerlinguistik. Es werden verschiedene Ansätze der maschinellen Sprachverarbeitung sowie technische Unterstützungswerkzeuge vorgestellt. Es wird diskutiert, für welchen Arbeitsschritt und für welche Anwenderinnen und Anwender ein Ansatz in Frage kommt. Dabei präsentieren wir Methoden, die bereits im Bereich »Leichte Sprache« eingesetzt werden. Insbesondere soll aber aufgezeigt werden, welche Methoden bisher nur in anderen Bereichen eingesetzt werden und für »Leichte Sprache« interessant sein könnten.

Sprachwissenschaft und Sprachverarbeitung

Die Sprachwissenschaft untersucht Struktur und Funktionsweise der menschlichen Sprache. Dazu werden sprachliche Strukturen auf verschiedenen Ebenen analysiert. Die Ebenen sind Texte, Sätze, Wörter und einzelne Laute. In diesem Kapitel geht es um leicht *lesbare* Sprache. Darum werden wir nicht weiter auf Methoden eingehen, die sich mit gesprochener Sprache beschäftigen.

Es ist mühsam und zeitaufwändig, linguistische Analysen von Hand durchzuführen. Schon seit den 1960er-Jahren werden auch Computerprogramme eingesetzt. Mit den Programmen können zum Beispiel folgende Fragestellungen bearbeitet werden:

- Aus welchen Wörtern besteht ein Satz? (Bestimmung von Wortgrenzen und Wortarten)
- Welche Struktur hat der Satz? (Bestimmung von Subjekt, Prädikat, Objekt, Haupt- und Nebensätzen)

– Was ist der Zusammenhang zwischen den Elementen eines Textes? (Untersuchung der Kohärenz, z.B. Verweise oder Pronomen)

Zunächst wurden hauptsächlich regelbasierte Ansätze verwendet. Diese wurden jedoch nach und nach durch statistische Verfahren ergänzt. Die Hauptgründe dafür waren die zunehmende Rechenleistung der Computer und die weitere Verfügbarkeit von Texten in maschinell lesbarer Form. Eine Sammlung von Texten in maschinell lesbarer Form nennt man ein Korpus.

Statistische Sprachverarbeitungsverfahren arbeiten mit Sprachmodellen. Anhand eines vorhandenen Korpus wird ein Modell berechnet. Das Modell wird dann dazu verwendet, neue Texte zu analysieren.

Zum Beispiel: Das Korpus besteht aus Texten, in denen die Wortarten bekannt sind. Für das Modell werden dann die Wahrscheinlichkeiten berechnet, dass ein Wort in einem bestimmten Zusammenhang eine bestimmte Wortart hat. Das Modell kann dann auf unbekannte Sätze angewendet werden.

1. Ich kaufe ein.
2. Ich kaufe ein Buch.

So kann man bestimmen, dass das Wort »ein« im ersten Satz ein Verbzusatz ist, während es im zweiten Satz als Artikel verwendet wird.

Computerlinguistische Verfahren werden nicht nur in der sprachwissenschaftlichen Analyse, sondern auch in der maschinellen Sprachverarbeitung eingesetzt. Dazu gehören unter anderem die automatische Übersetzung eines Textes in eine andere Sprache oder die Bestimmung von Themen oder Schlüsselwörtern eines Textes.

Verfahren der Sprachverarbeitung können auch bei der Bereitstellung von Informationen in »Leichter Sprache« eingesetzt werden. Im Folgenden werden einige Beispiele vorgestellt, bei denen technische Unterstützung im Zusammenhang mit »Leichter Sprache« oder verwandten Gebieten bereits eingesetzt wird oder in Zukunft eingesetzt werden könnte.

Korrekturwerkzeuge für Grammatik und Schreibstil

Korrekturwerkzeuge wie etwa eine Rechtschreib- oder Grammatikprüfung sind in fast allen gängigen Textverarbeitungssystemen enthalten und werden von vielen Autorinnen und Autoren zur Qualitätssicherung genutzt. Während die Rechtschreibprüfung die Schreibweise einzelner Wörter prüft, wird bei einer Grammatikprüfung der ganze Satz betrachtet. So können auch Fehler bei der Kongruenz (»dem Häusern« statt »den Häusern«) oder im Satzbau gefunden werden.

Darüber hinaus gibt es Systeme, die eine Stilprüfung für bestimmte Textarten durchführen. Viele Unternehmen verwenden solche Prüfwerkzeuge, um einen einheitlichen und gut verständlichen Stil bei Geschäftsbriefen oder Bedienungsanleitungen zu erhalten. Es handelt sich meist um halbautomatische Verfahren. Die Werkzeuge heben mögliche Probleme hervor und machen Verbesserungsvorschläge, wo dies möglich ist. Die Entscheidung, ob und wie der Text geändert werden soll, liegt bei der Autorin bzw. beim Autor.

Zum Beispiel: Im System sind die Regeln festgelegt, dass aktive Formulierungen ohne Nominalstil verwendet werden und die Leserinnen und Leser mit »Sie« angesprochen werden sollen.

1. Jetzt wird das Gerät eingeschaltet.
2. Beginnen Sie mit dem Einschalten.
3. Schalten Sie das Gerät jetzt ein.

Das Prüfwerkzeug zeigt an, dass Satz 1 im Passiv steht und dass in Satz 2 eine Nominalkonstruktion vorkommt. Die Autorin oder der Autor kann dann den Satz entsprechend ändern. Bei Satz 3 findet das Prüfwerkzeug keine Probleme.

Viele Regeln der »Leichten Sprache« können als Grammatik- bzw. Stilregeln formuliert werden, somit ist es möglich, Korrekturwerkzeuge für Texte in »Leichter Sprache« zu entwickeln. Für deutsche »Leichte Sprache« bieten einige Produkte und Prototypen bereits eine Grammatikprüfung für »Leichte Sprache« an: Die Software LinguLab enthält eine Überprüfung der Regeln für »Leichte Sprache« aus der Barrierefreie-Informationstechnik-Verordnung (BITV) 2.0.[9] Auch mit LanguageTool. org[10], der Grammatikprüfung für die Textverarbeitungsprogramme LibreOffice und OpenOffice.org, kann man einige Regeln der »Leichten Sprache« überprüfen.[11] Lieske und Siegel zeigen beispielhaft, wie im kommerziellen Sprachtechnologiewerkzeug Acrolinx ein Regelsatz für »Leichte Sprache« implementiert werden kann.[12]

Automatische Prüf- bzw. Korrekturwerkzeuge können als erster Schritt der Qualitätssicherung für »Leichte Sprache« eingesetzt werden. Sie helfen dabei, Flüchtigkeitsfehler aufzuspüren, rufen die Regeln in Erinnerung und machen Verbesserungs-

---

9   Vgl. LinguLab GmbH: Barrierefreiheit nach der BITV.
10 Vgl. Naber, D.: LanguageTool – Prüfung auf Leichte Sprache.
11 Vgl. Nietzio, A./Scheer, B./Bühler, C. (2012): How long is a short sentence? – A Linguistic Approach to Validation and Definition of Rules for Easy-To-Read Material, S. 371f.
12 Vgl. Lieske, C./Siegel, M. (2014): Verstehen leicht gemacht, S.48f.

vorschläge. Vor allem unerfahrene Übersetzerinnen und Übersetzer können von einem solchen Werkzeug profitieren. Auch die Arbeit der Prüferinnen und Prüfer wird dadurch erleichtert. Wenn bestimmte Fehler bereits im Vorfeld behoben werden, können sich die Prüferinnen und Prüfer auf die wesentlichen Punkte konzentrieren, wie zum Beispiel die Verständlichkeit der Zusammenhänge im Text.

Die abschließende Prüfung des Textes durch Leserinnen und Leser aus der Zielgruppe können automatische Korrekturwerkzeuge nicht ersetzen.

Übersetzungswerkzeuge: Maschinelle Übersetzung

Bei Übersetzungswerkzeugen unterscheidet man zwischen einer (automatischen) maschinellen Übersetzung und einer sogenannten computerunterstützten Übersetzung (engl. *computer-assisted translation*), bei der ein menschlicher Übersetzer ein Computersystem zur Unterstützung verwendet.

In der maschinellen Übersetzung werden regelbasierte oder statistische Verfahren verwendet, oder auch eine Kombination beider Ansätze. Die einfachsten regelbasierten Systeme benutzen ein internes Wörterbuch zur Übersetzung der einzelnen Wörter sowie Transformationen der syntaktischen Strukturen von der Quellsprache in die Zielsprache. Ein solches System benötigt eine genaue grammatische Repräsentation der Zielsprache. Hieraus ergibt sich ein Problem für die Anwendung zur Übersetzung von Texten in »Leichte Sprache«. Die Regeln der »Leichten Sprache« sind in langjähriger Praxis entwickelt und präzisiert worden. Sprachwissenschaftliche Untersuchungen[13] gibt es jedoch erst seit kurzer Zeit, sodass noch keine geeignete Grammatik vorliegt.

Bei statistischen Verfahren der maschinellen Übersetzung müssen die Regeln nicht explizit beschrieben werden, sondern sie werden implizit aus einem parallelen Korpus abgeleitet. Ein paralleles Korpus ist eine Menge von übersetzten Texten, in der jeder Satz bzw. Abschnitt in der Quellsprache einem Satz in der Zielsprache zugeordnet ist. Durch die Analyse des Korpus wird ermittelt, welches Wort in welchem Kontext mit welcher Häufigkeit in ein anderes Wort übersetzt wurde. Daraus lassen sich – vereinfacht gesagt – die Übersetzungsregeln ableiten. Statistische Verfahren benötigen also keine genau beschriebenen Grammatikregeln, was im Fall der »Leichten Sprache« von Vorteil wäre. Die Herausforderung liegt vor allem in der Bereitstellung eines parallelen Korpus.

Klaper et al. berichten von den Erfahrungen bei der Zusammenstellung eines parallelen Korpus für deutsche Alltagssprache und »Leichte Sprache«. Neben der Schwierigkeit, eine ausreichende Anzahl von Texten zu finden, die vom Stil und Sprachniveau

---

13   Vgl. Kuhlmann, J. (2013): Ein Sprachwissenschaftlicher Blick auf das Konzept der Leichten Sprache, S. 51–59.

zusammenpassen und eine einheitliche Basis für das Übersetzungssystem bilden können, bestand das Hauptproblem darin, die einzelnen Texte und Abschnitte innerhalb der Texte einander zuzuordnen.[14] Beispiele aus anderen Ländern zeigen, dass sich diese Probleme teilweise lösen lassen, wenn geeignete Texte zur Verfügung stehen. Für das dänische DSim-Korpus wurden Nachrichtenmeldungen verarbeitet, die seit mehreren Jahren gleichzeitig in Alltagssprache und in einfacher Sprache angeboten werden.[15]

Andere Probleme mit dem Ansatz der maschinellen Übersetzung für »Leichte Sprache« bleiben jedoch bestehen. Während bei Übersetzungen in eine Fremdsprache der Schwierigkeitsgrad des Textes gleich bleibt, gibt es bei LL-Texten verschiedene Sprachniveaus (A1, A2, B1), die sich durch Korpora kaum abbilden lassen.

Generell erscheint die Vorgehensweise, Satz für Satz von der Quellsprache in die Zielsprache zu übersetzen, für »Leichte Sprache« nicht gut geeignet. Denn bei der Übertragung von Texten in »Leichte Sprache« werden die Texte oft stark verändert. Teile, die nicht wichtig sind, werden weggelassen. Erklärungen und Beispiele werden ergänzt. Die Reihenfolge wird geändert, wenn dadurch die Verständlichkeit verbessert wird. Es kann auch vorkommen, dass ein Satz im Ausgangstext bereits leicht zu verstehen ist, und darum gar nicht mehr »übersetzt« werden muss.

Eine »Übersetzung« in »Leichte Sprache« ist also keine Übersetzung im engeren Sinne. Darum erscheint es nicht erfolgversprechend, die Standardverfahren der maschinellen Übersetzung anzuwenden. Vielmehr empfiehlt sich die Betrachtung von Systemen zur automatischen Vereinfachung von Texten, die im Abschnitt [3.4 Werkzeuge zur Automatischen Vereinfachung und Zusammenfassung von Texten] vorgestellt werden.

Computerunterstützte Übersetzung und Terminologiewerkzeuge

Unter dem Begriff computerunterstützte Übersetzung werden eine Reihe von Werkzeugen zusammengefasst, die Übersetzerinnen und Übersetzer bei ihrer Arbeit einsetzen. Dazu gehören allgemein bekannte Werkzeuge wie elektronische Wörterbücher oder eine Rechtschreib- und Grammatikprüfung (vgl. Abschnitt [3.1 Korrekturwerkzeuge für Grammatik und Schreibstil]), aber auch spezielle Datenbanksysteme, die für Übersetzungsanwendungen entwickelt wurden. Die Werkzeuge dienen lediglich der Unterstützung. Die Entscheidung über die Formulierung des übersetzten Textes liegt bei der Übersetzerin bzw. beim Übersetzer. Im Kontext der »Leichten Sprache« be-

14   Vgl. Klaper, D./Ebling, S./Volk, M. (2013): Building a German/Simple German Parallel Corpus for Automatic Text Simplification, S. 17f.

15   Vgl. Klerke, S./Søgaard, A. (2012): DSim, a Danish Parallel Corpus for Text Simplification, S. 4018.

sonders interessant erscheinen Terminologiedatenbanken und Übersetzungsspeicher (engl. *translation memory*).

Ein Übersetzungsspeicher ist eine Datenbank, in der Sätze oder Textfragmente zusammen mit ihrer Übersetzung abgelegt sind. Auf diese Weise kann die Übersetzerin bzw. der Übersetzer bei neuen Aufträgen einfach auf bereits vorhandenes Material zugreifen. Neben einer Zeitersparnis erreicht man so auch einheitliche Übersetzungen. Gleiche Begriffe bzw. gleiche Sachverhalte können immer auf die gleiche Weise übersetzt werden. Die Verwendung von Übersetzungsspeichern bei der Erstellung von Texten in »Leichter Sprache« wurde bereits vorgeschlagen.[16] Aktuell sind solche Systeme allerdings noch nicht im Einsatz und es besteht weiterer Forschungsbedarf, um die besonderen Anforderungen der »Leichten Sprache« zu berücksichtigen.

Terminologiedatenbanken werden beim Übersetzen und in der technischen Redaktion eingesetzt. Zum Beispiel für die Erstellung von Bedienungsanleitungen und Sicherheitshinweisen, bei denen es besonders wichtig ist, dass die Texte eindeutig verständlich und fehlerfrei sind. Die Funktionen einer Terminologiedatenbank umfassen die Festlegung eines Grundwortschatzes, die Definition von Fachbegriffen sowie die Möglichkeit, die Verwendung bestimmter Wörter zu verbieten. Das System kann auch mit einem Thesaurus kombiniert werden. Diese Funktionen können eingesetzt werden, um Übersetzerinnen und Übersetzer für »Leichte Sprache« beim Einhalten der Regeln auf der Wortebene zu unterstützen. Ein Abgleich mit dem Grundwortschatz und der Liste der nicht erlaubten Wörter identifiziert schwierige Wörter. In der Terminologiedatenbank können Erklärungen für Wörter hinterlegt werden, um sie an anderer Stelle wiederzuverwenden.[17]

Wie auch ein Übersetzungsspeicher trägt die Terminologiedatenbank zur Konsistenz der Texte bei. Sie erleichtert die Arbeit der Übersetzerinnen und Übersetzer, besonders dann wenn mehrere Personen zusammenarbeiten. Auch den Prüferinnen und Prüfern kann eine Terminologiedatenbank Vorteile bieten, zum Beispiel durch das Vorschlagen alternativer Begriffe aus dem Thesaurus bzw. Grundwortschatz oder durch die Ausgabe von Erklärungen für schwierige Wörter.

Werkzeuge zur Automatischen Vereinfachung von Texten

Zwar wird im Zusammenhang mit »Leichter Sprache« oft von »Übersetzung« gesprochen, doch handelt es sich um die Umformung in einen Text der gleichen Sprache.

---

16 Vgl. Maaß, C./Rink, I./Zehrer, C. (2014): Leichte Sprache in der Sprach- und Übersetzungswissenschaft, S. 78f.
17 Vgl. Maaß, C./Rink, I./Zehrer, C. (2014): Leichte Sprache in der Sprach- und Übersetzungswissenschaft, S. 76f.

Die automatische Sprachverarbeitung entwickelt Methoden zur Umformung von Texten. Das Ziel der Umformung ist beispielsweise die Vereinfachung oder Zusammenfassung des Textes.

Die Vereinfachung eines Textes kann auf verschiedenen sprachlichen Ebenen ansetzen. Auf der Satzebene werden komplexe syntaktische Strukturen, wie zum Beispiel Sätze mit mehreren Nebensätzen, verschachtelte Sätze oder Satzkonstruktionen mit ungebräuchlichen Konjunktionen, durch einfachere Strukturen ersetzt:

- Ein langer Satz wird in mehrere Sätze aufgeteilt.
- Ein eingeschobener Nebensatz wird in einen eigenständigen Satz umgewandelt.
- Die Satzstellung wird umgeordnet.

Syntaktische Vereinfachung kann durch regelbasierte Verfahren umgesetzt werden. Ausgehend von einer syntaktischen Analyse werden die Satzkonstruktionen entsprechend den Regeln umgeformt. Evans et al. beschreiben die Evaluation eines Regelsystems zur automatischen Vereinfachung von englischen Texten. Die Ergebnisse zeigen, dass das System nicht für eine vollständig automatische Lösung geeignet ist. Es könnte jedoch als Vorverarbeitungsschritt eingesetzt werden. Das heißt, die maschinell vereinfachten Texte werden anschließend von Fachleuten überarbeitet.[18]

Da rein regelbasierte Ansätze nicht die gewünschten Ergebnisse liefern, werden vermehrt statistische Ansätze vorgeschlagen. Klaper et al. beschreiben verschiedene statistische Verfahren. Die meisten der zitierten Ansätze beziehen sich allerdings auf die englische Sprache und sind daher nur teilweise auf das Deutsche anwendbar.[19]

Für deutsche Texte besteht die Schwierigkeit, dass bisher keine ausreichend großen Korpora zur Verfügung stehen, wie bereits in Abschnitt 3.2 [Übersetzungswerkzeuge: Maschinelle Übersetzung] diskutiert.

Auf der Wortebene kann durch eine Reduzierung des Vokabulars eine Vereinfachung erreicht werden.

- Ungebräuchliche Wörter werden durch bekannte Wörter (aus einem festgelegten Grundwortschatz) ersetzt.
- Fremdwörter werden durch deutsche Begriffe ersetzt.
- Innerhalb des Textes wird immer das gleiche Wort für die gleiche Sache verwendet.

---

18 Vgl. Evans, R./Orăsan, C./Dornescu, I. (2014): An evaluation of syntactic simplification rules for people with autism, S. 138.
19 Vgl. Klaper, D./Ebling, S./Volk, M. (2013): Building a German/Simple German Parallel Corpus for Automatic Text Simplification, S. 12f.

Drndarevic et al. beschreiben einen Ansatz zur lexikalischen Vereinfachung für spanische Texte.[20] In dem brasilianischen Projekt *PorSimples* wurde eine Vereinfachung für portugiesische Texte entwickelt, die sowohl als automatisches Werkzeug für Leserinnen und Leser als auch zur Unterstützung von Autorinnen und Autoren einsetzbar ist.[21]

Weitere Themen

Die bislang vorgestellten Ansätze verwenden sprachwissenschaftliche Methoden. Auch in anderen Bereichen ergeben sich interessante Möglichkeiten, die Qualität von Informationen in »Leichter Sprache« zu überprüfen oder zu verbessern.

Überprüfung von Layout und Präsentation

Zur Lesbarkeit eines Textes tragen auch Layout und Darstellung bei. Die Regeln für »Leichte Sprache« enthalten Vorgaben für Schriftart und Schriftgröße, Abstände und Umbrüche, Hervorhebungen und Farbkontraste.[22] Bei Materialien, die digital erstellt werden (z. B. als Webseite oder Textverarbeitungsdokument) können diese Vorgaben leicht automatisch überprüft und sogar individuell angepasst werden.[23]

Werkzeuge für Webinhalte

Wenn Informationen in »Leichter Sprache« im Internet zur Verfügung gestellt werden, ergeben sich eine Reihe von weiteren Anwendungsmöglichkeiten, bei denen automatische Werkzeuge zum Einsatz kommen können.

Die Knoffit-Glossarkomponente für den Webbrowser kann automatisch Erklärungen für unbekannte Wörter einblenden. Die Erklärungen sind in einer Datenbank abgelegt und können auf verschiedenen Webseiten verwendet werden.[24]

---

20 Vgl. Drndarevic, B./Štajner, S./Saggion, H. (2012): Reporting Simply: A Lexical Simplification Strategy for Enhancing Text Accessibility.

21 Vgl. Aluísio, S. M./Gasperin, C. (2010): Fostering Digital Inclusion and Accessibility: The PorSimples project for Simplification of Portuguese Texts, S. 46.

22 Vgl. Bundesministerium für Arbeit und Soziales (2013): Leichte Sprache. Ein Ratgeber, S. 52–64.

23 Vgl. Nietzio, A./Naber, D./Bühler, C. (2014): Towards Techniques for Easy-to-Read Web Content, S. 344.

24 Vgl. Schaten, M. (2012). Accessibility 2.0 – New Approach to Web Accessibility for People with Cognitive and Intellectual Disabilities, S. 2870.

Denkbar wäre auch eine Suchmaschine so einzurichten, dass bei den Suchergebnissen leicht verständliche Texte bevorzugt erscheinen, oder eine Textausgabe (z.B. bei einer Fahrplanauskunft) so anzupassen, dass der Text in »Leichter Sprache« angezeigt wird.

Fazit

Kommunikation in »Leichter Sprache« ist eine fachlich anspruchsvolle didaktische Aufgabe,[25] die nicht ohne weiteres von einem Computerprogramm übernommen werden kann. Es gibt jedoch eine Reihe von Ansätzen zur technischen Unterstützung bei der Erstellung von Texten. Besonders vielversprechend erscheinen Autorenassistenzsysteme, die eine Grammatik- und Stilprüfung sowie Terminologiewerkzeuge enthalten. Diese Systeme unterstützen die Übersetzerin bzw. den Übersetzer, indem sie potenzielle Probleme im Text aufzeigen.

Sprachverarbeitungsverfahren, bei denen ein Text ausgegeben wird (z.B. maschinelle Übersetzung oder automatische Vereinfachung) benötigen eine manuelle Korrektur bzw. Überprüfung. Der aktuelle Entwicklungsstand erfordert eine Nachbearbeitung durch eine Übersetzerin bzw. einen Übersetzer. Wenn die Systeme in Zukunft verbessert werden, wäre es auch denkbar, dass der automatisch generierte Text direkt von den Prüferinnen und Prüfern bearbeitet wird.

Bei allen genannten Ansätzen besteht weiterer Forschungs- und Entwicklungsbedarf. Für die Verbesserung statistischer Sprachverarbeitungsverfahren werden vor allem mehr Sprachdaten benötigt, wie etwa ein Korpus mit Texten in »Leichter Sprache«, ein paralleles Korpus aus Texten unterschiedlicher Sprachniveaus oder ein Wortschatz der »Leichten Sprache«. Die Sprachdaten sind auch sehr nützlich zur empirischen Untersuchung und genaueren Beschreibung der »Leichten Sprache«, denn sie enthalten das Wissen der Übersetzerinnen und Übersetzer sowie der Prüferinnen und Prüfer, die gemeinsam an den Texten gearbeitet haben.[26]

---

25 Vgl. 19. Seitz, S. (2014): Leichte Sprache? Keine einfache Sache, S. 5.
26 Vgl. Nietzio, A./Scheer, B./Bühler, C. (2012): How long is a short sentence? – A Linguistic Approach to Validation and Definition of Rules for Easy-To-Read Material, S. 370.

Geht das automatisch?

Können Computer Texte
in »Leichte Sprache« übersetzen?

Annika Nietzio

Zusammenfassung in leicht verständlicher Sprache

Es ist noch nicht möglich,
dass ein Computer einen ganzen schwierigen Text
automatisch in leichte Sprache übersetzt.
Es gibt aber einige Werkzeuge,
die einzelne Schritte beim Übersetzen
oder beim Prüfen übernehmen können.
Viele von diesen Werkzeugen werden auch schon verwendet.
Zum Beispiel bei der Übersetzung
von Texten aus anderen Sprachen.

Teilweise wurde schon ausprobiert,
welche Werkzeuge für »Leichte Sprache«
verwendet werden können.
Aber es gibt momentan nur sehr wenige Computerprogramme,
die Werkzeuge für »Leichte Sprache« anbieten.

Dieser Beitrag bietet einen kleinen Einblick,
wie Computer Sprache verarbeiten können.
Es wird darüber gesprochen,
für welchen Arbeitsschritt diese Programme
eingesetzt werden können
und welche Anwenderinnen und Anwender
diese Programme verwenden können.

Der Beitrag zeigt Möglichkeiten,
die schon jetzt für »Leichte Sprache« verwendet werden.
Vor allem aber beschäftigt sich der Beitrag mit Möglichkeiten,
die bis jetzt nur für andere Bereiche eingesetzt werden,
aber für »Leichte Sprache« interessant sein könnten.

Besonders gut könnten sich Programme eignen,
die die Grammatik, den Schreibstil oder Begriffe und Wörter prüfen.
Diese Programme zeigen,
welche Probleme es in einem Text geben könnte.
Dadurch unterstützen sie die Übersetzerinnen und Übersetzer.

Wenn Texte von einem Computer
automatisch gemacht worden sind,
müssen sie heute noch von Übersetzerinnen oder Übersetzern
nachbearbeitet werden.
Wenn die Computer das in Zukunft besser machen,
können die Texte gleich von Prüferinnen und Prüfern
bearbeitet werden.

Alle diese Programme müssen aber noch besser gemacht werden.
Vor allem sind viel mehr Sprachdaten notwendig.
Zum Beispiel eine Sammlung von Texten,
die es in »Leichter Sprache«
und gleichzeitig in verschiedenen Schwierigkeitsstufen gibt.
Oder ein Wörterbuch in »Leichter Sprache«.

Diese Sprachdaten sind auch sehr nützlich,
damit man die »Leichte Sprache« untersuchen
und genauer beschreiben kann:
man findet dort nämlich das Wissen
der Übersetzerinnen und Übersetzer
und das Wissen der Prüferinnen und Prüfer,
die gemeinsam an Texten gearbeitet haben.

Übertragung in leicht verständliche Sprache von capito

Literatur

Aluísio, S. M./Gasperin, C. (2010): Fostering Digital Inclusion and Accessibility: The PorSimples project for Simplification of Portuguese Texts. In: Proceedings of the NAACL HLT 2010 Young Investigators Workshop on Computational Approaches to Languages of the Americas, Association for Computational Linguistics, S. 46–53.

Bundesministerium für Arbeit und Soziales (2013): Leichte Sprache. Ein Ratgeber, http://www.bmas.de/DE/Service/Publikationen/a752-leichte-sprache-ratgeber.html, 3. März 2015.

Drndarevic, B./Štajner, S./Saggion, H. (2012): Reporting Simply: A Lexical Simplification Strategy for Enhancing Text Accessibility. In: Miesenberger, K./Petz, A./Matausch, K. (Hg.): Proceedings of W3C Online Symposium Easy-to-Read on the Web, http://www.w3.org/WAI/RD/2012/easy-to-read/paper7/, 3. März 2015.

Evans, R./Orăsan, C./Dornescu, I. (2014): An evaluation of syntactic simplification rules for people with autism. In: Proceedings of the 3rd Workshop on Predicting and Improving Text Readability for Target Reader Populations (PITR) @ EACL 2014, Association for Computational Linguistics, S. 131–140.

Kellermann, G. (2013): Die Rolle der Leichten Sprache aus wissenschaftlicher Sicht. In: Vorträge aus den Ringvorlesungen des Zentrums für Disability Studies (ZeDiS), http://www.zedis-ev-hochschule-hh.de/files/kellermann_08042013.pdf, 3. März 2015.

Klaper, D./Ebling, S./Volk, M. (2013): Building a German/Simple German Parallel Corpus for Automatic Text Simplification. In: Proceedings of the 2nd Workshop on Predicting and Improving Text Readability for Target Reader Populations, Sofia, Bulgaria, S. 11–19.

Klerke, S./Søgaard, A. (2012): DSim, a Danish Parallel Corpus for Text Simplification. In: Calzolari, N. et al. (Hg.): Proceedings of the Eighth International Conference on Language Resources and Evaluation (LREC'12), European Language Resources Association (ELRA), S. 4015–4018.

Kuhlmann, J. (2013): Ein Sprachwissenschaftlicher Blick auf das Konzept der Leichten Sprache. Masterarbeit Universität Osnabrück, http://www.alpha-archiv.de/fileadmin/PDFs/Qualifizierungsarbeiten/Masterarbeit_Kuhlmann_Copy.pdf, 24. Februar 2015.

Lieske, C./Siegel, M. (2014): Verstehen leicht gemacht. In: Technische Kommunikation Nr. 01/14, S. 44–49.

LinguLab GmbH: Barrierefreiheit nach der BITV, http://www.lingulab.de/content/deu/Barrierefreiheit-BITV-WCAG/Barrierefreiheit-BITV.htm, 25. Februar 2015.

Maaß, C./Rink, I./Zehrer, C. (2014): Leichte Sprache in der Sprach- und Übersetzungswissenschaft. In: Jekat, S. et al. (Hg.): Sprache barrierefrei gestalten, 1. Aufl., Berlin.

Maaß, C. (2015): Leichte Sprache. Das Regelbuch, 1. Aufl., Berlin.

Matausch, K./Peböck, B. (2007): Projekt »EasyWeb«, Verbreitung und Einsatz von Einfacher Sprache in Europa & Österreich, http://www.ki-i.at/fileadmin/pdf/Studie%20Easy-Web%20final.pdf, 3. März 2015.

Miesenberger, K./Petz, A./Matausch, K. (2014): Research Report on Easy to Read on the Web. Editors' Draft 13 February 2014, http://www.w3.org/WAI/RD/2012/easy-to-read/note/ED-E2R-20140213, 3. März 2015.

Naber, D.: LanguageTool – Prüfung auf Leichte Sprache, http://languagetool.org/de/leichte-sprache/, 3. März 2015.

Nietzio, A./Naber, D./Bühler, C. (2014): Towards Techniques for Easy-to-Read Web Content. In: 5th International Conference on Software Development and Technologies for Enhancing Accessibility and Fighting Info-exclusion (DSAI 2013), Procedia Computer Science 27 (2014), S. 343–349.

Nietzio, A./Scheer, B./Bühler, C. (2012): How long is a short sentence? – A Linguistic Approach to Validation and Definition of Rules for Easy-To-Read Material. In: Miesenberger, K. et al. (Hg.): Proceedings of Computers Helping People with Special Needs, 13th International Conference, ICCHP 2012. Springer-Verlag, S. 369–376.

Schaten, M. (2012). Accessibility 2.0 – New Approach to Web Accessibility for People with Cognitive and Intellectual Disabilities. In: Amiel, T./Wilson, B. (Hg.): Proceedings of World Conference on Educational Media and Technology 2012, Association for the Advancement of Computing in Education (AACE), S. 2868–2877.

Seitz, S. (2014): Leichte Sprache? Keine einfache Sache. In: Aus Politik und Zeitgeschichte, 64. Jahrgang Nr. 9–11/2014, S. 3–6.

Verzeichnis der Autorinnen und Autoren

Bettina M. Bock, MA, Dr. phil.; Studium der Germanistik, Psychologie, Komparatistik in Leipzig und Oslo. 2013 Promotion zum Dr. phil. an der Universität Halle mit einer text- und diskurslinguistisch ausgerichteten Arbeit (»Blindes Schreiben« im Dienste der DDR-Staatssicherheit). Forschungsschwerpunkte: Text- und Diskurslinguistik, Verständlichkeitsforschung, Sprachdidaktik, Kognitive Linguistik.

Klaus Candussi, Mag., MAS; Studium der Musikwissenschaft an der Karl-Franzens-Universität Graz und des Managements sozialer Organisationen an der Wirtschaftsuniversität Wien. Arbeitete als Journalist und Geschäftsführer verschiedener Sozialorganisationen. Kogründer und Kogeschäftsführer der Sozialorganisation atempo. Als solcher an der Entwicklung des capito Konzeptes für Leicht Lesen beteiligt.

Helmut Ebert, Dr.; ist außerplanmäßiger Professor für Linguistik an der Rheinischen Friedrich-Wilhelms-Universität Bonn. Er leitet die Abteilung »Forschung und Innovation« der IDEMA Gesellschaft für verständliche Sprache mbH (Bochum). Publikationen: PR-Texte (Konstanz 2014: UVK), Handbuch Bürgerkommunikation (Münster 2015: LIT, gemeinsam mit Iryna Fisiak).

Petra Flieger, Mag.ᵃ phil.; ist als freie Sozialwissenschafterin tätig. In Projekten und Publikationen befasst sie sich mit verschiedenen Fragen der gleichberechtigten gesellschaftlichen Teilhabe von Buben und Mädchen, Frauen und Männern mit Behinderungen. Sie versteht sich seit Langem als Verbündete der Selbstbestimmt-Leben-Bewegung.

Walburga Fröhlich, MA; Ausbildung in Sozialarbeit und Sozialmanagement, Abschluss MA der FH Joanneum in Graz; Ausbildung für integrative Supervision und Organisationsberatung am Fritz Perls Institut Düsseldorf; Berufserfahrung als Sozialarbeiterin, Supervisorin, Beraterin und Referentin. Kogründerin und Kogeschäftsführerin der Sozialorganisation atempo. Als solche federführend an der Entwicklung des capito Konzeptes für Leicht Lesen beteiligt.

Anne Gidion, Pastorin; wurde in Göttingen geboren. Studium der ev. Theologie und Kunstgeschichte in Marburg, Durham/GB, Heidelberg und Wuppertal. Seit 2010 Pastorin im gottesdienst institut nordkirche in Hamburg, langjähriges Mitglied im Präsidium des Deutschen Evangelischen Kirchentages und im Vorstand des 1. Ökumenischen Kirchentages Berlin 2003, seit November 2014 Mitglied der Synode der Evangelischen Kirche in Deutschland, Autorin von Andachten im Norddeutschen Rundfunk.

Susanne Gross, MA; Studium der Erziehungswissenschaften an der Uni Heidelberg. Arbeitet als Fachkraft für Leicht Lesen und Barrierefreiheit bei capito Bodensee. Davor tätig als Sozialarbeiterin im Bereich Ambulant betreutes Wohnen bei Menschen mit geistiger Behinderung mit Schwerpunkt Selbstbestimmung und gleichberechtigte Teilhabe.

Daisy Lange, MA; hat an der Universität Leipzig und der Università degli Studi di Macerata in Italien Deutsch als Fremdsprache (DaF) und Italianistik studiert und war danach in Forschungsprojekten zur deutschen Wissenschaftssprache. Seit 2014 koordiniert sie mit Bettina Bock gemeinsam das linguistische Teilprojekt im Rahmenprojekt »Leichte Sprache im Arbeitsleben«. Sie promoviert im Schwerpunktbereich angewandter Linguistik und Sprachdidaktik zur Rezeption schriftlicher Texte durch Deutschlernende.

Leealaura Leskelä, MA; ist Linguistin und arbeitet als Direktorin für das Finnische Zentrum für Leichte Sprache. Sie hat mehrere theoretische Bücher und Artikel über Leichtes Finnisch geschrieben. An der Universität Helsinki macht sie auch gesprächsanalytische Forschung über Interaktion zwischen Menschen mit Lernschwierigkeiten und Fachleuten ohne Behinderung.

Kerstin Matausch, MMag.ᵃ; studierte Soziologie und Sozialwirtschaft. Sie arbeitete als wissenschaftliche Mitarbeiterin und beschäftigte sich mit barrierefreier (Hochschul-)Bildung, barrierefreiem Tourismus, Assistierenden Technologien, barrierefreier Informationsgestaltung und Leicht Lesen / Leichte Sprache. Seit 2010 arbeitet sie am Kompetenznetzwerk KI-I und ist für capito Oberösterreich sowie Projekte im Bereich Leicht Lesen zuständig. Sie beschäftigt sich mit Teilhabemöglichkeiten für Menschen mit Lese-, Verständnis- und Lernschwierigkeiten.

Marion Moser, MA; ist seit 2011 Absolventin der FH Joanneum, Studiengang »Gesundheitsmanagement im Tourismus«. Am St. Jude Children's Research Hospital in

Memphis, USA beschäftigte sie sich schwerpunktmäßig mit Gesundheitsförderung und Krebsprävention für Kinder und Jugendliche. Seit 2012 hat Moser die Betriebsleitung von capito Graz übernommen. Im Wissenstransfer hat sich Moser auf zielgruppengerechte Information in der barrierefreien Erwachsenenbildung und Leseförderung spezialisiert.

Annika Nietzio, Dipl.-Math.; studierte Mathematik und Sprachwissenschaften an der Ruhr-Universität Bochum. Sie arbeitet als wissenschaftliche Mitarbeiterin am Forschungsinstitut Technologie und Behinderung (FTB) der Evangelischen Stiftung Volmarstein. Ihre Fachgebiete sind barrierefreie Kommunikation und Barrierefreiheit im Internet. Seit 2013 leitet sie das Büro für Leichte Sprache der Evangelischen Stiftung Volmarstein.

Martin Pantlitschko, Mag. iur.; Studium der Rechtswissenschaften Universität Wien; Gerichtspraxis BG und LG Linz; Wissenschaftlicher Mitarbeiter am Institut für Staatsrecht und politische Wissenschaften an der JKU; seit 2009 beim Land Oberösterreich in der Abteilung Soziales als juristischer Referent in der Stabstelle »Leistungen für Menschen mit Beeinträchtigungen«.

Birgit Peböck, DI[in] und Dipl.Päd.[in]; Studium an der Pädagogischen Akademie der Diözese Linz; Studium der Informatik an der Johannes Kepler Universität Linz. Seit 2007 Expertin für leicht verständliche Sprache und barrierefreie Information am Kompetenznetzwerk Informationstechnologie zur Förderung der Integration von Menschen mit Behinderungen (KI-I).

Franz Pühretmair, Dipl.-Ing. Dr.; studierte an der Johannes Kepler Universität in Linz Informatik. Er ist wissenschaftlicher Leiter und Geschäftsführer des Kompetenznetzwerks Informationstechnologie zur Förderung der Integration von Menschen mit Behinderungen (KI-I). Seine Forschungsschwerpunkte liegen in den Bereichen Assistierende Technologien und Informations- und Kommunikationstechnologie für Menschen mit Behinderungen sowie technische und inhaltliche Barrierefreiheit von Texten, Dokumenten und dem Internet.

Monika Rauchberger arbeitet seit November 2002 bei WIBS. WIBS ist eine Beratungsstelle für und von Menschen mit Lernschwierigkeiten. Sie war vorher eine Beraterin und ist seit 6 Jahren die Projektleiterin. Monika Rauchberger leitet WIBS mit einer Unterstützerin gemeinsam.

Martin F. Reichstein, MA; ist Sozialpädagoge und wissenschaftlicher Mitarbeiter am Zentrum für Planung und Evaluation Sozialer Dienste (ZPE) der Universität Siegen. Im Rahmen von Forschung und Lehre beschäftigt er sich zurzeit mit Unterstützungs- und Inklusionskonzepten für Menschen mit kognitiven Beeinträchtigungen und herausforderndem Verhalten.

Johannes Schädler, Prof. Dr.; ist Erziehungswissenschaftler und lehrt Soziale Arbeit an der Universität Siegen. Er koordiniert als Geschäftsführer das Zentrum für Planung und Evaluation Sozialer Dienste (ZPE) der Universität Siegen. Seine Schwerpunkte in Forschung und Lehre liegen derzeit in der Kommunalen Teilhabeplanung, der Unterstützung von Menschen mit kognitiven Beeinträchtigungen und herausforderndem Verhalten sowie in europäischen Vergleichen der Behindertenhilfe.

Marianne Schulze, Dr.in, LL. M.; Menschenrechtsexpertin, freischaffend als Konsulentin tätig. Teilnehmerin der Verhandlungen zur Konvention über die Rechte von Menschen mit Behinderungen, zahlreiche Publikationen. Vorsitzende des unabhängigen und weisungsfreien Monitoringausschusses auf Bundesebene in Österreich.

Alfred Wolf, DI; Studium der Architektur an der TU-Graz. Spezialisierte sich in seiner Arbeit als Architekt sehr früh auf Fragen des barrierefreien Bauens und der passenden Gestaltung von Informations- und Leitsystemen. Allgemein beeideter und gerichtlich zertifizierter Sachverständiger und Berater für barrierefreies Planen und Bauen.

böhlau

INTERNATIONALES JAHRBUCH
DER ERWACHSENENBILDUNG

INTERNATIONAL YEARBOOK
OF ADULT EDUCATION

HERAUSGEGEBEN VON KLAUS KÜNZEL

In den ersten Bänden des »Jahrbuchs« standen Systembeschreibungen und Phänomenanalysen von Erwachsenenbildung in verschiedenen Ländern im Vordergrund, dann Methoden und Vorgehensweisen in Programmen und Prozessen von Erwachsenenbildung.

Die letzten Bände gruppieren sich um phänomenorientierte und länderspezifische Schwerpunkte.

BAND 38 (2015)
MICHAEL SCHEMMANN (HG.)
ORGANISATIONSFORSCHUNG
IN DER ERWACHSENENBILDUNG:
THEORIE, METHODEN, BEFUNDE
2015. CA. 160 S. BR.
ISBN 978-3-412-19706-3

BAND 37 (2014)
MICHAEL SCHEMMANN (HG.)
WISSENSCHAFTLICHE WEITERBILDUNG
IM KONTEXT LEBENSBEGLEITENDEN
LERNENS
2014. 168 S. 11 DIAGRAMME UND TAB. BR.
ISBN 978-3-412-22502-5

BAND 35/36
KLAUS KÜNZEL (HG.)
WEITERBILDUNG IN RUSSLAND:
SPUREN DER GESCHICHTE –
ZEICHEN DES AUFBRUCHS
2012. XXIX, 269 S. BR.
ISBN 978-3-412-20273-6

ERSCHEINUNGSWEISE: JÄHRLICH
ISSN 0074-9818
AKTUELLE AUSGABE: € 34,90 [D] | € 35,90 [A]
JAHRGANG: AUF ANFRAGE
ERSCHEINT SEIT 1992 IM BÖHLAU VERLAG

BÖHLAU VERLAG, URSULAPLATZ 1, D-50668 KÖLN, T:+49 221 913 90-0
INFO@BOEHLAU-VERLAG.COM, WWW.BOEHLAU-VERLAG.COM | WIEN KÖLN WEIMAR

BILDUNG UND ERZIEHUNG

HERAUSGEGEBEN VON
W. GEORG, M. HEINEMANN, H. HINZEN,
H.-G. KOTTHOFF, E. MATTHES, E. MEILHAMMER,
G. MILLER-KIPP, H. PASCHEN, A. RAKHKOCHKINE,
U. RÖHR-SENDLMEIER UND S. STEIER

Die Zeitschrift untersucht schwerpunktmäßig das Verhältnis von Bildung und Erziehung im gesellschaftlichen und kulturellen Wandel. Dabei gelten folgende Prinzipien: das Verhältnis von Theorie und Praxis in bildungspolitischen Prozessen sowie in der schulischen Wirklichkeit; der multidisziplinäre Ansatz; die historische Fundierung gegenwärtiger Geschehnisse und Entwicklungen; der internationale und interkulturelle Vergleich.

JG 68, HEFT 3 (2015)
ANATOLI RAKHKOCHKINE
UND HANS-GEORG KOTTHOFF (HG.)
**BILDUNGSSYSTEME
UND NEUE STEUERUNG:
GOVERNANCEPOLITISCHE PERSPEKTIVEN**
2015. 128 S. BR.
ISBN 978-3-412-50185-3

JG. 68, HEFT 2 (2015)
EVA MATTHES UND SONJA STEIER (HG.)
**GANZTAGSCHULBILDUNG IN
INTERNATIONALER PERSPEKTIVE**
2015. 144 S. BR.
ISBN 978-3-412-22470-7

JG. 68, HEFT 1 (2015)
HARM PASCHEN UND
UNA RÖHR-SENDLMEIER (HG.)
**PÄDAGOGISCHE BEDEUTUNG NICHT-
DISKURSIVER WISSENSBESTÄNDE**
2015. 133 S. 8 S/W-ABB. BR.
ISBN 978-3-412-22469-1

ERSCHEINUNGSWEISE:
4 AUSGABEN IM JAHR
EINZELAUSGABE: € 19,90 [D] | € 20,50 [A]
JAHRGANG: € 65,00 [D] | € 66,90 [A]
(STUDIERENDE: € 39,90 [D] | € 41,10 [A])
ISSN 0006-2456

ERSCHEINT SEIT: 1948

BÖHLAU VERLAG, URSULAPLATZ I, D-50668 KÖLN, T:+49 221 913 90-0
INFO@BOEHLAU-VERLAG.COM, WWW.BOEHLAU-VERLAG.COM | WIEN KÖLN WEIMAR